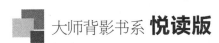

大师背影书系 **悦读版**

陶行知 教育名篇

陶行知 著　方 明 编

教育科学出版社

· 北 京 ·

出 版 人　所广一
项目统筹　何　薇
责任编辑　王利华　何　薇
责任校对　贾静芳
责任印制　叶小峰

图书在版编目(CIP)数据

陶行知教育名篇/陶行知著；方明编. —北京：教育科学出版社，
2013.11(2023.9 重印)
(大师背影书系：悦读版)
ISBN 978-7-5041-7946-3

Ⅰ.①陶…　Ⅱ.①陶…　②方…　Ⅲ.①陶行知(1891～1946)—教育
思想—文集　Ⅳ.①G40—092.6

中国版本图书馆 CIP 数据核字(2013)第 178869 号

大师背影书系悦读版

陶行知教育名篇
TAO XINGZHI JIAOYU MINGPIAN

出版发行　**教育科学出版社**

社　　址	北京·朝阳区安慧北里安园甲 9 号	市场部电话　010—64989009
邮　　编	100101	编辑部电话　010—64981245
传　　真	010—64891796	网　　址　http://www.esph.com.cn

经　销	各地新华书店		
印　刷	中煤(北京)印务有限公司	版　次	2013 年 11 月第 1 版
开　本	720 毫米×1020 毫米　1/16	印　次	2023 年 9 月第 23 次印刷
印　张	17.75	印　数	111 001—117 000 册
字　数	286 千	定　价	45.00 元

如有印装质量问题,请到所购图书销售部门联系调换。

仰望与断想：

在大师背影之外的地方

在种种新鲜的教育理论和实践面前，广大教师的热情是空前的，遗憾的是，许多教师的热情并没有得到很好的回报。他们在这些形形色色的理论面前，茫然中，反而变得异常困惑、疲惫，变得手足无措：有了好胃口，却没有健壮起来！

这是致命的问题，为什么我们没有培养出有足够"消化能力"的教师？

看来，"消化不良"的病变已悄然进入我们一些教师的身体。中医的观念认为，如果一个人生病了，且十分虚弱，万万不能突然间大补。这是过犹不及的做法。要治病首先要扶本，恰当的方法是循序渐进地帮助病人恢复自身的身体机能。要引领教师从根本上找到自己的立足之处和归属地。换句话说，中国的教育要有中国的教育之根，中国的教师要有自己的灵魂。

我们的教育有自己的传统，这种传统甚至在上千年前就已达到了巅峰。比如孔子所代表的传统。在卡尔·雅斯贝斯的视野里，孔子、老子所处的那个时代是世界的"轴心时代"，"人类一直靠轴心时代所产生的思考和创造的一切而生存，每一次新的飞跃都回顾这一时期，并被它重燃火焰，自那以后，情况就是这样，轴心期潜力的苏醒和对轴心期潜力的回归，或者说复兴，总是提供了精神的动力"。（雅斯贝斯：《历史的起源与目标》）当然，要回到传统并非易事，毕竟我们从传统中断裂开来不是一天两天了。

但透过历史篝火的余烬，我们的视野豁然开朗。在一个不平静的时代，赫然屹立着一群心如止水、淡泊明志的人：蔡元培、鲁迅、胡适、陶行知、叶圣陶、夏丏尊、朱自清，等等。他们在沉思，在酝酿，在燃烧，在传递……在传统与现代之间，教育的传统得到了传承，建构起了一个时代教育的高峰。

教育是心灵的碰撞，闭门造车势必会走进死胡同，兼收并蓄、百花齐放，这才是教育应该有的模样。"自从中国与西洋文化接触以来，没有一个外国学者在中国思想界的影响有杜威这样大。"（胡适：《杜威先生与中国》）作为一个具有世界性声誉的教育家，杜威曾多次来华访问与讲学，其教育思想犹如高悬在夜空中的北极星，至今仍为广大教育者指明了前进的方向。

时至今日，尽管这些大师们剩下的只是隐隐约约的背影，但仍然是我们追赶的方向。这么多年来，在和他们一次次的相遇中，我更清晰地看到了中国教育突围其瓶颈的力量所在。在对大师的阅读中，我遇到了无数给我以启迪和激情的好文章。它们所代表的高度让我感到惊讶，这是一个时代的教育结晶，它们根植于教育实践之中，闪耀着文化传承的智慧与人性的光芒。

大师是一堵墙，也是一扇窗，代表着一个时期教育和教学的制高点。"高山仰止，景行行止。"在永恒的历史长河中，他们永远是我们景仰的高度，更是我们汲取"营养"的不竭甘泉。无数当代名师成功的经验，也无一例外地告诉我们，阅读大师是许多名师成为一个有充分自信的教育者的秘密"通道"。正是依靠着大师们的"哺育"，他们才获得了自由言说的自信，看到了教育的真相：在知识传递、升学和效率之外，教育是事关灵魂的事业。

教育不是灵光乍现的光芒，而是横跨天空的恒光。只要有教育的存在，也就有阅读大师的同行。

教育越深入，我们越能认识到与大师展开对话、交流的必要。对于大师，除了背影，我们更应该看到那些穿越时空的"气息"，这些也许正是我们孜孜以求的东西。

为此，我们主编了这套"大师背影书系"。我相信，无论你是教育研究者还是一线教师，只要你是个关心教育的人，与这些大师结缘，都可能是一次难得的精神之旅。借此，得以重燃的是我们对教育的激情！

《中国教育报》编委　记者部主任

张圣华

2013 年 7 月

目录
Contents

目录
Contents

陶行知是"五四"前后中国教育改造的旗手,他既反对"老八股"教育,又反对"洋八股"教育,坚持从中国国情出发,办中国人民所需要的教育。1927年他在南京创办的晓庄试验乡村师范学校,开辟了一条改造中国教育的新路,创立了"生活教育"学说,使教育贴近人民大众,参与社会生活,提高学生的文化和科学水平,立志做第一流的人物,"不能舍身试验室,亦当埋骨边疆尘"。"生活教育"学说是从中国土地上生长起来的,富有时代特色,受到进步教师和劳苦群众的欢迎,引起了世界教育家的注目。

陶行知所研究和实验的教育问题,直到今天,仍感到很中肯、很新鲜,仍有进行试验的价值。这一方面说明陶行知视野的宽广,研究问题的深入,另一方面也说明教育界旧习惯势力之大,老教育观念改变之难。他在"第一流的教育家""南京安徽公学办学旨趣""中国乡村教育之根本改造""生活工具主义之教育""教学做合一""'伪知识'阶级"等文章中所阐述的观点和事实,经过八十多年的考验,不仅有很高的学术价值,还有很强的现实意义。

目前,在建设有中国特色的社会主义教育体系的过程中,"生活教育"学说在全国各地有了新的发展。过去,陶行知在改造乡村教育时强调"教育与农业携手",现在,安徽正发展为"农科技结合",浙江、山西发展为"科技兴农""科技兴村",全国是"科教兴国"。过去,陶行知曾批判"应试教育"和"杀人的会考",现在,"把应试教育转变为素质教育"已成为广大教师的共识。在上海、浙江、安徽和山西等省运用陶行知思想搞"创造教育"的试验活动也取得良好的成果。随着人民物质生活的改善和精神生活的发展,"生活教育"学说也必然要向前发展,为推动我国教育现代化,为提高中华民族的国民素质,发挥它的理论导向作用。

我们之所以编《陶行知教育名篇》,是为了提供一个陶行知著作的普及性读本,从而让陶行知的学说广为人知、深入人心;为了把陶行知所做的探索在全国更深入下去,推广开来,让他的理论和经验为现在的教育改革服务。

以陶行知先生为
楷模培育真善美的一
代新人作贡献

中国陶行知研究会

2004 年 12 月

我们是否抛弃了陶行知？

中国关于陶行知研究的各类协会好像已有数十家。有那么多人都在研究他，陶公地下有知，当有所感动。

不幸的是，据笔者调查，大面积的中小学教师只知陶公其人，未知陶公其说，更别说把陶公的教育思想付诸教育实践，继而有所发展了。一个没有读过陶行知的人，怎么可以在中国做教师呢？

陶公作为一名留洋的教育家，在深刻了解了中国的文化和社会现实的基础上，所提出的教育学说，既强调了教育的现实功能，又关注了教育的终极目的，是适合中国国情的。他的理论和实践，应该成为中国教育血液的重要成分。

但不幸的是，陶行知正在中国人的记忆中远去或走样。他正在被过分的学术化所矫饰，正被圈定在研究所和某些学会的电脑或纸上，供研究者发表论文、出版专著而服务着；而外面的教育行为正在变本加厉地背叛他。

"千教万教教人求真，千学万学学做真人"，现在听来，恍若隔世。孩子们进入学校似乎就像进入了舞台，把自己装扮起来，做一个老师喜欢的好孩子。他们表演着，如鹦鹉般说着台词；就是他们的作文，也在矫揉造作地抒发着不知谁心中的感情。"真"——多么遥远的字眼啊。

陶公说："先生的责任不在教，而在教学生学"；"教的法子必须根据学的法子"。这便是"教学合一"，这些观点似乎也是现在新课程改革所大力提倡的。但推行起来非常艰难，为什么？因为教学生学远难于简单地灌输教法，需费大力气学习、思考，要花费数倍的精力去备课。因为没有固定的模式，所以课堂上什么问题都可能发生：太费劲了。可笑的是一些优秀教师的公开课，几乎是表演课，让一些"差学生"留下，因为他们"不配合"老师的表演。陶公地下有知，当为之泣血。

他极力反对的"杀人的会考",现在已发展到登峰造极。过分的考试"把有意义的人生赶跑了","把中华民族的前途赶跑了"。"这把会考的大刀是不可糊里糊涂地乱舞了"。但,考试却成了当今学校的主题和灵魂。

陶公高举"教育即生活"的大旗,主张远离生活的教育是伪教育,脱离实践经验的知识是伪知识,但如今我们的教育教学脱离生活已越来越远。孩子们一心只读"圣贤书",哪管世间有五谷,更莫管什么"知行合一"之类的过时聒噪。因为一旦"行动",恐怕"成绩"就要下来,就要挨众人的批评。

陶公的文章可与白居易的诗相媲美,稍有识字,即可畅读无碍。即使目不识丁,听了也可理解。他难道不会写"高深的"文章吗?他学贯中西,如此为文,就是为了让人读懂,为了贴近教育生活实际,方便指导人去做事。

董必武有诗曰:"敬爱陶夫子,当今一圣人。"陶行知是中国近代教育的圣人,我们当踏着他为我们修筑的阶梯继续攀登,而不是消闲地站在山下袖手观山,望山而拜。作为一名教师,如果不读陶行知,不去积极实践陶行知,那几乎还没有触及中国教育的实质,如盲人摸象,又如沙地建楼,岂不误人误国?

其实,我们过于功利地学习陶公的教学法,并不是"善之善者也"。他的"捧着一颗心来,不带半根草去",他的"为一大事来,做一大事去",这才是陶公精神的本源,没有这些精神,所有的教学法都是苍白的。

张圣华

2005 年 1 月

教学合一①

现在的人叫在学校里做先生的为教员，叫他所做的事体为教书，叫他所用的法子为教授法，好像先生是专门教学生些书本知识的人。他似乎除了教以外，便没有别的本领，除书以外，就没有别的事教。而在这种学校里的学生除了受教之外，也没有别的功课。先生只管教，学生只管受教，好像是学的事体，都被教的事体打消掉了。论起名字来，居然是学校；讲起实在来，却又像教校。这都是因为重教太过，所以不知不觉地就将教和学分离了。然而教学两者，实在是不能分离的，实在是应当合一的。依我看来，教学要合一，有三个理由。

第一，先生的责任不在教，而在教学，而在教学生学　大凡世界上的先生可分三种：第一种只会教书，只会拿一本书要儿童来读它、记它，把那活泼的小孩子做个书架子，字纸篓。先生好像是书架子字纸篓之制造家，学校好像是书架子字纸篓的制造厂。第二种的先生不是教书，乃是教学生；他所注意的中心点，从书本上移到学生身上来了。不像从前拿学生来配书本，现在他拿书本来配学生了。他不但是要拿书本来配学生，凡是学生需要的，他都拿来给他们。这种办法，果然比第一种好得多，然而学生还是在被动的地位，因为先生不能一生一世跟着学生。热心的先生，固想将他所有的传给学生，然而世界上新理无穷，先生安能尽把天地间的奥妙为学生一齐发明？既然不能与学生一齐发明，那他所能给学生的，也是有限的，其余还是要学生自己去找出来的。况且事事要先生传授，既有先生，何必又要学生呢？所以专拿现成的材料来教学生，总归还是不妥当的。那么，先生究竟应该怎样子才好？我以为好的先生不是教书，不是教学生，乃是教学生学。教学生学有什么意思呢？就是把教和学联络起来：一方面要先生负指导的责任，一方面要学生负学习的责任。对于一个问题，不是要先生拿现成的解决方法来

① 原载于 1919 年 2 月 24 日《时报·教育周刊·世界教育新思潮》第 1 号。

传授学生，乃是要把这个解决方法如何找来的手续程序，安排停当，指导他，使他以最短的时间，经过相类的经验，发生相类的理想，自己将这个方法找出来，并且能够利用这种经验理想来找别的方法，解决别的问题。得了这种经验理想，然后学生才能探知识的本源，求知识的归宿，对于世间一切真理，不难取之无尽，用之无穷了。这就是孟子所说的"自得"，也就是现今教育家所主张的"自动"。所以要想学生自得自动，必先有教学生学的先生。这是教学应该合一的第一个理由。

第二，教的法子必须根据学的法子　从前的先生，只管照自己的意思去教学生；凡是学生的才能兴味，一概不顾，专门勉强拿学生来凑他的教法，配他的教材。一来先生收效很少，二来学生苦恼太多，这都是教学不合一的流弊。如果让教的法子自然根据学的法子，那时先生就费力少而成功多，学生方面也就能够乐学了。所以怎样学就须怎样教；学得多教得多，学得少教得少；学得快教得快，学得慢教得慢。这是教学应该合一的第二个理由。

第三，先生不但要拿他教的法子和学生学的法子联络，并须和他自己的学问联络起来　做先生的，应该一面教一面学，并不是贩买些知识来，就可以终身卖不尽的。现在教育界的通病，就是各人拿从前所学的抄袭过来，传给学生。看他书房里书架上所摆设的，无非是从前读过的几本旧教科书；就是这几本书，也还未必去温习的，何况乎研究新的学问，求新的进步呢？先生既没有进步，学生也就难有进步了。这也是教学分离的流弊。那好的先生就不是这样，他必是一方面指导学生，一方面研究学问。如同柏林大学包尔孙①先生（F. Paulsen）说："德国大学的教员就是科学家。科学家就是教员。"德国学术发达，大半靠着这教学相长的精神。因为时常研究学问，就能时常找到新理。这不但是教诲丰富，学生能多得些益处，而且时常有新的材料发表，也是做先生的一件畅快事体。因为教育界无限枯寂的生活，那是因为当事的人，封于故步，不能自新所致。孔子说："学而不厌，诲人不倦。"真是过来人阅历之谈。因为必定要学而不厌，然后才能诲人不倦；否则年年照样画葫芦，我却觉得十分的枯燥。所以要想得教育英才的快乐，似乎要把教学合而为一。这是教学应该合一的第三个理由。

总之：一，先生的责任在教学生学；二，先生教的法子必须根据学的法子；三，先生须一面教一面学。这是教学合一的三种理由。第一种和第二种理由是说先生的教应该和学生的学联络；第三种理由是说先生的教应该和先生的学联络。有了这样的联络，然后先生学生都能自得自动，都有机会方法找那无价的新理了。

---

①　包尔孙：即包尔生（1846—1908），德国哲学家、伦理学家、教育学家，著有《伦理学体系》。

第一流的教育家①

我们常见的教育家有三种：一种是政客的教育家，他只会运动，把持，说官话；一种是书生的教育家，他只会读书，教书，做文章；一种是经验的教育家，他只会盲行，盲动，闷起头来，办……办……办。第一种不必说了，第二、第三两种也都不是最高尚的。依我看来，今日的教育家，必定要在下列两种要素当中得了一种，方才可以算为第一流的人物。

（一）**敢探未发明的新理**　我们在教育界做事的人，胆量太小，对于一切新理，大惊小怪。如同小孩子见生人，怕和他接近。又如同小孩子遇了黑房，怕走进去。究其结果，他的一举一动，不是乞灵古人，就是仿效外国。也如同一个小孩子吃饭、穿衣，都要母亲帮助，走几步路，也要人扶着，真是可怜。我们在教育界任事的人，如果想自立，想进步，就须胆量放大，将试验精神，向那未发明的新理贯射过去；不怕辛苦，不怕疲倦，不怕障碍，不怕失败，一心要把那教育的奥妙新理，一个个的发现出来。这是何等的魄力，教育界有这种魄力的人，不愧受我们崇拜！

（二）**敢入未开化的边疆**　从前的秀才以为"不出门能知天下事"，久而久之，"不出门"就变做"不敢出门"了。我们现在的学子，还没有解脱这种风气，试将各学校的《同学录》拿来一看，毕业生多半是在本地服务，那在外省服务的，已经不可多得，边疆更不必说了。一般有志办学的人，也专门在有学校的地方凑热闹，把那边疆和内地的教育，都置之度外。推原其故，只有一个病根，这病根就是怕。怕难，怕苦，怕孤，怕死，就好好的埋没了一生。我们还要进一步看，这些地方的教育究竟是谁的责任？我们要晓得国家有一块未开化的土地，有

---

① 本篇发表于 1919 年 4 月 21 日的《时报·教育周刊·世界教育新思潮》第 9 号。蒋梦麟先生有如下评语："陶先生，你讲的一席话，我读了便觉精神提起来。这种话我久不听见了，可算是教育界的福音。"

3

一个未受教育的人民，都是由于我们没尽到责任。责任明白了，就放大胆量，单身匹马，大刀阔斧，做个边疆教育的先锋，把那边疆的门户，一扇一扇的都给它打开。这又是何等的魄力！有这种魄力的人，也不愧受我们崇拜。

敢探未发明的新理，即是创造精神；敢入未开化的边疆，即是开辟精神。创造时，目光要深；开辟时，目光要远。总起来说，创造、开辟都要有胆量。在教育界，有胆量创造的人，即是创造的教育家；有胆量开辟的人，即是开辟的教育家，都是第一流的人物。大丈夫不能舍身试验室，亦当埋骨边疆尘，岂宜随便过去！但是这种人才，究竟要到什么时候才能出现？究竟要由什么学校造就？究竟要用什么方法养成？可算是我们现在最关心的问题。

❱❱ 新教育^①

今天得有机会，与诸同志共聚一堂，研究教育，心中愉快得很。现在把关于新教育上各项要点，略些谈谈。

（一）**新教育的需要**　我们现在处于二十世纪新世界之中，应该造成一个新国家，这新国家就是富而强的共和国。怎样能够造成这新国家呢？固然要有好的领袖去引导平民，使他们富，使他们强，使他们和衷共济；但是虽有好的领袖，而一般平民不晓得哪个领袖是好的，哪个领袖是不好的，也是枉然。所以现在所需要的，是一种新的国民教育，拿来引导他们，造就他们，使他们晓得怎样才能做成一个共和的国民，适合于现在的世界。举例来说，有一个后母给她的儿子洗澡，所用的水，时而太冷咧，时而太热咧，这就是不能合着他儿子的需要。我们所研究的新教育，不应该犯这个毛病，一定要合于现在所需要的。

（二）**新教育的释义**　先说"新"字是什么意思？某处人家因为要请客，一切设备家伙，都去向别家借用，用过之后，就去还了。这是客来则新，客去便旧了，不得为根本的新。我们中国的教育，倘若忽而学日本，忽而学德国，忽而学法国、美国，那是终究是无所适从。所以新字的第一个意义要"自新"。今日新的事，到了明日未必新；明日新的事，到了后日又未必新。即如洗澡，一定要天天洗，才能天天干净。这就是日日新的道理。所以新字的第二个意义要"常新"。又我们所讲的新，不单是属于形式的方面，还要有精神上的新。这样才算是内外一致，不偏不倚。所以新字的第三个意义要"全新"。

次说"教育"是什么东西？照杜威先生说，教育是继续经验的改造（Continuous reconstruction of experience）。我们个人受了周围的影响，常常有变化，或是变好，或是变坏。教育的作用，是使人天天改造，天天进步，天天往好的路上走；

---

① 本篇系陶行知 1919 年 7 月 22 日在浙江第一师范学校毕业生讲习会上的讲演。原载于 1919 年 9 月《教育潮》第 1 卷第 4 期。

就是要用新的学理，新的方法，来改造学生的经验。

（三）**新教育的目的**　这目的可分两项来说明：第一对于天然界，要使学生有利用他的能力。例如，我们要使光线入室不需风的时候，就要用玻璃窗。照这样把所有一切光、电、水、空气等，都要被我们操纵指挥。现在中国和外国物质文明的高下，都从这利用天然界能力的强弱上分别出来的。然而其中也有危险的地方，如造出许多杀人的物扰乱世界，是万万不可的。所以第二项目的，是对于群界要讲求共和主义，使人人都能自由守着自己的本分去做各种事业。一方面利用天然界，一方面谋共同幸福。可说一句，新教育的目的，就是要养成这种能力，再概括说起来，就是要养成"自主"、"自立"和"自动"的共和国民。自主的就是要做天然界之主，又要做群界之主。即如选举卖票一事，卖和不卖，到底由自己的主张。果能自主的人，富贵不淫，贫贱不移，威武不屈，人家有什么法子对付他呢？至于自立的人，在天然界群界之中，能够自衣自食，不求靠别人。但是单讲自立，不讲自动，还是没有进步，还是不配做共和国民的资格。要晓得专制国讲服从，共和国也讲服从，不过一是被动的，一是自动的，这就是他们的分别了。

（四）**新教育的方法**　此番我从南京到上海，再从上海到嘉兴，一直到杭州来，有种种的方法，或是走，或是坐船，或是坐火车，或是坐飞艇。在这几种方法之中，哪几种是较好，哪一种是最好，而且哪一种是最快，这便是方法的考究。要考究这个方法，下列的几条，应该注意的：

（甲）**符合目的**　杀鸡用鸡刀，杀牛用牛刀，这就是适合的道理；教育也要对着目的设法。现在学校里有兵操一门，是为了养成国民有保护国家的能力而设的。但是照这样"立正"、"开步"的练习，经过几年之后，能否达到应战之目的，却须要研究的。

（乙）**依据经验**　怎样做的事，应当怎样教。譬如游水的事，应当到池沼里去学习，不应当在课堂上教授。倘若只管课堂的教授，不去实习，即使学了好几年，恐怕一到池里，仍不免要沉下去的。各种知识有可以从书上求的，不妨从书上去得来；有不可以从书上求的，那应该从别处去得他了。

（丙）**共同生活**　在学校中不能共同做事，一到社会也是不能的。所以要国民有共和的精神，先要学生有共和的精神；要学生有共和的精神，先要使他有共同的生活，有互助的力量。

（丁）**积极设施**　教人勿赌博，勿饮酒，这都是消极的禁止。至于积极的办法，要使他们时常去做好的事情，没有机会去做那坏的事情。在学校之中，常常有正当的游戏运动，兴味很好，自然没有功夫去做别的坏事了。

（戊）**注重启发**　在学校里并非一面教人，一面受教，就算了事。要使学生的精神意志和能力，渐渐的发育成长。孔子说"不愤不启，不悱不发"。我更要进一步说，使他不得不愤，使他不得不悱。杜威先生也说，教学生的法子，先要使他发生疑问；查出他疑难的地方，使他想种种方法，去解决这个问题；从这些方法之中，选出顶有成效的法子，去试试看对不对；如其不对，就换个法子，如其对了，再去研究一下。照这方法来解释同类的问题和一切的问题。所以现在的时候，那海尔巴脱①的五段教授法等，觉着不大适用了。

（己）**鼓励自治**　这便是教学生对于学问方面或道德方面，都要使他能够自治自修。

（庚）**全部发育**　身体和精神要全体顾到，不可偏于一面。譬如在体育上，耳目口鼻手足统要使他健全；在智育上，既要使他自知，又要使他能够利用天然界的事物；在德育上，公德和私德，都不可欠缺的。

（辛）**唤起兴味**　学生有了兴味，就肯用全副精神去做事体，所以"学"和"乐"是不可分离的。学校里面先生都有笑容，学生也有笑容。有些学校，先生板了脸孔，学生都畏惧他，那是难免有逃学的事了。所以设法引起学生的兴味，是很要紧的。

（壬）**责成效率**　凡做一事，要用最简便、最省力、最省钱、最省时的法子，去收最大的效果。做这件事，用这个方法，在一小时所收的效果是这样，用别个方法只须十分钟或五分钟，就有这样的效果，那后法就比前法为胜了。照此把时间、精力、金钱和效果的比较选择，可以得出一个最好的法子。

以上所讲，都是新教育上普通的说明。至于新教育对于学校课程等的设施和教员学生应当怎样的情形，休息几分钟再讲。

新学校　学校是小的社会，社会是大的学校。所以要使学校成为一个小共和国，须把社会上一切的事，拣选他主要的，一件一件的举行起来。不要使学生在校内是一个人，在校外又是一个人。要使他造成共和国民的根基，须在此练习。对于身体方面、道德方面、政治方面，凡国民所不可不晓得的，都要使他晓得，那学校便成为具体而微的社会了。我国学校的弊病，不但在与社会相隔绝，而且学校里面，全以教员做主，并不使学生参与。要晓得一社会里的事务，该使大家知道的，就该大家参与；该使少数领袖管理的，就该少数领袖参与。这样不靠一人，也不靠少数人，使每个学生、每个教员晓得这个学校是我的学校，肯与学校同甘苦，那才是共和国社会里的真学校。

新学生　"学"字的意义，是要自己去学，不是坐而受教。先生说什么，学生也说什么，那便如学戏，又如同留声机器一般了。"生"字的意义，是生活或是

---

① 海尔巴脱：即赫尔巴特。

陶行知 教育名篇

生存。学生所学的是人生之道。人生之道，有高尚的，有卑下的；有片面的，有全部的；有永久的，有一时的；有精神的，有形式的。我们所求的学，要他天天加增的，是高尚的生活，完全的生活，精神上的生活，永久继续的生活。进一步说，不可学是学，生是生，要学就是生，生就是学。求学的事，是为预备后来的生存呢？还是现在的生存就是全体生活的一部分呢？既然晓得教育是继续经验的改造，那么对于天然界和群界，自然受他的影响；天天变动，就是天天受教育，差不多从出世到老，与人生为始终的样子。你哪一天生存不是学？你哪一天学不是生存呢？孔子到了七十岁，方才从心所欲不逾矩，他是一步一步上进的。凡改变我们的，都是先生；就是我们自己都是学生。以前只有在学校里的是学生，一到家里就不是学生；现在都做社会的学生，是从根本上讲，来得着实，不至空虚。虽出校门，仍为学生，就是不出于教育的范围。所以每天的一举一动，都要引他到最高尚、最完备、最能永久、最有精神的地位，那方才是好学生。

新教员 新教员不重在教，重在引导学生怎么样去学。对于教育，第一，要有信仰心。认定教育是大有可为的事，而且不是一时的，是永久有益于世的。不但大学校高等学校如此，即使小学校也是大有可为的。夫勒培尔①研究小学教育，得称为大教育家。做小学教师的，人人有夫氏的地位，也有他的能力；只须承认，去干就能成功。又如，伯斯塔罗齐②、蒙铁梭利③都从研究小学教育得名，即如杜威先生，也是研究小学教育的。这都是实在的事，并非虚伪赞扬。我从前看见一个土地庙面前对联上，有一句叫"庙小乾坤大"，很可以来比。况我们学校虽小，里头却是包罗万象。做小学教员的，万勿失此机会，正当做一番事业。而且这里头还有一种快乐——照我们自己想想，小学校里学生小，房子小，薪水少，功课多，辛苦得很，哪有快乐？其实，看小学生天天生长大来，从没有知识，变为有知识，如同一颗种子的由萌芽而生枝叶，而看他开花，看他成熟，这里有极大的快乐。照以上两层——做大事业得大快乐——是为一己的，而况乎要造新国家、新国民、新社会，更非此不行嘛！那不信仰这事的，可以不必在这儿做小学教员。一国之中，并非个个人要做这事的，有的做兵，有的做工，有的做官吏，……各人依了他的信仰，去做他的事。一定要看教育是大事业，有大快乐，那无论做小学教员，做中学教员，或做大学教员，都是一样的。第二，要有责任

---

① 夫勒培尔：即福禄培尔。
② 伯斯塔罗齐：即裴斯泰洛齐。
③ 蒙铁梭利：即蒙台梭利。

心。不但是自己家中的小孩和课堂中的小孩，我应当负责任；无论这里那里的小孩，要是国中有一个人不受教育，他就不能算为共和国民。在美国一百个人之中，有九十几个受教育。中国一百个人之中，只有一个人受教育。而且二十四个学生中，只有一个女学生。我们要从这少数的人，成为多数的人，要用多少年的功夫？非得终身从事不行。况且我们除了二十岁以前、六十岁以后，正当有为之时没有多少，即使我们自己一生不成，应当代代做去。切不可当教育事业是住旅馆的样子，住了一夜或几夜之后，不管怎么样，就听他去了。那教育事业，还有发达的希望吗？第三，做新教员的要有共和精神。就是不可摆出做官的态度，事事要和学生同甘苦，要和同学表同情，参与到学生里面去，指导他们。第四，要有开辟精神。时候到了现在，不可专在有教育的地方办教育。要有膨胀的力量，跑到外边去，到乡下地方，或是到蒙古、新疆这些边界的地方，要使中国无地无学生。一定要有单骑匹马勇往无前的气概，有如外国人传教的精神，无论什么都不怕，只怕道理不传出去。要晓得现在中国，门户边界的危险，使那个地方的人，晓得共和国的样子，用文化去灌输他，使他耳目熟习，改换他从来的方向，是很要紧的。第五，要有试验的精神。有些人肯求进步，有些人只晓得自划的，除了几本教科书外，没有别的书籍。——诸君已经毕业之后，还在这儿讨论教育，那是最好的。——他人叫我怎样办，我便怎样办，专听上头的命令。要晓得上头的命令，只不过举其大端，其中详细的情形，必定要我们去试验。用了种种方法，有了结果，再去批评他的好坏，照此屡试屡验，分析综合，方才可下断语。倘使专靠外国，或专靠心中所有，那么，或是以不了了之，或是但凭空想，或是依照古老的法子，或是照外国的法子，统是危险的。从前人说"温故而知新"，但是新的法子从外国传到中国，又传到杭州，我们以为新的时候，他们已经旧了。所以望大家注意，不可不由自己试验得出真理，方不至于落人之后哩！

新课程　这要从社会和个性两方面讲。从社会这面讲来，要问这课程是否合乎世界潮流，是否合乎共和精神。学了这课程之后，能否在中国的浙江，或是浙江的杭州，做一个有力的国民。更从个性的一面讲来，谁的事教谁，小孩子的事教小孩子，农人的事去教农人，方才能够适合。我且拿学代数来做个例，看这课程是否为学生所需要。我有一次对学生发问道："有几多人应用过代数？"那一百人中只有七八个人举手。又问："不曾用过代数的人举手！"就有九十几个。后再查考那七八个人所用的东西，只须一星期，至多不过一月，就可教了。照这样看来，我们应该有变通的办法。是否为了七八个人去牺牲那九十几个人。那七八个人，或为天文家，或习工业，或学医生，所用代数，不过百分之一罢了。我们不

陶行知 教育名篇

可以为了一个人，去牺牲九十九个人；也不可以为了九十九个人，去牺牲那一个人。总要从社会全体着想，有否其他有用的东西未列在课程里？或是有用不着的东西还列在课程里呢？照这样去取舍才行。

新教材　就教科书一端而论，编书的人，有的做过教员，有的竟没有做过教员。就拿他自己的眼光来做标准，不知道各地方的情形怎么样。用了这种书去教授，哪里能适合呢？所以教科书只可作为参考，否则硬依了他，还是没有的好。又有一种讲义，当看作账簿一般。社会上各种文化风俗，都写在这账簿上。这账簿有没有用处，或是正确不正确，须要仔细考查。譬如富翁，虽然将他所有的财产，写在账簿上，拿来传给他的儿子，若是不去实地指点他，那几处房子或是田地，是我所有，和这账簿对照一下，他的儿子仍然不晓得底细。也许有几处田地房产，已经卖出；也许有几处买进的，还没有登记上去，总要使他儿子完全明了，那账簿方才有效。要拿教科书上的情形引导给学生看，或是已经变迁的情形，指点他明白。几年前的朝鲜和现在不同；俄国已经分做十几国①，更不可以拿从前的来讲。总要明白实际的事情，因为账簿是死的，人是活的，要拿账簿来为我所用，不要将活泼泼的人为死书所用。要晓得账簿之外，还有许多文化在那里，要靠教科书是有害的。

新教育的考成　我到店里去要一件东西，他拿了别的东西给我，我就不答应了，怎么我要这件，你偏与我那件呢？教育的事，也是这样。要按照目的去考成，方才不会枉费了精神和财力。譬如从农业、工业或商业学校里毕业出来的学生，有几多人在那里做他应当做的事。若是不问他的结果，一味的办去，正如做母亲的人把她的女儿出嫁，不将她长女出嫁的情形，来加以参考，以至于第二第三个女儿吃着同样的苦头，这是因为不考成的缘故。

再有几层，我在别处已经讲过，暂且不说。总之，大家觉得要教育普及，先要认定目的。做若干事，须得若干的代价，绝不是天然能成功的。即就小孩子而论，美国一人需费四元四角五分，中国每人只有六分。试问没有代价的事，能办得好办不好？但这事人人负有责任。我们做教员的，不但教学生，又要想法子使得社会上的人对于教育认为必要。譬如有钱的人，可以教自己的孩子，同时他邻舍的小孩子，因为没得钱受教育，和这小孩子一块儿玩，就把他带坏了。所以单教自己的儿子，还是不中用的。把这种情形使他们觉悟，人非木石，断没有一定不信的。虽然有些困难的地方，我们总可以用自己的力量去战胜他的。

---

①　十几国：指苏联的十几个加盟共和国。

学生自治问题之研究[①]

近世所倡的自动主义[②]有三部分：一、智育注重自学；二、体育注重自强；三、德育注重自治。所以，学生自治这个问题，是自动主义贯彻德育的结果，是我们数千年来保育主义、干涉主义、严格主义的反应，是现在教育界一个极重要的问题。这个问题，包含甚广。我们要问学生应否有自治的机会？如果应该自治，我们又要问学生自治究竟应有几多大的范围？学生应该自治的事体，究竟有哪几种？规定学生自治的范围，又应有何种标准？施行学生自治，又应用何种方法？这几个问题，都是我们所要研究的。总起来说，就是学生自治问题。

学生自治是什么　凡是讨论一种问题，必先要明白问题的性质和他的意义。性质和意义不明了，就不免使人误会。这篇所讨论的学生自治，有三个要点：第一，学生指全校的同学，有团体的意思；第二，自治指自己管理自己，有自己立法执法司法的意思；第三，学生自治与别的自治稍有不同，因为学生还在求学时代，就有一种练习自治的意思。把这三点合起来，我们可以下一个定义："学生自治是学生结起团体来，大家学习自己管理自己的手续。"从学校这方面说，就是"为学生预备种种机会，使学生能够大家组织起来，养成他们自己管理自己的能力"。

依这个定义说来，学生自治，不是自由行动，乃是共同治理；不是打消规则，乃是大家立法守法；不是放任，不是和学校宣布独立，乃是练习自治的道理。

学生自治的需要　今日的学生，就是将来的公民，将来所需要的公民，即今日所应当养成的学生。专制国所需要的公民，是要他们有被治的习惯；共和国所需要的公民，是要他们有共同自治的能力。中国既号称共和国，当然要有能够共同自治的公民。想有能够共同自治的公民，必先有能够共同自治的学生。所以从

---

① 本篇原载 1919 年 10 月《新教育》第 2 卷第 2 期。
② 自动主义：20 世纪初盛行于中国的教育新思潮之一，主张学生自学、自强、自治。

陶行知 教育名篇

我们国体上看起来，我们学校一定要养成学生共同自治的能力，否则不应算为共和国的学校。这是第一点。

当今平民主义的潮流，来势至为猛烈，受过他的影响的人，都想将一切的束缚尽行解脱。这固然有他的好处；不过也有他的危险。好处在哪里？大家从此可以充分发挥个人的精神，促进人群的进化。危险在哪里？束缚既然解脱，未必人人能够约束自己的欲望，操纵自己的举止，一旦精神能力向那坏处发泄，天下事就不可为了。一国当中，人民情愿被治，尚可以苟安；人民能够自治，就可以太平；那最危险的国家，就是人民既不愿被治，又不能自治。所以当渴望自由的时候，最需要的是给他们种种机会得些自治的能力，使他们自由的欲望可以自己约束。所以时势所趋，非学校中提倡自治，不足以除自乱的病源。这是第二点。

我们既要能自治的公民，又要能自治的学生，就不得不问问究竟如何可以养成这般公民学生。从学习的原则看起来，事怎样做，就须怎样学。譬如游泳要在水里游，学游泳，就须在水里学。若不下水，只管在岸上读游泳的书籍，做游泳的动作，纵然学了一世，到了下水的时候，还是要沉下去的。所以专制国要有服从的顺民，必须使做百姓的时常练习服从的道理；久而久之，习惯成自然，大家就不知不觉地只会服从了。共和国要有能自治的国民，也必须使做国民的时常练习自治的道理；久而久之，习惯成自然，他们也就能够自治了。所以，养成服从的人民，必须用专制的方法；养成共和的人民，必须用自治的方法。如果用专制的方法，可以养成自治的学生公民，那么，学生自治问题，还可以缓一步说；无奈自治的学生公民，只可拿自治的方法将他们陶熔出来。所以从方法这方面着想，愈觉得学生自治的需要了。这是第三点。

学生自治如果办得妥当有这几种好处。

第一，学生自治可为修身伦理的实验 现今学行并重，不独讲究知识，而且要求实验知识的方法。所以学校教课当中，物理有实验，化学有实验，博物有实验，别门功课也有实习，如作文、图画、体操等等，都于学识之外，加以实地练习的机会。他的目的，无非要由实验、实习以求理想与实际的联络，使所做的学问，可以深造。修身伦理一类的学问，最应注意的，在乎实行；但是现今学校中所通行的修身伦理，很少实行的机会；即或有之，亦不过练习仪式而已。所以嘴里讲道德，耳朵听道德，而所行所为却不能合乎道德的标准，无形无影当中，把道德与行为分而为二。若想除去这种弊端，非给学生种种机会，练习道德的行为不可。共和国民最需要的操练，就是自治。在自治上，他们可以养成几种主要习惯：一是对于公共幸福，可以养成主动的兴味；二是对于公共事业，可以养成担负的能力；三是对于公共是非，可以养成明了的判断。简单些说：自治可以养成我们对于公共事情上的愿力、智力、才力。照这样看来，学习自治若办得妥当，可算是实验的修身，实验的伦理，全校就是修身伦理的实验室。照这样办，才算是真正的修身伦理。

第二，学生自治能适应学生之需要 我们办学的人所定的规则，所办的事体，不免有与学生隔膜的。有的时候，我们为学生做的事体越多，越是害学生。因为为人，随便怎样精细周到，总不如人之自为。我们与学生经验不同，环境不同，所以合乎我们意的，未必合乎学生的意。勉强定下来，那适应学生需要的，或者遗漏掉；那不适应学生需要的，反而包括进去。等到颁布之后，学生不能遵守，教职员又不得不执行，却是左右为难。甚至于学生陷于违法，规则失了效力，教职员失去信用。若是开放出去，划出一部分事体来，让学生自己治理，大家既然都有切肤的关系，所定的办法，容或更能合乎实在情形了。这就是说，有的时候学生自己共同所立的法，比学校里所立的更加近情，更加易行，而这种法律的力量，也更加深入人心。大凡专制国家的人民，平日不晓得法律是什么，只到了犯法之后，才明白有所谓法律。那么，法律的力量，大都发现于犯法之后，这是很有限的。至于自己共同所立之法就不然，从始到终，心目中都有他在；平日一举一动，都为大家自立的法律所影响。所以自己所立之法的力量，大于他人所立的法；大家共同所立之法的力量，大于一人独断的法。

第三，学生自治能辅助风纪之进步 我们的行为，究竟应该对谁负责？对于少数教职员负责呢，还是要对于全校负责呢？按着旧的方法，学生有过失，都责成少数职员监察纠正。其弊病有两种：第一种是少数教职员在的时候，就规规矩矩，不在的时候，就肆行无忌；第二种是大多学生以为既有职员负责，我们何必多事，纵然看见同学为非，也只好严守中立。这是大多数的学生所抱持的态度。所以一人司法，大家避法。我们要想大家守法，就须使各人的行为，对于大家负责。换句话说，就是要共同自治。

第四，学生自治能促进学生经验之发展 我们培植儿童的时候，若拘束太过，则儿童形容枯槁；如果让他跑，让他跳，让他玩耍，他就能长得活泼有精神。身体如此，道德上的经验又何尝不然。我们德育上的发展，全靠着遇了困难问题的时候，有自己解决的机会。所以遇了一个问题，自己能够想法解决他，就长进了一层判断的经验。问题自决得越多，则经验越丰富。若是别人代我解决问题，纵然暂时结束，经验却也被旁人拿去了。所以在保育主义之下，只能产生缺乏经验的学生，若想经验丰富，必须自负解决问题的责任。

陶行知 教育名篇

学生自治如果办得不妥当就要发生这几种弊端。

第一，把学生自治当作争权的器具　大凡团体都有一种特别的势力，这种势力比个人的大得多。用得正当，就能为公众尽义务；用得不当，就能驱公众争权利。学生自治是一种团体的组织，所以用得不妥当的时候，也有这种危险。

第二，把学生自治误作治人看　这个危险是随着第一个顺路下来的。有的时候，这也是个自然的趋势。因为有了团体，一不谨慎，就有驾驭别人的趋势。刘伯明先生说："人当为人中人，不可仅为人上人。"这句话，是我们共和国民的指南针。

第三，学生自治与学校立在对峙地位　学生自治会与学校当有一种协助精神，不可立在对峙的地位，但是办得不妥当，这种对峙的情形，也是免不掉的。不过这是一种很不幸的现象，不是师生之间所宜有的。

第四，闹意气　学生有自治的机会，就不得不多发言论，多立主张，多办交涉，一不小心，大家即刻闹出意气；再由闹意气而彼此分门别户，树立党帜，于是政客的手段，就不得不传到学校里来了。

以上所举的，不过是几种重要的弊端；至于小的弊端，一时难以尽举。总之，学生自治如果办理不善，则凡共和国所发现的危险，都能在学校中发现出来。但是我们要注意，这许多弊端都是办理不妥当的过处，并非学生自治本体上的过处。如果厉行自治的时候，大家不愿争权，而愿服务；不愿凌人，而愿治己；不愿对抗，而愿协助；不愿负气，而愿说理，那么，自治之弊便可去，自治之益便可享了。这种利害关头，凡做共和国民的都要练习。我们在学校的时候，有同学的切磋，有教师的辅助，纵因一时不慎，小有失败，究竟容易改良纠正。若在学校里不注意练习，将来到了社会当中，切磋无人，辅导无人，有了错处，只管向那错路上走，小而害己，大而害国。这都是因为做学生的时候，没有练习自治所致的。所以学生自治如果举行，可以收现在之益；纵小有失败，正可以免将来更大的失败。

规定学生自治范围的标准　学生自治的利弊，既如上所说，现在就要问学生自治有什么范围？规定学生自治的范围，应有何标准？

一、学生自治应以学生应该负责的事体为限。学生愿意负责，又能够负责的事体，均可列入自治范围；那不应该由学生负责的事体，就不应该列入自治范围。因自治与责任有连带关系，别人号令而要我负责，就叫做被治；别人负责而由我号令，就叫做治人；都失了自治的本意。所以学生自治，应以学生负责的事体为限。

二、事体之愈要观察周到的，愈宜学生共同负责，愈宜学生共同自治。

三、事体参与的人愈宜普及的，愈宜学生共同负责，愈宜学生共同自治。

四、依据上列三种标准而定学生自治的范围时，还须参考学生的年龄、程度、经验。

学生自治与学校的关系　学生自治会是学校里面一种团体，自然与学校有密切的关系。这种关系，可以分为两类：一、关于权限的，二、关于学问的。

一、权限上的关系　学生自治会正式成立之后，学校里面的事体，就可分为两部分：一部分仍旧是学校主持，一部分由学生主持。平常的时候，权限固可以分明；不过既在一个机关里面，总有些事体划不清楚的。既然划不清楚，就不能不有一种接洽的机关，使两方面的意思，都可以发表沟通，而收圆满的效果。此外还有临时发生而有关全校的事体，学校与学生都宜与闻，更不得不有一种接洽的机关。人数少的学校，可由校长直接担任；人数多的学校，可由校长指定教职员数人担任。学生自治会职员有事时，即可与他们接洽；而学校有事时，也由这几位和学生接洽。有这种接洽的组织，然后学校与学生声气可通，就没有隔膜的弊病了。

二、学问上的关系　天下不学而能的事情很少，共同自治是共和国立国的根本，非是刻苦研究，断断不能深造。我们举行学生自治的时候，也要把它当作一个学问研究。既要当一个学问研究，那就有两点要注意：（一）同学的切磋，（二）教员的指导。有人说，现在中国的教职员对于学生自治问题，素未研究，恐怕未必能指导。这句话诚然，但是还有些意思要注意：（一）学校里所有的功课都有教员指导，独于立国根本的学生自治一门却没有指导，似乎把它太看轻了。（二）若校内没有相当的人，办学的就应当赶紧物色那富有共和思想自治精神的教员，来担任此事。（三）师生本无一定的高下，教学也无十分的界限；人只知教师教授，学生学习；不晓得有的时候，教师倒从学生那里得到好多的教训。所以万一找不到相当的人才，就请教职员和学生共同研究也好。总而言之，学生自治这个问题，不但要行，而且还要研究。研究的时候，学校不能不负指导参与的责任。

学生自治与学校既有这两种密切的关系，我们就须打破一切障碍，使师生的感情，可以化为一体，使大家用的力量，都有相成的效果。大家一举一动都接洽，有话好商量，有贡献彼此参与。在这共和的学校当中，无论何人都不应该取那武断的、强迫的、命令的、独行的态度。我们叫人做事的时候，不但要和他说"你做这件事，你应该这样做"，并且要使得他明白"为何做这件事，为何这样做"。彼此明白事之当然和事之所以然，才能同心同德，透达那共同的目的。

陶行知　教育名篇

施行学生自治应注意之要点 现在各学校对于学生自治，多愿次第举行，我悉心观察，觉得有几件最要紧的事件，必先预以注意，方能发生美满的效果。

第一，学生自治是学校中一件大事。全体学生都要以大事看待它，认真去做；学校里也须以大事看待它，认真赞助，若以为它是寻常小事，不加注意，没有不失败的。

第二，学生自治如同地方自治。地方自治之权，出于中央；学生自治之权，出自学校。所以学生自治，虽然可以由学生发动，但是学校认可一层，似乎也是应有的手续。

第三，学生自治之有无效力，要看本校对于这个问题是否有相当了解和兴味。如果大家都明白它的真意，都觉得它的需要，那么，执行出来必能得大家的赞助。所以未举行学生自治之前，必须利用演讲、辩论、谈话、作文等等养成充分的舆论。

第四，法是为人立的，含糊误事，故宜清楚；繁琐害事，故宜简单。

第五，推测一校学生自治的成败，一看他的领袖就知道。所以要提高学生自治的价值，就须使最好的领袖不得不出来服务。如果好的领袖洁身自好，或有好的领袖而大众不愿推举，都不是自治的好现象。

第六，学校与学生始终宜保持一种协助贡献的精神。

第七，学校与学生对于学生自治问题，须采取一种试验态度，章程不必详尽，组织不必细密；一面试行，一面改良；虽然中途难免受到挫折，但到底必有胜利。

结论 总之，学生自治是共和国学校里一件重要的事情。我们若想得美满的效果，须把他当件大事做，当个学问研究，当个美术去欣赏。当件大事做，方才可以成功；当个学问研究，方才可以进步。这两种还不够。因为自治是一种人生的美术，凡美术都有使人欣赏爱慕的能力；那不能使人欣赏的，爱慕的，便不是真美术，也就不是真的学生自治。所以学生自治，必须办到一个地位，使凡参与和旁观的人，都觉得它宝贵，都不得不欣赏它，爱慕它。办到这个地位，才算是高尚的人生美术，才算是真正的学生自治。

教育者之机会与责任①

今天我的讲题是《教育者之机会与责任》，但是今天到会的，除教育者外，又有受教育的学生，提倡教育的办学者。我这题目，和上面种种人有什么关系呢？我想，学生对于教育发生的影响，自己首当其冲，自然要去看看教育者是否已经利用他的机会，尽了他的责任。办学者是督察教育者的人，更有急需了解教育者的机会与责任的必要。所以我这演讲，实在是以上三种人都应当注意的。

先从机会方面讲。教育者应当知道教育是无名无利且没有尊荣的事。教育者所得的机会，纯系服务的机会，贡献的机会，而无丝毫名利尊荣之可言。他的机会，可分四种：

（一）有可教之人；

（二）可教者而未能完全教；

（三）可教者而未能平均教；

（四）已受教而未能教好。

以上四种，都是予教育者以实施教育的机会。且先就第一种讲：

第一种是因为社会上有许多可教之人，所以教育者才能实行他的教育，倘若无人可教，则教育者就失其机会而无用武之地了。孔子曰："生而知之者，上也。"美国某哲学家对于他这句话很有怀疑，他反驳孔子说："生而知之者，下也。"可是他的话确乎也有根据，譬如最下等的动物——细胞，彼从母体脱离后，凡彼母亲会做的事，彼都会做。再推到小牛，彼虽然不似细胞那样快，但是不用隔多时，举凡彼母亲的事，彼也会做了。小猴子却又不同，彼有几个月要在彼母亲的怀里，因为彼又是较高于小牛的动物。人又不然了，人在小孩子的时期，最早要候二三年后，始能行动，后来又慢慢由幼稚园至于大学，去学他的技能，以做他

---

① 本篇系陶行知 1921 年夏在安庆暑期演讲会上的演讲记录。原载于 1922 年 7 月 7 日《民国日报·觉悟》。

父亲会做的事。总之，幼稚时间长，所以可教；教育者的机会，也是因为有可教的小孩子啊！

第二种是说可教的人没有完全受教。如中国有四万万之众，照现在统计表计算，只有五百四十万个学生。换言之，只有一百分之一点五是学生；一百人之中，能受教育的只有一个半人。这一百分之九十八点五的不能受教育者，都打着我们教育者的门，并且告诉我们说："现在是你们的机会到了，有一个人不入学校，就是你们还没有实行你们的机会。"

第三种是就受教的人说的。中国现在受教育有三桩不平均的地方：（一）女子教育；（二）乡村教育；（三）老人教育。

第一桩，女子教育在中国最不注重。中国全国有一千三百余县没有女子高等小学，又有五百余县没有一个女学生。若照百分法计算起来，男学生占学生中百分之九十五，女子却只占百分之五；以家庭论，一百个家庭，只有五个是男女同受教育——好家庭了。所以为家庭幸福计，男女都应受同等的教育。女子教育的重要有三：

甲、女子同为人类，自应有知识技能，去谋独立生活。譬如四万万根柱子擎着大厦，设若有二万万根是腐朽不能用的木材，则此大厦必将倾倒，这是很明显的例子。所以女子必须受教育，去共同担负社会的责任。

乙、女子富于感化性，能将坏的男子变好，并且可以溶化男子的性情与人格。诸位不信，请看看你们的亲友，定可得着个很显著的证明。所以欲使男子不致堕落，非从女子教育着手不可。

丙、女子受教育，必定十分顾及她子女的教育，不似男子的敷衍疏忽。所以普及女子教育，不但可以收到家庭教育的好果，并且可以巩固子孙的教育哩！

第二桩，不平均是城乡学校的相差，城里学校林立，乡下一个学校都没有。以赋税论，乡下人出钱，比城里人多些；他们的代价，至少也应当和城里平均，才是公允的办法。故乡村教育，应为教育者所注意。

第三桩，是小孩子可以受教育，而老年人则无受教育之机会。一般教育者，也只顾及小孩子的教育，对于老年人很少加以注意，这也是件不平均的事。中国现在内外交困，社会多故，如若候着那班小孩子去改造，非待二三十年后不能奏效。所以欲免除目前的危险，必须兼顾着老幼的教育。

许多女子、乡村人、老年人都打着我们教育者的门，如求雨一般地哀求我们放他们进来。这也是我们的机会到了！

第四种机会，是因为小孩子虽然受教，但是没有教好。如已教好，我们教育者又无机会了。没有教好者，可分四层讲：

甲、人为物质环境中的人，好教育必定可以给学生以能力，使他为物质环境中的主宰，去号召环境。如玻璃窗就是我们对于物质环境发展的使命之一。我们要想拒绝风，欢迎日光，所以就造一个玻璃窗子去施行我们拒风迎光的使命，叫讨厌的风出去，可爱的日光进来。又如我们喜欢日光和风，但是想拒绝蚊蝇，所以又造了一种纱窗去行我们使命。这种使命，并非空谈，因为我们有能力，确可使这些自然的环境听我们调度。故学校应给学生使命环境的能力，去做环境的主宰。以上不过是表明人对付环境的两个例子。

水也是自然环境之一，但是人不能对付彼，常常为彼所戕杀，如去年门罗①博士到苏州参观教育，同行有四位女学士。过桥的时候，女学士的车子忽然翻落桥底；当时船家和兵士都束手无策，等到想法捞起，已经死了一个。我们从这件事得着一个教训，就是"学生、船夫、士兵都不会下水"，以致人为自然环境的"水"所杀。

人在青年时发育最快，身体的发育犹如商人获利一样，可是商人获利是最危险的事，偶一不慎，当悖出如其所入。我们青年生长时，亦有危险，学校讲求体育，应问此种体育是否增加学生的体健，使他们不致有种种不测之事发生？

这种学生的父兄，也带了他瘦且弱的子弟，打我们教育者的门，厉声问我们教的是什么教育？

乙、人不但是物质环境中之一人，也是人中之一人。人有团队，有个人，在这团体和个人中，便发生相对的关系。此种关系，应互相联络，以发展人性之美感。在此阶段制度破产时，我们绝不承认社会上还有什么"人上人""人下人"，但是"人中人"我们是逃不掉的。我们既然都是人中之一人，那么，人与人自然会有相互的关系了。这种关系能否高尚优美，尚属疑问。且就现在的选举说吧，被选人手里执着些洋钱，选举人手里执着一张票，他们所发生的关系，是洋钱的关系，选举的关系罢了！这种关系能合乎高尚的条件吗？

再看留学生的选举如何？记得从前中央学会选举时，自称为博士、硕士的留学生，不也是一样的舞弊吗？其他如大学毕业生、中学毕业生以及未毕业的中学生，他们又是怎样？他们为什么拿着清高的人格去结交金钱？去结交政客？做金钱的奴隶？做政客的走狗？这样的学生对得起国家、社会吗？对得起父母吗？对得起自己的人格吗？

---

① 门罗（1869—1947）：今译孟禄。

陶行知
教育名篇

国家、社会、父母，都带着他的子孙，打我们教育者的门，骂我们为何太不认真以致教出这种子弟！

丙、好教育应当给学生一种技能，使他可以贡献社会。换言之，好教育是养成学生技能的教育，使学生可以独立生活。譬如社会上的农夫、裁缝、商人、工人、教员……他们都有贡献社会的技能，他们各人贡献他们所做的事，可以使社会得着许多便利。倘若有一个人没有能力，则此人必分大家的利，而造成社会的恐慌了！所以教育的成绩，就是"技能"；教育就是"技能教育"。且拿现在的师范生做个比喻，现在师范毕业的学生只有十分之八可以服务，十分之一可以升学，其余的十分之一，却做了高等游民了。再看中学毕业生，也只有三分之一可以服务，三分之一可以升学，其余三分之一，也就做了游民了！但是他们虽然不能服务，倒不惯受着清闲的日子，反做出许多不正当的事业，实在危险啊！

这种游民式学生的父兄，也打着我们教育者的门，问我们何以教出这种不会做正当事的子弟？并且教我们重新改过课程，使毕业的学生皆可独立。

丁、人不能没有休息，但休息是人最险之时。人无论怎样忙，都没有损害，倘若休息，则魔鬼立至。我们可以看出社会上许多恶事，都是在休息时候做的。所以学校里有音乐，便是给学生以正当的娱乐，使学生不致在休息时间做出恶事。可是学生回到家里，既无教员、同学和他盘桓，又没有经济设置音乐去助他的娱乐，难免不发生其他的事来。所以学校应当使学生在休息时有正当的愉快。

这又是我们教育者的机会了！

总之，以上皆是我们教育者的机会。平常人对于机会怎样对待呢？大约可以看出四种情形来：

（A）**候机会** 有一班教育者天天骂机会不来，好像穷妇人想发财一样，但是机会不是观望的，所以等着机会是极愚拙的事，可以料定永远不会收着成效的。

（B）**失机会** 又有一班教育者，他明明看见机会来了，等到用手去捉彼，彼又跑掉了。如此一次，二次，三次……仍旧不能得着机会。因为机会生在转得极快的圆盘子上，倘若没有极敏捷的手去捉彼，总会失败的。

（C）**看不见机会** 机会是极微细的东西，有时且要用显微镜和望远镜去找彼。一般近视眼的教育者，若不利用那两种镜子，是很难看见机会的。

（D）**空想机会** 还有些教育者，机会没有来，到处自炫，就像得着机会一样。犹如两个近视眼比看匾，在匾没挂起来的时候，都去用手摸了匾。后来共请一位公证人去批评，他们各人述了自己的心得，公证人忍不住笑了，因为这匾还没有挂上，他们都是"未见空言"唎！

这类"未见空言"的教育者，他们一味的空想，结果总没有机会去枉顾他一次。

现在再谈谈好的教育者。我以为好教育者，应当具有灵敏的手去抓机会，并且要带千里镜去找机会，机会找着了，就用手去抓住彼，不断地抓住彼，还要尽力地发展彼。

再说一说教育者的责任。简单一句话，教育者的责任就是"不辜负机会；利用机会；能用千里镜去找机会；会拿灵敏的手去抓机会"。

办学者和学生都应当看看教育者是否利用他的机会；如果没有利用他的机会，便是他没有尽责。尽责的教育者，可以使学生发生"快乐"与"不快乐"两种感想；但是不尽责的教育者，也可以得着这两种情形，这是什么缘故？

因为教育者尽责，可以使学生在物质环境中做好人，教他学习一种技能去主宰环境。这种教育者，学生对于他有合意的，有不合意的。合意者不生问题，不合意的学生只请他认定教育者是否教我们做一个好人。如是，那我们就应当忍耐着成全这教育者的机会。设若教育者不负责，辜负了机会，不使学生求学，我们这时候，应当知道学生有好有坏，教育者也有尽责与不尽责，不尽责的教育者常为坏学生所欢迎，同时也被好学生唾弃。做好学生、好教育者，更应当对于坏教育者、坏学生加以严厉的驱逐，使这学校成为好的学校。

这桩事，无论是教育者、学生、办学者，皆当注意。我们不能辜负这机会与责任，自然要奋斗。攻击坏教育者、坏学生，是我们不可不奋斗的事，尤其是安徽不可不奋斗的事！

陶行知
教育名篇

教育与科学方法①

今天所要讲的不是教育研究法，是"教育与科学方法"，就是科学方法在教育上的应用。人生到处都遇见困难，到处都充满了问题。有的是天然界给我们出题目，有的是社会上给我们出题目，有的是空气、光线、花草给我们出题目。既然题目有这么多，我们应付这些问题的方法也分好几种。有的人见古人怎样解决，我们也怎样解决。这种解决是不对的，是没进步的。因为古时现象不是与今日现象一样，所以以古就今的办法往往是错的。有的人依外国的方法来解决问题：日本怎样办教育，我们也怎样办教育；德国怎样办，我们也怎样办；美国怎样办，我们也怎样办。这种解决也是不对。因为人家发明之后，未必公开，或不愿公开。从不愿公开到公开，已经若干时间，再从公开到中国，我们刚以为新，不知人家早已为旧了。还有的人是闭门空想，自以为得意的了不得，其实仅自空想也是没用的。因四面八方的问题，不给他磨练也是不行。此外还有一种人，也不依古，也不依外，是以不了了之。像以上种种方法，都不能解决我们的问题。能解决我们的问题的，惟有科学的方法。

什么是科学方法呢？科学方法是有步骤的，是有线索的。第一步要觉得有困难。如牛顿看见苹果落地，别人不知看了几千百次，都没觉得有困难，惟有牛顿觉得有困难，所以他发现地球的引力。教育方法也是如此。有的人上课看不出有什么问题，学风之坏也不注意，所以就不会有问题。第二步得要晓得困难的所在，就是要找出困难之点来。如一个人坐在那里发脾汗②是觉得有困难了。用什么方法来解决这个困难，这就跳到第三步，从此想出种种方法来解决。有的将画

---

① 本篇系陶行知在北京大学教育研究会上的演讲。原载于 1923 年 1 月 15 日《民国日报·觉悟》。

② 脾汗：即疟疾。

符放在辫子里，有的请巫婆，有的到庙里烧香祷告，有的请医生，有的吃金鸡纳霜①。有了这些法子然后再去选择，这就到了第四步。如：以为老太婆的法子好，就去试一试；不能解决之后，再用其他法子，最后惟有吃金鸡纳霜渐渐地好了。但此刻还不能骤下"金鸡纳霜能治脾汗"的断语，因为焉知不是吃饭时吃了别的东西吃好的呢？所以必须实验一番，这就到第五步了。如在同一情形之下，无论中外、男女、老幼吃了都是灵的，那么，金鸡纳霜能治脾汗就不会错了。

经过这五步功夫，然后才可解决一个问题。这五步方法是科学的方法。无论是化学，是物理，是生物学，都用这个方法以解决困难。但科学方法也有几个要素：

（一）**客观的**　凡事应用客观的考查，有诸内必形诸外。在教育上的观察，就是看你的学说于学生的反应怎样？教员与学生的关系怎样？要考查一校的行政，应看它的建筑、设备怎样，如以秤称桌子，我虽不知此桌的重量，但我晓得所放的秤码是多少。

（二）**数目的观念**　凡有性质的东西都有些数量。如光（light）有性质，一般人都如此说，物理学家也说可以量的。又如灵魂是有质量的，将来也须用数量去量。如果不能，则灵魂是没有的。数量中又有两个观念：（a）量的观念。有数量就可去量，如布、米、油等。（b）要量的正确。量不正确，也是无用。就是反对量的，他也在那里量，但他们用的法子很粗浅，专用一己的主观。如中国教员看卷子，有时喜怒哀乐都影响到他们定的分数。高下在心，毫不正确，这是中国人的毛病。我想，不但学理化的人对于数目要正确，就是学教育的人也要正确。"差不多"三字是我国人的大毛病。与人约定时间总是迟到（但上火车总是早到）。所以孟禄调查教育时说："中国人对于数目不正确。如要改良中国的教育，非从数目入手不可。"

以上说的是科学步骤与观念，要用这步骤、观念，应用到教育上去。

现在教育问题很多。从前人对于教育问题都是囫囵吞枣，犯了一种浮泛的毛病。各个人都会办教育，各个人都可做教育总长，都是教育专家。究竟教育问题是不是如此简单？还是无人不会呢？我们要知道教育在先进国里是一种专门科学，非专门人才不能去办。中国就不是如此。不过这几年还算进的快就是了。五年前南〔京〕高师教育和心理都是一人担任。自我到了之后，才将教育与心理分开。一年之后，授教育学者是一人，教育行政者又是一人。这是近五六年来教育

---

① 金鸡纳霜：奎宁的俗称，治疟疾的药。

陶行知 教育名篇

的趋势。如各人担任一个活的问题，或一人一个，或数人一个，延长研究下去，这问题总有解决的时候，若真多少年下去还不能解决，那恐非人力所能解决的了。

现时要研究的问题，有教育行政、儿童、工具、课程种种。又如，把科学应用到教育行政上去，课堂上教授是不是好的办法？教员、学生都太劳苦是不是有益的事情？

现在教育有两种：（一）如一个新学生坐在洋车上，叫车夫拉着拼命地跑几十里，结果自然是学生逸，车夫苦。但让学生自己再回来恐怕还是不能。（二）如一去不坐车，不识路就问警察，自然是辛苦一点，但走到回来时，包管还能回来的。兹将教育重要部分略说一说。

（一）**组织**　此时课堂组织最好的有达尔顿实验室①的方法（Dalton Laboratory Plan）。室中有种种杂志、图画，还有导师，任学生自己翻阅，与导师共同讨论，还要每礼拜聚会一次。这种法子到底好不好，可去试验试验。把各个学生试验了，测量了，假设其情形相同，是不是可得同一的结果，然后就知究为班级制好呢，还是达尔顿的方法好？又如，研究习惯为遗传的力量大呢，还是社会环境的力量大？把一对双生的儿童授以同样教育，看他们的差别究竟是哪个大。同时以同胞生的儿童授以不同的教育，再看他们的差异怎样。

（二）**教材**　以上法子也可应用教材上去。如我们所教的字是不是学生需要的？究竟何者为最重要？何者为次要？何者为不需要？我们应来解决。现在有些需要的没有放到教科书里，有些不需要的反倒放入了。我们可以拿几百万字的书来测验，看哪一个字发现次数最多？其最多者为需要，其次多数发现者乃是次要。将发现多的给学生，而次多的暂不授予。还有一点要注意的，就是学生有一年、二年离校的，我们就得将最需要的教他。可是其中有个困难，或者最需要的字比较着难读难写些，但我们可以想法给他避免。有人说中国字难认，所以不识字的人很多，外国人也说将来怕不能与各国的文化竞争。其实不然，试看长沙青年会②所编的《千字课》教授男女学生就知道了。他那里边有男生一千二百人，女生六百人，四个月将一千字授毕，每日仅费一点半钟。学生多半是商家学徒，而学生年龄以十二、三、四、五、六岁的居多。我觉得这一种办法，给我们一个好大的希望，今天拿来不过举个例罢了。

---

①　达尔顿实验室：又译道尔顿实验室，美国教育家帕克赫斯特（H. Parkhurst）所创。

②　青年会：基督教青年会的简称，基督教新教社会活动机构之一。1885 年由美国传入中国。中国基督教青年会 20 世纪 20 年代前后曾在国内推行平民教育。

（三）**工具** 无斧不能砍木，无剪不能裁衣，无刀不能作厨子，无工具不能做教育的事业。教育工具可以从外国运的，可以从中国找的。从外国运来的第一是统计法。有了统计法我们可以比较，可以把偶然的找出个根本原理来，如同望远镜可帮助我们眼睛看得清楚，在材料中可找出一定的线索。所以统计是不可看轻的。第二就是测验。近来教育改进社要做二十四种测验，因为此种工具是不能从外国运的（就是运来也不适用）。测验是看学生先天的聪明智慧怎样，使学校有个好的标准，由此可晓得某级学生有什么成绩，如治病的听肺器一样，可以看出病来。欲知病之所在，非测量不可。测验也是如此，得要细细地看结果怎样。如办学的成绩都可测验的。但没有统计，也测不出来；没有测验，也统计不出来；二者是互相为用。如甲校一个学生花四十九元，乙校学生仅花四元半；我们就可测量它谁是谁不是。如测验得花四元半的能达到平常的标准，那花四十九元就太费了。反转过来，如花四十九元的刚好，那花四元半的未免太省了。这就是统计与测量互相为用的地方。总之，每人都存用科学方法去办教育的决心，每人都去研究或解决一个小的问题，我敢说，不出三十年中国教育准有好的成效。

➤ 学问之要素

——答程仲沂先生的信①

仲沂先生：

……

先生所说做学问有三要素：一体健，二天才，三财力。很有见地。

知行以为体健是人生的一个最要目的，也是学问的一个最要目的。学生是学习人生之道的人。学以厚生则可；学以伤生是断断乎不可的。天才是做学问的根据。有几分天才做几分学问。大概天才有十分八九之势力，教育的势力只占十分之一二。教育万能之说是教育界自欺欺人的话。但是天才有时很不容易看出来。时机未到，天才隐在里面，专靠主观、武断，以致差之毫厘，失之千里的，是常有的事。

第三点恕我不大表同意。我不承认财力是学问的要素。我以为，只要有志学问或是有志于子女的学问，经济的难关是可以打破的。后代的学问是有社会关系的。自己倘若十分困难就号召社会的力量成全子女入学也是应该的。这是就求学必不可少的经费说的。我还有一点意见，就是：穷苦和学问是好友；富贵和学问是仇敌。那天天轻裘肥马，炫耀于同学之前的，究竟学问如何？

十二年九月二十日

---

① 本篇原载于 1929 年 7 月《知行书信》。

▲ 社会改造之出发点^①

从事社会改造的人，要远处着眼，近处着手。现在中国注重社会改造的人渐渐地增加，是一件很可庆幸的事。但是总觉得肯在近处着手的人还是太少。我们要想做近处着手的功夫，最要紧的是划分范围，确定责任。社会的范围可大可小。大而言之，社会就是全世界；小一点就是一国；再小就是一省、一县、一城；再小就是我们最近的环境，在我们前后左右的邻居。我以为要在我们自己机关以外服务社会，最好是从我们的最近环境着手，逐渐地推广出去。我们最近的环境要待改造的事体也很多。卫生问题、生计问题、道德问题、娱乐问题，以及种种别的问题都待解决，都是从事社会改造者不忍放弃的问题。但是人民不能识字读书也是个待解决的问题，恐怕是一个基本的问题。我们倘能把种种问题用大刀阔斧来同时解决，岂不痛快！世上做这种梦的人确实不少。无如天下事没有这样容易，我们的精力也很有限，要想把一切问题同时解决，结果必定是一个问题也不能解决。倒不如按着自己的能力，看准一件具体的事，聚精会神地来干他一下。如果我们对于一件事肯得专心继续的努力去干，一定有解决的希望。一个人，一个时候在一个地方干一件事，是社会改造的不二法门。本社依据这个原则，就拿羊市大街^②一百二十一号门牌里的读书问题，来做我们改造社会的出发点。

---

① 本篇原载于 1923 年 12 月 23 日《中华教育改进社第二周年纪念会会刊》。
② 羊市大街：北京的一条街，中华教育改进社城市平民教育的试验点。

预备钢头碰铁钉

——给吴立邦小朋友的信①

立邦②小朋友：

接读你的好信，如同吃甘蔗一样，越吃越有味。

世上有十八岁的老翁，八十岁的青年。要想一世到老都有青年的精神，就须时常与青年人往来，所以我很愿意和青年人通信，尤其欢喜和小孩子通信。平时得了小孩子一封信，如得奇宝；看过了即刻就写回信；回了信就把它好好地收藏起来。每逢疲倦的时候，又把它打开一读，精神就立刻加增十倍。小朋友的信啊，你是我精神的泉源！

国家是大家的。爱国是个个人的本分。顾亭林③先生说得好："天下兴亡，匹夫有责。"我觉得凡是脚站中国土地，嘴吃中国五谷，身穿中国衣服的，无论男女老少，都应当爱中国。不过各人所处地位不同，爱国的方法也不能尽同。小孩们用心读书，用力体操，学做好人，就是爱国。今天多做一分学问，多养一分元气，将来就能为国家多做一分事业，多尽一分责任。你说等到年纪长大点也要服务社会，这是很好的志尚。社会的范围很不一定，大而言之就是天下；小一点就是国家；再小就是一省，一县，一村；再小就是我们自己的家庭。大凡服务社会，要"远处着眼，近处着手"。学生在学习服务社会的时候，就可以从自己的家里学起，做起。一面学，一面做；一面做，一面学。我们在家里服务的事也很多，把不识字的家庭化为识字的家庭，就是这许多事当中的一种。府上既住在学校左近，这就是你自己家里试办平民教育的机会。家庭里的平民教育适用连环教学法，你可请教令亲鸣岐先生。家里办好了，再推广到左右邻居，这事就是治国平天下的入手办法。

你信上说到贵处的老太婆们如何顽固，如何不易开通，这也是自然的现象。

---

① 本篇原载于 1923 年 7 月《知行书信》。

② 立邦：即吴立邦，安徽屯溪隆阜推行平民教育的积极分子，时年 13 岁。

③ 顾亭林：即顾炎武。

我们在社会上做事就要预备碰钉子。我在这几个月当中，也碰了四五个钉子。碰钉子的时候有两个法子解决：第一是硬起头皮来碰，假使钉是铁做的，我们的头皮就要硬到钢一样，叫铁钉一碰到钢做头皮上就弯了起来；第二是要把我们的热心架起火来，把钉子烧化掉。我们只怕心不热，不怕钉子厉害，你看如何？

你说隆阜平民学校有个六十九岁的老太太也报名了。这是我们平民教育的大老了。陈鹤琴先生的老太太现在六十五岁，也读《千字课》。安徽教育厅里，夫役读《千字课》的也有二位六十五岁的老翁，我亲自教了他们两课。晏阳初先生说他最老的学生是六十七岁。所以隆阜那位老太太是我们平民教育最老的学生。请你把她的姓名告诉我。我要叫天下人都晓得这件事，好叫那些年富力强的人都发奋起来。再请你代我向这位老太太表示敬意。从前中国有七十岁的老状元，现在有七十岁的老学生，老识字国民，岂不是一件最可庆贺的事吗？如果你能时常的去帮助这位老太太学习，那就更加好了。你说徽州没有好的男学校，所以暂在隆阜读书。歙县第三中学办得不错，教员皆是有学问有经验的，明年可以试试看。

承你的好意，叫我回徽州来帮助大家提倡平民教育。这句话触动了我无限的感慨。我已经离开家乡十三年，恰好和你的年岁相等。每次读渊明公①的《归去来兮》，我想回来一趟，但是总没有功夫。因为来往要一个月，我是个很忙的人，怎么可以做得到呢？今年夏天，南京来了四架飞机，我就想借用一架飞回徽州，半天可以来往。管飞机的人说徽州平地少，不易下来，只好将来再谈。现在休宁金猷澍慰侬先生制造一种浅水艇，如果办得成功，从杭州到屯溪只要十八个钟头。我现在一面学游水，一面等金慰侬先生的计划成功。我想我不久总要回来看看我的亲戚朋友，特别要看的是小朋友。不过小朋友们看见我怕要像下面两句诗所说的景况："儿童相见不相识，笑问客从何处来。"现在已经夜深了，后来再谈。敬祝康健！

十三年一月五日在联和船上写的

---

① 渊明公：即陶渊明。

陶行知 教育名篇

❯❯ 半周岁的燕子矶国民学校

——一个用钱少的活学校①

　　燕子矶国民学校的官名叫作北固乡区立第一国民学校，设在南京神策门②外的燕子矶，离神策门约有十三里的路程。这个学校已经开了好多年，但它的新生命的起点是在今年正月。那时丁超调任这校校长，从事改造，为它开一新纪元。我们说它为半周岁，就是为这个新纪元说的。我参观这个学校是和本社乡村教育研究员、东南大学乡村教育教授赵叔愚先生同去的。我们走进这个学校，四面一望，觉得似曾相识。因为我们在这里所看见的都是我们心目中所存的理想，天天求它实现而不可得，不料在这个偏僻的地方遇到，真是喜出望外。现在我要把我们参观所得的，报告出来，公诸同好。

　　校长是一个学校的灵魂，要想评论一个学校，先要评论它的校长。丁校长是陆军小学出身，并经过甲种师范讲习科的训练。未任本校职务之前，曾在尧化门国民学校充任校长八年，著有成绩。我们看他的人，听他的话，察他的设施，觉得他是个天才的校长。他能就事实生理想，凭理想正事实。他有事实化的理想，理想化的事实。他事事以身作则。他是教员的领袖，学生的领袖，渐渐地要做成社会的领袖。

　　这个学校不但教学生读书，并且教学生做事。做什么？改造学校！改造环境！学生是来读书的，教他做事，自己不情愿，父母不情愿。这是第一个难关。教员是来教书的，要他教学生做事，固不情愿，实在也是不会。这是第二个难关。教学生读书易，教学生做事难。如何打破这两道难关？一要身教，二要毅力。丁校长教学生做事的成功也是在这两点。他起初的时候整天拿在手里的是钉锤和扫帚。所以那时有人讲他是位钉锤校长，扫帚校长。但是久而久之，教员跟他拿钉锤扫帚了，学生也跟他拿钉锤扫帚了。教员变做钉锤扫帚的教员，学生也变做

---

　　① 本篇原载于 1924 年 8 月 4 日《申报·教育与人生》第 24 期。

　　② 神策门：明代洪武年间所建南京城十三门之一，1928 年改称和平门。

钉锤扫帚的学生了。丁校长于是开始偕同教员学生合力改造学校，改造环境。

校址是在一个关帝庙里。关公神像之外还有痘神、麻神等等。这些神像已经把课堂占去了大半个。丁校长一方面要教课堂适用，一方面要免去地方反对，就定了一个保存关公搬移杂神的计划。他就带领学生为关公开光。把神像神座洗刷得焕然一新，并领学生们向关公恭恭敬敬地行礼。他再同教员把这些杂神的神像移到隔壁的庙里摆着。他们又把那个庙打扫得干干净净，把这些杂神安排得妥妥当当，大家也行个礼。杂神搬出之后，这个课堂又经过了一番洗刷，加了些灰粉，居然变了一个很适用的教室。村里的人看见关公开了光，杂神安排得妥当，又听见学生报告向神行礼的一番话，不但不责备校长，并且称赞校长能干。

校内干好了，进而求环境的改良。燕子矶即在近旁，他就带领学生栽树，从门口栽到燕子矶顶上，风景一变。造林场栽树，十活一二。丁君栽树，栽一棵活一棵，也是他从经验中得来的。燕子矶坡上因有人时倒垃圾，太不洁净，丁校长就领学生们把所有的垃圾扫除一空。村民不知卫生，仍是时常把垃圾倒在此处。但村民一面倒，他就一面扫。村民倒一回，他就扫一回。后来邻居渐渐的出来责备倒垃圾的人，燕子矶头从此清洁了。

教学生做事的第一个影响就是全校无事不举：屋角上，桌缝里都可以看见精神的贯注。第二个影响就是用不着用人做事：打扫，泡茶，及一切常务都是大家分任，所以这个学校没有门房，没有听差，没有斋夫。第三个影响就是学生得了些合乎生活需要的学问：学生在学校里既肯做事，会做事，在家里也肯做事，会做事了；父母因此也很信仰学校了。第四个影响就是省钱：这个学校连校长有四位职员，五级学生共有一百二十四个人，但每年只花费公家六百二十四元钱。平均每个学生只费五元钱。学费是一文不收的。这是何等的省钱啊！省钱不为稀奇；省钱而有这样的成效，却是难能可贵的。

公家经费只有此数，设备一项宜乎因陋就简了。然而照我们所观察，比同等的学校好得多。就图书而论，这个学校里有教员参考书二十余种，学生读物四十余种，可谓选得妥当。

我见学生读物摆得有条有理，就问他买书的钱怎样来的。校长说每逢年节、午节、秋节，学生例送节敬，我们却之不情，就拿来买些书给大家读读。再学生有一种储蓄买书的办法：每天储蓄一两个铜板，我们就把这笔钱拿来代学生买书。这是一种大家买书大家看的办法。每人出几角钱，就可得几十块钱的书读。出校的时候，学生还可把自己的书带回去，这是穷学校阅书最好的办法。

我再举一个例。学生喝茶的茶杯总要每人一个才合卫生之道。平常小学都是

陶行知
教育名篇

31

用公共茶杯，很不妥当。燕子矶国民学校却是每生一个茶杯。每人从家里带一个茶杯来，放在学校里，自己洗，自己管，自己用。茶水每人每星期出铜板两枚合办。茶水是公共的，茶杯是个人的，都是由学生自备的。

这个学校的教职员是很勤劳的。校长自己也教四堂。校长薪金每月二十元。教员薪金十四元的一人，十二元的一人，六元的一人。他们星期日只放半天学，暑假完全不放，学生在学校里补习各种家常实用的功课。燕子矶多水，父母不放心，所以不大愿意学校放假，学校肯得依从父母有理性的心理，所以很得社会信仰。

平常办学，学校自学校，社会自社会，不要说联络，连了解也说不到。丁校长接事只有半年，对于燕子矶社会情形，了如指掌。他并能得地方公正绅士信仰和帮助。学校因此无形中消除了好多障碍。

这个学校还给了我们一个很重要的暗示：乡村学校最怕的是教职员任职无恒，时常变更。在这种情形之下，研究、设施都不能继长增高，真是可惜。丁先生所以能专心办学，一部分也是因为他的夫人能够和他共同努力。他的夫人也是本校的教员，特别担负女生的责任。她在这里服务是带一半义务性质。他们所组织的俭朴家庭同时是乡村家庭的模范。我想未来的乡村学校最好是夫妻合办。如果男师范生和女师范生结婚之后，共同担负一个小乡村的改造，也是人生一大快事，并是报国的要图。

我们再看看这个学校普通的进步：去年校中只有学生七十八人，今年已经加到一百二十四人；去年女学生寥寥无几，今年因丁夫人①之教导，已经有三十余人了；去年本地有私塾四所，现在只有一所了。由此可见这半年进步敏捷之一斑。

现在办学的时髦方法：一是要求经费充足。有钱办学不算稀奇，我们要把没有钱的学堂办得有精彩，才算真本领。二是聘请留学生做教授，有西洋留学生更好，西洋留学生中有硕士、博士头衔的更为欢迎。这个偶像是要打破的。像燕子矶这样一个学校，西洋博士能否办得起来还是一个问题；容或办得起来，我却没有看见过。

这个学校是有普遍性的。它可以给一般学校做参考。它也有缺点，但只是时间上的问题。我们很希望大家起来试试这种用钱少成绩好的活教育。

叔愚先生和我对于这天的参观，觉得快乐极了，也受了无限的感动。回时路上遇了大雨，一身都是水了。只听着叔愚先生连说："值得！值得！值得！"

一九二四年七月

_____

① 丁夫人：即丁超夫人。

师生共生活

——给姚文采弟的信[①]

文采吾弟:

安徽公学[②]用最少的钱办到这样好的成绩,可算是近年来中等教育很有精彩的一个试验,可喜之至。但最危险的时期将要到了！秋期招收新生三班,新生数与旧生数相等,训育[③]上要起最困难的问题。一不谨慎,校风要受根本的动摇。

按诸天演的原则,世间万事之进化都是逐渐成功的。暴长多暴亡,其机很微,不可不预防之。仲明[④]弟拟于招考时,亲行口试,观察其言辞举止,以作去取根据之一种,我很赞成。这是一部分的预防,如果鉴别力强可以达到一部分的目的。梁漱溟先生说办学校是和青年做朋友。做朋友之前当然要加一番选择。所以我很赞成仲明的建议。

但最重要的是教职员和学生共甘苦,共生活,共造校风,共守校规。我认为这是改进中学教育和一切学校教育的大关键。所以从学生进校之日起,全校教职员要偕同旧生以身作则,拿全副精神来同化新生。如果只招一班学生,这事体就要简便多了。现在是要拿一百多人来同化一百多人,确是一件最困难的事。我们对于这件事要小心翼翼,如临大敌,才有成功的希望。我希望诸弟现在就要准备开学时一切琐碎的手续,使得时候到了,可以把精神集中在训育方面。凡住校的教职员,一定要和学生共甘苦,共生活,共造校风,共守校规,断不能有一个例外。如有例外,一定失败。我希望你住校一个月,以示表率。在这起初一个月当中,千万要聚精会神对付这个问题。安徽公学的前途都要看这一个月的努力而定。我或者可以帮助你们打头一个礼拜的仗。开学期定了以后,请即告诉我。

敬祝康乐！

十三年八月十四日

---

① 本篇原载于 1929 年 7 月《知行书信》。

② 安徽公学:安徽旅宁同乡会和同学会为帮助安徽籍子弟学习在南京所设立的中学。创办于1923 年秋,陶行知兼任校长。

③ 训育:指对学生行为、习惯的训练和控制。

④ 仲明:即杨仲明,时任安徽公学训育主任。

陶行知
教育名篇

平民教育概论[①]

一　平民教育之效能

中国现在所推行的平民教育，是一个平民读书运动。我们要用最短的时间，最少的银钱，去教一般人民读好书，做好人。我们深信读书的能力是各种教育的基础。会读书的人对于人类和国家应尽之责任，应享之权利，可以多明白些。他们读了书，对于自己生计最有关系的职业，也可以从书籍报纸上多得些改进的知识和最新的方法。一般无知识的人对于子女的教育漠不关心，若是自己会读书，就明白读书的重要，再也不肯让自己的儿女失学。所以今日之平民教育，就是将来普及教育的先声。至于顺带学些写信、记账的法子，于个人很有莫大的便利，自然是不消说了。

二　平民教育问题的范围

中国没有正确统计，暂且以传说之四万万人估计，觉得平民教育这个问题之大，实可令人惊讶。照中华教育改进社估计，十二岁以上之粗识字义的人数只有八千万人，再除开十二岁以下的小孩子约计一万万二千万人属于义务教育范围，其余之二万万人都是我们的平民教育应当为他们负责的。这二万万人有一人不会读书看报，就是我们有一份责任未尽。

三　中国平民教育之经过

这个问题二十多年前已经有人注意了。前清的简字运动就想解决这个问题，没有多大成效。注音字母也有一部分人拿来做速成教育的工具，他的命运尚在试

---

① 　本篇原载 1924 年 10 月《中华教育界》第 14 卷第 4 期。

验中。"五四"以后，学生由爱国运动进而从事社会服务，教导人民，自动开设的平民学校遍地都是。虽办法不无流弊，却能引起我们对于平民教育改善的兴味。最后，晏阳初先生用一千字编成课本，在长沙、烟台、嘉兴等处从事试验平民教育，更为省钱省时。在这事之前，有毕来思先生编的《由浅入深》和唐景安先生用六百字编的课本，都能引起一部分人的注意。这都是局部的试验。去年六月，熊秉三夫人参观嘉兴平民学校之后，就偕同晏阳初先生和我们筹备中华平民教育促进会的组织，同时推举朱经农先生和我依据国情及平民需要编辑课本，并推请王伯秋先生在南京主持平民教育之试验。八月，乘中华教育改进社年会在清华学校开会之期，邀集各省区教育厅、教育会代表到会讨论进行方针及计划。中华平民教育促进会总会即于此时成立。十月开始推行，离现在为时不过九个月，已推行到二十省区，读会《平民千字课》的人民已有五十万人。由此可见，全国对于平民教育有极热烈的欢迎和极浓厚的兴趣。

四 平民教育现行系统

中华平民教育促进会总会是个全国的总机关，有董事部总其成。董事有两种：一为省区董事，每省区二人；二为执行董事，一共九人，推举在京之会员担任。董事部聘请总干事担任进行事宜。

总会之下，有省、县、市、乡平民教育促进会分会，管理一省、一县、一市、一乡的平民教育事宜。一市中之各街和一乡中之各村，都要设平民教育委员会，以担负此街、此村之平民教育。现在省区设分会的已有二十省区。省区之下未有确数。一条街的平民教育正在北京之羊市大街和南京之府东大街试办；一个村乡的平民教育正在休宁之隆阜和西村等处试办。

五 教育组织

教育组织最要符合社会情形和人民生活的习惯。因此我们对于平民教育，主张采用三种形式，以适应各种人民的需要：

（一）**平民学校** 这个采用班次制度。大班一二百人以上用幻灯教；小班三四十人以上用挂图、挂课教。这和通常的班级教学差不多，无须解释。

（二）**平民读书处** 但是社会里有许多人因职务或别种关系不能按照钟点来校上课，我们就不得不为他们想个变通的办法。这办法就是平民读书处，以一家、一店、一机关为单位。请家里、店里、机关里识字的人教不识字的人。教的人是内里的，学的人也是里头的。这是内里识字的人同化内里不识字的人的办法。如果主人负责督促，助教每星期受一次训练，并加以定期的指导，平民读书处可以解决一部分的问题。山东第一师范现在以一个学校的同志办一千多人的平民教育，就是采用这个办法。

（三）**平民问字处**　这是南京平民教育促进会总务董事王伯秋先生发明的。社会上有些人不但不能按时上学，并且家里无人教导，因此平民学校和平民读书处都不能解决。这些人大半属于流动性质，如做小本生意的人或车夫之流。平民问字处就设在有人教字的店铺里、家庭里或机关里。凡承认担任教字的店铺、家庭、机关，随便什么人要问《千字课》里的字，都可以向他们问。比如摆摊的人摆在那个平民问字处门口，就可乘空向他们请教；车夫停在那个平民问字处门口，也可乘无人坐车的时候学几个字。这个法子现在南京试验。

六　教材教具

平民教育重要的工具是课本——《千字课》。这部书的一千多字，是根据陈鹤琴先生调查的《字汇》①选择的。编书的大目标有四：（一）是自主的精神；（二）是互助的精神；（三）是涵养的精神；（四）是改进的精神。全书九十六课，用九十六天，每天一个钟点就可以教完。我们的方针是要求其易懂而有趣味，使他们读了第一课就想读第二课，用他们自然的兴味来维持他们的恒心和努力。现在仍旧照这个方针在这里修改，总希望愈改愈适用。

辅助教具之最重要的有二：一是幻灯，现由青年会在那里力求改良，总要它格外价廉合用；二是挂图，比幻灯便宜些，宜于小班用。

七　考成

平民学校和平民读书处的学生普遍四个月毕业。毕业之时，用测验方法考一下。及格的发给识字国民文凭（Certificate for Literate Citizenship）；考不及格可以下次再考，考到及格为止。教师的奖励看及格学生数目而定。凡教了三十人，经考试及格的可得平民良师的证书（Certificate of People's Teacher）。其他对于平民教育出力及捐资的人员，都有相当的奖励，或由本会发给，或请政府发给。各地同志并不为奖励始肯出力，本会之发给奖励只是对于他们有价值的工作，加以相当之承认。

---

① 《字汇》：陈鹤琴著《语体文应用字汇》的初稿，后由商务印书馆于1928年出版。

八　经费问题

平民教育的经费现在已经节省到最低限度。我们的《千字课》承商务〔印〕书馆之帮忙，几乎是照本钱出卖。一角洋钱可以买一部，共四本。如果采用读书处的办法，只须两角钱就可教一个人。平民学校贵些，每人也不过四五角钱，加用幻灯，每人至多一元钱也就够了。

我们希望省、县的平民教育，都列入正式预算。国家也应将筹定的款辅助各地勇猛进行。这虽是我们应有的计划，但我们并不等候政府筹定的款才去进行。我们要教育普及，尤其要担负普及。我们现在要试行一种"一元捐"的办法，使社会大多数人民，都为平民教育挑一个小小的担子，并使他们个个人都和平民教育发生一点密切的关系。我们深信为公益捐钱，也是一种很有价值的教育。我们要社会学给与，不要他们学受取或看别人给与。我们相信这种"一元捐"推行之后，再加点附加税，就可以够用了。

九　强迫是一种必要手续

社会上有三种人：（一）是自动要读书的；（二）是经劝导后才愿读书的；（三）非强迫不愿读的。我们就经验上观察，十人中怕有三人或四人非强迫不行；此外还有二人或三人，有了强迫的办法就可赶快去读。所以强迫是必要的。强迫有两种：一是社会自动的强迫。例如改进社等机关对听差的宣言："从今天起，不愿读书的不能在本社服务。""自民国十四年一月一日起，无识字国民文凭的人不能在本社服务。"协和医院对工役的宣言："在一定时期内，没有读了《千字课》不得加薪。"〔这〕一类的办法，都是自动的强迫。至于政府的强迫令，也是重要的。芜湖房道尹①、察哈尔张都统、河南王教育厅长都曾考虑过强迫平民教育的办法，陆续总有地方可以实现。他们所考虑的办法中有四条很值得实行的：（一）是县知事以下以推行平民教育为考成之一；（二）是预行布告人民某年某月某日以后，十二岁以上之人民出入城门应经警察持《千字课》抽验，会读者放行，不会读者罚铜元一枚；（三）"愚民捐"（Ignorance Tax）。在某年某月某日以后，凡机关里、店铺里、家庭里或任何组织里，如有不会读《千字课》之十二岁以上之

---

① 房道尹：即房秋五（1877—1966）安徽枞阳人。1904年春与陈独秀等创办《安徽俗话报》。同年留学日本。1905年回国，从事办学办报工作。1921年任芜湖道尹。1925年创办浮山小学。1927年又创办浮山中学，并任校长。中华人民共和国成立后，任安徽省人民政府委员，省政协副主席。

人，每月纳"愚民捐"洋一角，到会读为止。"愚民捐"由主人及本人各任半数；（四）凡主人有阻碍属下读书行为，一经发觉，得酌量罚款。

十　下乡运动

中国以农立国，十有八九住在乡下。平民教育是到民间去的运动，就是到乡下去的运动。现在有一个方法很有效力。学校里到夏天和冬天都要放假，大多数的学生都要回到自己的村、乡里去。我们劝他们带《千字课》回家宣传平民教育。入手办法有三种：（一）是把村、乡里识字的人找来，给他们一种短期的训练，教他们如何教自己家里的人。（二）把村里不识字中之聪明的招来，每天教他们四课，同时叫他们每人回家教一课。只须一个月，他们就可读会四本书，并教毕一本。他们一面学，一面教，一个月之后可以做乡村里的教师了。（三）大一点的乡村里总有私塾，可以劝导私塾先生采用《千字课》，并用空闲时间为乡人开班教《千字课》本。

乡村平民教育当推香山慈幼院对于西山附近乡村的规划为最有系统。它以各小学为一中心点，令附近每家来一人上学，学好后回家教别人。读书之外，还教些实用的职业。我们很希望这个计划能成事实。

十一　女子不识字问题

不识字的最大多数就是女子。平民学校因年龄较大又未经学校训练，不便男女同学，更使这个问题难于解决。我们现在采用的办法是：（一）为女子专办女子平民学校；（二）家庭中多办平民读书处，使自己的人教自己的人；（三）劝女学生寒暑假回乡教乡村里的妇女；（四）极力提倡女子学校教育造就女子领袖，使女子平民教育可以尽量推广。

十二　继续的平民教育

四个月的《千字课》教育，虽然有些实用，但和完备的教育比较起来，真是微乎其微。况且受过这种教育之后，如何去维持，使他们不致忘却并能运用，真是一个最重要的问题。所以我们一面推行，一面就计划继续的办法。（一）我们要和国内最大的日报合作，编辑一个《平民周刊》，一面随报附送，一面单行发卖，使平民毕业学生，可以得到看报的乐趣，又可以得些世事的消息和做人的道理。现请定朱经农先生为总编辑，由《申报》印行，定于六月二十八号出版，每周行销六万份。（二）我们请了专家四十几位分任编辑《平民丛书》数十种，供给平民阅览。对于上列二事，改进社很出力帮忙。为了充分推广起见，我们要在火车上、轮船上甚至于三家村、五家店，都要设法分销，使平民便于购买。又请图书馆专家，规划设立平民阅览室，以便平民可以到适中地点看书看报。中华职业教育社也在编辑《平民职业小丛书》，也是很有益的。（三）有些学生对于四个月①之后，很想继续受职业的训练，求生计上之改善。这是更加要紧的。我们为分工起见，希望中华职业教育社特别加以注意。（四）平民学生当中已经发现有特别聪明的学生，这些学生应当再受国家或社会充分的培植。我们对于他们特别加以注意，并要扶助他们升学。

十三　训练相当人才

这是一个大规模的运动，义务繁，责任重，必须训练多数相当的人才分工合作才能按期收效。第一要训练的就是推行干事。各地对于平民教育既有如许热心，总会最大的责任是派遣有才干的人员，帮助各地组织，指导他们进行，并给各地办理平民教育的人一种相当的训练。总会对于省区，省区对于各县、各市，各县对于各乡，各市对于各街，都应负训练指导之责，才能收一致之效。第二要训练的就是教师。平民学校教师采用讨论会办法，寓训练于讨论之中。平民读书处助教就须用师范班办法加以有规律之训练。第三省视学、县视学是地方提倡平民教育最可收效之人，宜有短期之讲习会，详细讨论推行平民教育之办法，以利进行，这种讲习会不久就要召集。

十四　官民一致合作之效力

自平民教育开办以来，固然免不了一部分人的怀疑和少数人的阻碍。但因平民教育运动宗旨纯正，国人相信从事者始终以人民幸福为前提，绝无政治、宗教或任何主义之色彩，所以到处备受欢迎。各地推行平民教育的时候，军、政、警、绅、工、商、学、宗教各界无不通力合作，这种一团和气的现象真是少见的。学界对于此事之热心是一件预料得到的事。多数的教员、学生本着他们诲人不倦的精神，担任教学、研究、推广等事，实在可以佩服。商界对于此事也有热心提倡者。都市里提倡平民教育一大半要靠商界。汉口各商团联合会周会长尤其热心，他首创的几个平民学校都很有成绩。听说他还有二十五个学校正在筹备中。汉口商界是可以为全国模范的。工厂主人提倡此事最力的有武昌李紫云先生。我们很

---

①　四个月：指读完《平民千字课》所需时间。

希望全国的工厂继起提倡工人的平民教育。南京有五十几位说书人，在说书的时候，把读书的好处，夹在说书当中劝导听者。他们还逢三、六、九的日子，到四城演讲读书的重要。他们还编道情（Folk Lore or Popular Songs）唱给人民听，劝他们读书。这些说书人最明白平民心理，真是最好的平民教师。我们很希望全国的说书人都起来为平民服务。各地政府对于平民教育表同情的很有好多。江苏首先捐助巨款开办南京平民教育的试验，湖北也极力提倡。江西、察哈尔等处都很出力，近来奉天令军队数万人受平民教育，尤为平民教育前途最可庆贺的一件事。民政长官中最先提倡平民教育的为江苏韩紫石省长。安徽前省长吕调元令省公署卫队、公役受《千字课》教育，可惜中途为马联甲长皖时所停止。湖北省长公署也办了一班，已经毕业，现正在筹备继续。安徽教育厅长江彤侯令全厅公役一律读书，为强迫平民教育之第一幕，中间虽经谢学霖厅长任上之停顿，但新任教育厅长卢绍刘已经恢复，进行顺利。赣、鄂二教育厅也相继举办，为全省树立风气，甚为可喜。芜湖房道尹、察哈尔张都统都很提倡。县公署里办平民教育的也有许多处。警察为推行平民教育最要人员之一。在都市中，警察与商界有同等的力量。南京警官亲自教平民学生，警士帮助劝学非常热心。武昌警察总署及分区共办平民读书处二十九处，不识字之警察、公役一律读书，不愿读书的开除。这是何等的有效力！九江的警察也很提倡。监狱里的犯人除做工外没有别事做，我们正可借此机会教他们读好书，做好人。现在监狱里教《千字课》有安庆、南昌、南京、武昌、汉口各处。还有利用识字犯人教不识字的犯人的，真是可喜。

十五　南北对于平民教育一致提倡之好现象

对于平民教育不但各界合作，而且南北也是合作的。广东、云南、湖南、东三省、四川以及其他各省区都协力进行。这真是所谓人同此心，心同此理。中国政治虽不统一，但教育是统一的。我们深信统一的教育可以促成统一的国家。

十六　结语

我们的希望是：处处读书，人人明理。如照现在国人对于此事的合作和热度观察，十年之内当有相当的成效。但我们不能以普及四个月一千字的教育为满足，我们应当随国民经济能力之改进，将他们所应受之教育继长增高到能养成健全的人格时，才能安心。这是我们共同的希望，也是我们今后共同努力的方向。

原编者按：

平民教育是我国教育上最有希望的一种运动和事业，详情已见于陶先生文中，可不赘说。但我们要认清平民教育的宗旨，不但是要使平民能认一千字，可以看报、记账、写信，而且要使平民略具民主国家必须的知识而可做个中华民国的国民，爱护中华民国。我们现在还未办完备的国民教育，无妨将四个月的平民教育当作一个速成的国民教育。但是这种教育应绝对不许任何教会拿去做传教的工具，也应绝对不许任何武人拿去做欺人的勾当，更应绝对不许任何政客拿去做盗名的幌子。万一为教徒、武人和流氓政客所利用，不但失了平民教育的宗旨，而且妨碍平民教育的进行，无由收得平民教育的实效。某省平民教育运动在当初轰动一时，而近来除几处挂着平民学校或平民读书处几块空招牌外，绝无他物。这就是教徒、武人和政客一时利用平民教育出风头，风头出了就不肯切实进行的缘故。因此，我很希望提倡平民教育的先生们不要急切推行，弄真成假，而要切实推行，始终不懈。

陶行知 教育名篇

❱❱ 学生的精神[①]

　　知行此次因全国教育联合会事来湘，今天得与诸君见面，这是很愉快的。知行是世界的学生，诸君是学校的学生，今天是以学生资格对诸君谈话。有些议论也许诸君是不愿听的。但是"忠言逆耳利于行"，诸君或者能够原谅。

　　我现在要讲的题目，就是《学生的精神》。在我未说这题目之先，有点意思对诸君说一说：现在中国许多学生及一般教员，有一个很大的通病，就是容易"自满"。不论研究何种学科，只有相当的了解，即洋洋自得、心满意足。尤其是在过教员生活的，觉得自己处在教师地位，不必再去用功研究了。中国"四书"上有两句话说："学而不厌，诲人不倦。"这真是千古不灭的格言，并且是两句不能分开的话。因为要"学而不厌"，才能够做到"诲人不倦"。例如我们来教一班小学生，倘若自己全不加以研究，只照着别人编的书本，自己抄的老笔记，依样画葫芦的教去，当学生的固然不能受多大的益，当教师的也觉得不胜其烦，没有多大的趣味。如是的粉笔生涯，不能不厌烦了。倘若当教师的，自己天天去研究，有所得的，即随时输之于学生，如此则学生受益较多，即当教师者也觉得有无穷的乐趣。所以学生求学，固然要"学而不厌"，就是当了教员，还是要继续的"学而不厌"。这可说是我现在要讲的"学生精神"的先决问题。

　　现在开始来讲《学生的精神》了。学生精神大约分为三点。

　　（一）**学生求学须具有科学的精神**　我们不论研究什么学科，总要看一个明白，想一个透彻，多发些疑问，切不可武断盲从。例如别人要我们信仰国家主义，我们必须明了国家主义的内容是否合于现代社会，才定信仰不信仰的方针。其他，社会主义亦然，无政府主义亦然……尤其我们研究科学之时，碰到一个问题来了，"知之则知之，不知则不知。"因为我们自己知道自己不知的地方，那还有能够知道的一日；倘若不知的而认以为知，那么，不知道的终究没有知道的日

---

　　①　本篇是陶行知在湖南的演讲。原载于 1925 年 12 月 1 日《民国日报·觉悟》。

子了。这可说是自己斩断自己求学的机能。所以我们学生求学，第一步就要有科学的精神。

（二）**要改造社会必具有委婉的精神**　我们在任何环境里面做事，不可过于急进。譬如园丁栽花木，倘只执一镰斧，乱砍荆棘，我相信花木亦必随之而受伤。务须从旁着想，怎样才能使荆棘去掉，那么，非用委婉的功夫不可。改造社会也是一样。尤其是我们学生，因为是领导民众的中坚分子，倘用乱刀斩麻的手段，必引起一般民众起畏惧之心，怎样还讲得社会改造？所以我们要社会改造，也需要用委婉的精神，走到民众前头，慢慢地领他们向前走，并且还要告示他们向前走的方法。如此才有社会改造的希望。不然，任你如何轰轰烈烈倡社会改造，社会还是不能改造的。

（三）**应付环境必具有坚强人格和百折不回的精神**　我们处在任何环境里面，必抱有坚强人格，不可自由摇动，尤其到了利害生死关头之时，必富有"富贵不能淫，贫贱不能移，威武不能屈"的气概。这才算得一个真正的大丈夫，真正的国民。现在中国一班学生——其实不仅是学生——在普通情形的时候，各人的性格，好像没有多大的区别。但到危急存亡利害相冲的关头，就看得清清楚楚，各人露出自己的本来面目。中国民众的不能团结，这就是一个很大的原因。所以我们处在任何的环境里面，坚强不摇的人格及不屈不挠的精神，决不能少的，尤其在我们学生时代。我现在要举一段历史例子给诸君听，就是明朝的方孝孺先生，当燕王棣①篡位之时，使他草"即位诏"，他大书"燕王篡位"四字，因此被夷十族。当燕王篡位之时，势力胜过现在的任何军阀，但不能压迫方先生一笔锥。可见方先生的人格及不怕死的精神，真令人钦佩而尊敬，亦可证明读书人不可忘掉气节。

学生的精神，大概分为上列三点。我觉得在今日的学生中，是亟宜注意的。因时间仓促，说得不周到处，请诸君原谅！

---

① 燕王棣：即明成祖朱棣。

整个的校长①

去年我对南开中学学生演讲《学做一个人》，曾经提出五种"非整个的人"，内中有一种就是分心的人。分心的人是个命分式的人，不是个整个的人。整个的人的中心，只放在一桩主要的事上。他的心分散在几处，就是几分之一的人。这类人包括兼差的官吏。跨党的党人，多妻的丈夫。俗语说"心挂两头"就是这类人。这类人是命分式的人，不是整个的人。

做一个学校校长，谈何容易！说得小些，他关系千百人的学业前途；说得大些，他关系国家与学术之兴衰。这种事业之责任不值得一个整个的人去担负吗？现在不然。能力大的人，要干几个校长。能力不够或时间不敷分配的，就要找几个人，合起伙来共干一个校长。

我要很诚恳的进一个忠告：一个人干几个校长，或几个人干一个校长，都不是整个的校长，都是命分式的校长。试问，世界上有几个第一流的学校是命分式的校长创造出来的？国家把个整个的学校交给你，要你用整个的心去做个整个的校长。为个人计，要这样才可以发展专业的精神，增进职务的效率。为学校计，与其做大人名流的附属机关，不如做一个学者的专心事业。具体地说，去年教育部所开的总长兼校长和校长兼校长的例不但不应沿袭，并且应当根本铲除。我希望现在以总长兼校长的诸公都自动地辞去总长或校长，以校长兼校长的诸公都自动地以担任一校校长为限。至于某大学设立会办一层，似有几人合做校长之情形；此种新例，亦不可开。总之，为国家教育计，为个人精力计，一个人只可担任一个学校校长。整个的学校应当有整个的校长，不应当有命分式的校长。

---

① 本篇原载于 1926 年 2 月 5 日《新教育评论》第 1 卷第 10 期。

❱❱ 学做一个人 [①]

我要讲的题目是：《学做一个人》。要做一个整个的人，别做一个不完全、命分式的人。中国虽然有四万万人，试问有几个是整个的人？诸君试想一想："我自己是不是一个整个的人？"

《抱朴子》上有几句话："全生为上；亏生次之；死又次之；不生为下。"

但是何种人算不是整个的人呢？依我看来，约有五种：

（一）残废的——他的身体有了缺欠，他当然不能算是整个的人。

（二）依靠他人的——他的生活不是独立的；他的生活只能算是他人生活的一部分。

（三）为他人当作工具用的——这种人的性命，为人所支配，没有自己独立的人格。

（四）被他人买卖的——被贩卖人口者所贩卖的人，就是猪仔；或是受金钱的贿赂，卖身的议员就是代表者。

（五）一身兼管数事的——人的一分精神只能专做一件事业，一个人兼了十几个差使，精神难以兼顾，他的事业即难以成功，结果是只拿钱不做事。

我希望诸君至少要做一个人；至多也只做一个人，一个整个的人。做一个整个的人，有三种要素：

（一）要有健康的身体——身体好，我们可以在物质的环境里站个稳固。诸君，要做一个八十岁的青年，可以担负很重的责任，别做一个十八岁的老翁。

（二）要有独立的思想——要能虚心，要思想透彻，有判断是非的能力。

（三）要有独立的职业——要有独立的职业，为的是要生利，生利的人，自然可以得到社会的报酬。

---

① 本篇系陶行知 1925 年底在南开学校的演讲词。原载于 1926 年 2 月 28 日《生活周刊》第 1 卷第 19 期。

陶行知
教育名篇

我觉得中学生有一个大问题，即是"择业问题"。我以为择业时要根据个人的才干和兴趣。做事要有快乐，所以我们要根据个人的兴趣来择业。但是我们若要做事成功，我们必要有那样的才干。

我曾做了一首白话诗，说人要有独立的职业：

滴自己的汗，吃自己的饭。

自己的事，自己干。

靠人，靠天，靠祖先，都不算好汉。

现在我们专讲"学"和"做"二个字，要一面学，一面做。"学"和"做"要连起来。英语 Learn by doing（意为"在做中学。"），也就是这个意思。我们要应用学理来指导生活，同时再以生活来印证学理。

将来诸君有的升学，有的就职业，但是为学的方法全要研究。学农的人要有科学的脑筋和农夫的手；学工的人，也要有科学的脑筋和工人的手。这样他才可以学得好。

我希望到会的个人，是四万万人中的一个人。诸君还要时常想：

中国有几个整个的人？

我是不是一个整个的人？

我之学校观[①]

　　学校的势力不小。他能教坏的变好，也能教好的变坏。他能叫人做龙，也能叫人做蛇。他能叫人多活几岁，也能叫人早死几年。

　　学校以生活为中心。一天之内，从早到晚莫非生活，即莫非教育之所在。一人之身，从心到手莫非生活，即莫非教育之所在。一校之内，从厨房到厕所莫非生活，即莫非教育之所在。学校有死的有活的，那以学生全人、全校、全天的生活为中心的，才算是活学校。死学校只专在书本上做功夫。介于二者之间的，可算是不死不活的学校。

　　学校是师生共同生活的处所。他们必须共甘苦。甘苦共尝才能得到精神的沟通，感情的融洽。国家大事、世界大势，亦必须师生共同关心。学校里师生应当相依为命，不能生隔阂，更不能分阶级。人格要互相感化，习惯要互相锻炼。人只晓得先生感化学生，锻炼学生，而不知学生彼此感化锻炼和感化锻炼先生力量之大。先生与青年相处，不知不觉的，精神要年轻几岁，这是先生受学生的感化。学生质疑问难，先生学业片刻不能懈怠，是先生受学生的锻炼。这是不可避免的，也是好现象。总之，师生共同生活到什么程度，学校生气也发扬到什么地步，这是丝毫不可以假借的。李白诗说："黄河之水天上来，奔流到海不复回。"这好比是学生的精神。办学如治水，我们必须以导河的办法把学生的精神宣导出去，使他们能在有益人生的事上去活动。倘不能因势利导，反而强势压制，那么决堤泛滥之祸不能幸免了。

---

　　① 本篇原载于 1926 年 11 月 5 日《徽音》月刊第 29、30 期合刊。原文后有程本海的编者按："陶先生这篇文字，是一个活学校的宣言书。在共和国家里面，无论什么地方，都可适用，尤其是我们徽州的学校，应当特别注意。我希望家乡学校读了这篇文字之后，要自己问问：'我这个学校是死的，还是活的？'如果是死的，就要叫它复活；如果是活的，就是叫它更加活，叫它长生不老。我们一致的要求是：徽州从今以后只有活学校，没有死学校。我们还要进一步要求活的学校去共同造一个活的徽州。"

康健是生活的出发点，亦就是学校教育的出发点。学问、道德应当有一个活泼稳固的基础，这基础就是康健。俗说话"百病从口入"，同志们务必注意，办学校是要从厨房、饭厅办起的。

生活之发荣滋长须有吸收滋养料的容量。学校教职员必须虚心、学而不厌。我以为不但教师要学而不厌，就是职员也要学而不厌，因为既以生活为学校的中心，那么各种事务都要含有教育的意义。从校长起一直到厨司、校工，各有各的职务，即各有各的学问要增进。增进之法有二：一是各有应读之书必须读；二是各有应联之专家同志必须联。一个学校要想有美满的生活，必须和知识的泉源通根水管，使得新知识可以源源而来。

学校生活只是社会生活一部分。学校不是道士观、和尚庙，必须与社会生活息息相通。要有化社会的能力，先要情愿社会化。

学校生活是社会生活的起点。远处着眼，近处着手，改造社会环境要从改造学校环境做起。全校师生应当以美术的精神共同改造学校环境。凡应当改造的，一丝一毫都不肯轻松放过，才能表现真精神。师生不能共同改造学校环境而侈谈社会改造，未免自欺欺人。

高尚的生活精神不用钱买，不靠钱振作，也不能以没有钱推诿。用钱可以买来的东西，没有钱自然买不来；用钱买不来的东西，没有钱也是可以得到的。高尚的精神如同山间明月、江上清风一样，是取之无尽、用之无穷的。没有钱是一事，没有精神又是一事。有钱而无精神和无钱而有精神的学校，我都见识过。精神是不靠钱买的。精神是在我们身上，我们肯放几分精神，就有几分精神。不管有没有钱，只问我肯不肯把精神放出来。

我们要学校生活长得敏捷圆满，就得要把他放在光天化日之下。太阳光底下可以滋长，黑暗里面免不掉微生物。所以我主张学校要给人看。做父母的、管学务的，以及纳教育税的人，都要看学校。要学校改良，做校长的、做教员的，都要欢迎人参观批评，以补自己之不足。学校放在太阳光里必能生长，必能继续不断地生长。

我对于学校悬格①并不要高，只希望大家把学校办到一个地步——情愿送亲子弟入校求学，就算好了。前清往往有办学的人不令子弟入学，时论以为不恕。现今主持省县教育者，亦颇有以子弟无好学校进为虑，甚至送入外人设立学校肄业，真正令人不解。我要有一句话奉劝办学同志，这句话就是："待学生如亲子弟。"

十五、九、二十

---

① 悬格："标准"的意思。

我们的信条[①]

《我们的信条》虽是我用笔写的，但不是我创的。我参观诸位先生在学校里实际的工作，心里不由人起了好多印象，积起来共有十八项，我就依着次序编成这套信条。所以这是诸位先生自己原来的信条，早已接受实行，今日只是大家共同温习一遍，并下定决心，终身奉行，始终如一。

我们从事乡村教育的同志，要把我们整个的心献给我们三万万四千万的农民。我们要向着农民"烧心香"。我们心里要充满那农民甘苦。我们要常常念着农民的痛苦，常常念着他们所想得的幸福，我们必须有一个"农民甘苦化的心"才配为农民服务，才配担负改造乡村生活的新使命。倘使个个乡村教师的心都经过了"农民甘苦化"，我深信他们必定能够叫中国个个乡村变做天堂，变做乐园，变做中华民国的健全的自治单位。这是我们绝大的机会，也就是我们绝大的责任。

我们深信教育是国家万年根本大计。

我们深信生活是教育的中心。

我们深信健康是生活的出发点，也就是教育的出发点。

我们深信教育应当培植生活力，使学生向上长。

我们深信教育应当把环境的阻力化为助力。

我们深信教法学法做法合一。

我们深信师生共生活、共甘苦，为最好的教育。

我们深信教师应当以身作则。

我们深信教师必须学而不厌，才能诲人不倦。

我们深信教师应当运用困难，以发展思想及奋斗精神。

---

① 1926 年 11 月 21 日中华教育改进社特约乡村学校教职员开第一次联合研究会，陶先生草拟了乡村教师十八条信条，由全体会员通过。本篇为陶行知在这次会上所做的报告。原载于 1926 年 12 月 10 日《新教育评论》第 3 卷第 2 期。

我们深信教师应当做人民的朋友。

我们深信乡村学校应当做改造乡村生活的中心。

我们深信乡村教师应当做改造乡村生活的灵魂。

我们深信乡村教师必须有农夫的身手，科学的头脑，改造社会的精神。

我们深信乡村教师应当用科学的方法去征服自然，用美术的观念去改造社会。

我们深信乡村教师要用最少的经费办理最好的教育。

我们深信最高尚的精神是人生无价之宝，非金钱所能买得来，就不必靠金钱而后振作，尤不可因钱少而推诿。

我们深信如果全国教师对于儿童教育都有"鞠躬尽瘁，死而后已"的决心，必能为我们民族创造一个伟大的新生命。

无锡小学之新生命

——开原乡立第一小学一日生活记[①]

　　今年九月，本社[②]聘请丁兆麟先生考察沪宁一带之乡村学校，以为改进乡村教育之根据。丁先生考察无锡小学二十余所之后，到昆山安亭和我会面，告诉我说："无锡开原乡有个小学校叫做开原小学，办得很有精神。校长潘一尘先生听说你在无锡第三师范分校演讲一个费钱少的活学校，内中拿我们燕子矶小学来引证，就自己筹旅费到燕子矶来参观，后来又乘童子军会操的机会，带了学生来作第二次的参观。潘校长这种精神是最可钦佩的。我看他学校里一切设施，有的学东南大学[③]的附属小学，有的学无锡第三师范附属小学或其他学校，原原本本都有根据，都足以代表校长虚心采纳的精神。但开原小学不但是效法他人的成法，并且有它独创的方法，独到的境界。"丁先生说了并劝我去参观。听了这番话，不消劝也要去参观了。这是我发愿去看开原小学的动机。

　　我于十月九日早晨六时半从无锡城里向开原乡出发，在西门外换车，车夫告诉我，开原乡有好几个学校，问我要到哪个学校去。这一下却把我问倒了，因为丁先生并没有告诉我这个学校是在哪个村庄。我想好的学校，参观的人必多，我就对车夫说："拉我到你常拉到的那个学校去罢。"车夫说："我拉先生到河埒口去看看。"

　　车夫使劲跑了四十分钟，就到了河埒口，歇在一个学校门口。一看挂的校牌是"开原乡立第一小学"，向里一望，气象不凡，料想就是这里无疑。走进门一问，果然不错。随手拿了一张名片，托位学生代我递与潘校长。这个学校也没有门房听差了。我在应接室里坐着，一个学生送了一杯茶来，很有礼貌地说："请

　　①　本篇原载于1926年11月26日《新教育评论》第2卷第26期。

　　②　本社：指中华教育改进社。

　　③　东南大学：1921年成立，地址在南京高等师范学校内，校长郭秉文。1923年以后多次更名，1987年恢复原名。

先生用茶。"过了一分钟光景，潘校长就出来接见。他曾在东吴大学①肄业二年，没有进过师范学校。他的教员都没有进过师范学校。他是凭他的天才和虚心研究态度在这里办学，他们没有好些师范生的成见，也没有好些师范生的空架子。我请他把他办学的经过历史、现在状况、未来计划详详细细的指示了一番。他最后说："可惜今天没有功课。明天双十节全县学校开联合庆祝大会；今日开原乡学校就提前先开全乡学校联合庆祝大会。幸而地点就在本校，请先生在这里看看我们学生及全乡学生的活动。"我说："这就是功课，怕比正式的功课还要有意思，有价值些。"

过了一刻钟，创办人蒋仲怀先生也来了。这个学校是蒋先生在光绪三十年创办的。蒋先生家就住在本村。他现任无锡县教育局长。他有个决心，要把他自己村里这个学校办好，使得全县学校可以得个标准。所以他对于这个学校的发展是很努力扶助指导的。

我看了校里筹备开会一定很忙，就请蒋、潘二先生让我一人自由参观。得了他们允许，我就在应接室考察各种表册。开原小学所备的表册，很有系统，很有意义，并且是应用尽用的，不像好多学校，只是把它们挂在那儿当作装饰品罢了。其中最令人注意的有几种：一是儿童所好教科之统计。这是俞子夷先生近年创办的调查。该校竟已效行，真是敏捷之至。二是儿童志向之统计。别的学校只是概括的分类，该校所调查之志向非常具体。例如愿做教员，习商，当兵，航海，外交，花行，航空，铁行，电灯厂，洋布厂，面粉厂，木匠，米行，银行，成衣匠，丝厂，钱庄，报关行，印刷业，猪行和大总统的学生都有。这种具体的调查很能给施教者一种重要参考。三是毕业生状况之统计。该校对于毕业生之状况调查得非常明晰。毕业生对于母校感情也非常浓厚。将来后期小学之发展大半要出于毕业生之赞助。就我所亲见的小学校中论，与毕业生之联络怕要以该校为最密切，得毕业生的帮助也怕要以该校为独厚了。四是学生之课外自治事业之各种图表簿册。该校之学生课外自治事业有一个组织总其成。这个组织叫做新民村。新民村的组织有村民大会、村务会议、村政厅、村议会、裁判所，以村长村佐总其成。村长就是校长。村中举办事业有原一商社、储蓄银行、新民旬刊社、童子军、博物馆、公园、农场、体育场、巡察团、卫生局、音乐会。这些事业每件都有一本簿子记录进行之状况。我一人在那里翻阅，把全村的生活都印入我的心中，好

---

① 东吴大学：1881 年美国监理公会设中西书院于上海，1897 年又设中西书院于苏州，1901 年合称东吴大学，校址在上海、苏州两地。

像照相一样，真是有味得很，其中最引我注意的可以略举几样说说。

（甲）在《裁判所日记簿》上最令人受感触的就是犯事的处分。学生裁判学生，往往处分比教员还严。该校常有的处分是："关夜课"，这和迟放学的意思差不多。受这处分的学生，下午四至五时须关在学校里不许出去。

（乙）《巡察团规程》里面最切实的是第八条巡察员的任务。

第八条巡察员任务如下：

1. 禁止村民违禁行为，有违禁的随时拉了他，或抄他的姓名，报告团长办理。

2. 维护下列各行的秩序：

①休息运动时的秩序；

②整队出校时的程序；

③周会或其他集会时的秩序；

④雨天取雨具时的秩序；

⑤维持避灾练习时的秩序；

⑥注意纠正村民行路时靠左走；

⑦禁止村民休息时在课堂故意逗留胡闹；

⑧其他。

3. 注意村民的行为，如有下面的情形，随时加以护导，比较重大的，报告当值监护教师处理。

①忽然患病的；

②受了伤的；

③幼年同学号哭的；

④一时失误的（如饮水弄湿衣服，无心损坏东西等）；

⑤年幼同学的困难（如不明禁令，不能自着衣服等）；

⑥收受遗失品送交团长管理；

⑦执行其他各教员特别委托的。

（丙）在村民大会的《日记簿》上，看见一段最有趣的记录。这记录就是说，九月二十九日写信请燕子矶小学加入双十节之联合庆祝大会。我看了这条记录就找该校关于这件事的来往信件。看了该校与燕子矶小学来往的信札，觉得这种小学生通信最足以促进学校间之合作，并给学生一种最有价值的发表及精神社交之机会。开原小学的信是周金耕、周映耕两个学生起稿的，承严颂虞给我抄来的，披露于下：

陶行知 教育名篇

陶行知 教育名篇

诸位老师学长：

我们早已知道贵校的名字并且和诸位精神上已有一种结合了；可是没有机会和诸位见面。日前你们丁老师到敝校来参观，我们得到他不少的指教，不知道丁老师平安抵校否？极念。

光阴如箭，不久又是国庆日了。敝校定于十月九日下午二时至五时，七时至九时，联络本地附近各校开庆祝大会。听丁老师说，贵校亦愿加入表演。倘蒙惠临加入，不但增光敝校，且可使敝县各校大大地兴奋一下。尚请预先通知，以便编入节目。仰着脖子等你们的回音。专此，敬祝学业进步。

无锡开原一校全体敬启

九月二十九日

燕子矶小学接了这封信就于十月四日回了一封信，承周映耕当时给我抄了一封，也在下面披露。

诸位师长同学：

我们接到贵校的来信，所得的教训有两种：一种是帮助自省能力；一种是增加勉励精神。因为贵校的组织设施和各方面活动事业，都是向新的精神和节省经济这两点目标上走，这是办活的经济教育，真堪佩服。而同时又不得不自己自省一下，因自省而得的益处，确实不在少处啊！这是所得的教训一种。第二种呢，是增加勉励精神。因为既知道贵校真精神的所在，同时又不得不自己勉励勉励，所以我们十二分的情愿步贵校的后尘。至于贵校此次庆祝大会，以敝校的能力看起来，实在是不配加入和先进的贵县学校同时表演。这也不是敝校的套话，是在实际上有些做不到的。此后敝校的师生，有相当的机会，要到贵校瞻仰一下。将来在精神方面，做大规模的合作运动，这实在是敝校的荣幸了。专此。

敬祝

学业进步

北固一校新农村村政厅启

十月四日

表册翻完之后，我就到校内各部参观。一切布置都很有条理，也很清洁。学生进出都是很有秩序的，靠左靠右都有一定办法。我看见一块蓝色的牌子，后面是红色的，不晓得什么意思。校长就把红色一面翻过来，院子里的学生看见红色，即刻就从院里跑了出去；后来校长又把蓝色一面翻过来，学生又纷纷进到院子来了。我才知道红色、蓝色不过是发号令的记号：蓝色是可以在院里的记号；红色是即刻出院，好像有危险来了的记号。院子里还有点表现科学原理的办法。他们用洋铁管就着屋檐水做成喷水泉。到下雨的时候听说这个喷泉是很好看的，所费只有十二个铜元。这样办法很有苏州第二女子师范附属小学科学环境的趣味。图书馆有学生用书二十九种，共计二八六六册；教员用书四十五种，共计二六四九册。学生用书分十八个阶段，这是采取东南大学附属小学的办法。图书馆是由学生管理，分七股办事，即借书股、装订股、报章股、格言股、棋枰股、悬赏股、巡回文库股，很是井井有条，乡村小学图书馆就我所看过的，怕要以此为最好了。该校公园约有九八〇方尺，体操场约有四一四〇方尺，农场有七八〇方尺。我走到农场的时候，有两位学生向我鞠躬，递了一封信给我，表示代表欢迎我的意思。我打开信一看，上面写的是：

陶先生：

我们在上午九时开一个欢迎会，为先生拂尘。请先生到会指导指导，幸勿推却。

敬请

旅安

开原一校村政厅敬上

十月九日启

原来半点钟前，学生就在那里开会筹备欢迎。他们拟了秩序单，派定各人的职务，并推了两个学生起稿写这封信给我。同时也写了一封信给蒋仲怀先生，请他训话。过了十分钟光景，又有两个学生来，说是已经预备好了，要我们去指教。我就和蒋先生、潘先生一同去赴会。学生主席致欢迎词，唱歌，讲故事，然后由我演说。该校每周有周训。本星期的周训挂在那里，是"知行合一"四个字，这是我的老本行，我就拿"知难行易"和"知易行难"的道理引证具体活动比较讨论一番。蒋先生又把"知是必行"、"知非必去"八个字勉励他们，然后散会。这种小学生自己筹备，自己主持的欢迎会，真是我平生第一次最可纪念的经验。

会散之后，潘校长领我到一个邻村的学校去参观。参观毕，就到蒋先生家里去吃午饭。蒋先生送了我一张开原乡全图。这个图是今年六月测量的，就图上看来，一共有二十四个学校。全区学龄儿童五千零七十八人，入学男生有一千六百二十八人，未入学男生有一千七百九十四人；入学女生有三百八十人，未入学女生有一千二百七十八人。蒋先生说："我想把这个学校办好，使得全乡的学校有所取法。"这是与我们"以学校化学校"的政策不约而合。

下午两时回到学校来赴庆祝会。这是个联合庆祝会。这天到的有八个学校的学生，都有教职员率领来的。个个学堂教职员学生都有主动的参与。现在把这个联合国庆大会的节目单披露于后，俾能明白这些学校协作精神之一般：

国庆大会节目单　民国十五年十月十日

开会

锣鼓　开一①（学校名）

国歌

开会辞

演讲

国语歌　开一

叠罗汉　双十节公三（学校名）

国技　公一（学校名）

丝竹　公一、开一

人山　开一

双簧　绩成（学校名）

国耻小曲　公一

叠罗汉国之纪念塔　公三

国庆问答　开六（学校名）

京剧　化子拾金　绩成

可怜的秋香　唐氏（学校名）

表情　双十节

叠罗汉　庆祝国庆　公三

国乐　县四（学校名）

渔樵耕读　开一

寒衣曲　公一

---

①　开一：无锡开原乡立第一小学的简称。以下"公三""绩成"等均为其他小学的简称。

休息

尽力中华　开一

麻雀和小孩　唐氏

木兰从军　公一

春天的快乐　歌剧　开一

葡萄仙子　歌剧　唐氏、公一、开一

滑稽舞

欢呼　开一

散会

　　我这天虽没有看见该校上课，但该校的生活我是看得充分，怕比看正式上课还要亲切些。从文字及谈话上，我晓得该校对于课业上一切设施是最用心的。它已经采用新学制。学级制只存其适应需要的部分，其余的都打破了。于是国语主分阶段，数学主分团。设计教学①及道尔顿制都酌量采用。他们要兼取各种方法之优点，不受一种方式拘束。他们有一个决心，要使乡村小学的教学适应于教育新思潮。品行方面以《好儿童》为标准，借以发展儿童天赋之才能，使他们向着能作能为的大路行走。从这天的生活看来，我推想该校教课训育各方面有相类的切实。该校还有一个志愿，这志愿就是要以少量的经费教育多数儿童。该校现有初级学生八十五人，经常费每年七百三十八元，平均每生教育费为八元七角；高级小学二十二人，经常费五百元，平均每生教育费为二十二元。我因为无锡生活程度不熟悉，不能判断该校所费之高下，但该校仍旧还是向经济的方面进行。

　　依我看来，西洋文化能补充东方文化的地方有两点：一是运用科学改造天然环境；二是运用社会组织以谋充分之协作。开原第一小学的最大特长就是有最敏捷、最切实的方法引导学生组织积极的活动。据说这里的教员也是同心协力的。中国的通病就是没有组织力，人数越多，越散漫。俗语说："一个和尚挑水吃，两个和尚抬水吃，三个和尚买水吃。"就是描写这种不能协作之景况。当这外患濒临的时候，国民没有伟大的组织便不能有伟大的抵抗，便不能有伟大的成就。我看了开原学校的团体活动，不禁为中国前途增加了好些希望。我希望个个学校都能得到这种精神，好为中国造就能组织、能团结、能为共同幸福从事共同活动之新国民。倘使这些学校既能培养团体生活，又能运用科学知识以改造天然环境，征服天然势力，那么，他们岂不成为更切需要、更合理想的学校吗？

---

　　①　设计教学：即设计教学法，美国克伯屈等人所创。

陶行知 教育名篇

中国乡村教育之根本改造[①]

    中国乡村教育走错了路！它教人离开乡下向城里跑，它教人吃饭不种稻，穿衣不种棉，做房子不造林；它教人羡慕奢华，看不起务农；它教人分利不生利；它教农夫子弟变成书呆子；它教富的变穷，穷的变得格外穷；它教强的变弱，弱的变得格外弱。前面是万丈悬崖，同志们务须把马勒住，另找生路！

    生路是什么？就是建设适合乡村实际生活的活教育。我们要从乡村实际生活产生活的中心学校；从活的中心学校产生活的乡村师范；从活的乡村师范产生活的教师，从活的教师产生活的学生，活的国民。活的乡村教育要有活的乡村教师。活的乡村教师要有农夫的身手，科学的头脑，改造社会的精神。活的乡村教育要有活的方法；活的方法就是教学做合一：教的法子根据学的法子，学的法子根据做的法子；事怎样做就怎样学，怎样学就怎样做。活的乡村教育要用活的环境，不用死的书本。它要运用环境里的活势力，去发展学生的活本领——征服自然改造社会的活本领。它其实要叫学生在征服自然改造社会上去运用环境的活势力，以培植他自己的活本领。活的乡村教育，要教人生利。它要叫荒山成林，叫瘠地长五谷。它要教农民自立、自治、自卫。它要叫乡村变为西天乐园，村民都变为快乐的活神仙。以后看学校的标准，不是校舍如何，设备如何，乃是学生生活力丰富不丰富。村中荒地都开垦了吗？荒山都造了林吗？村道已四通八达了吗？村中人人都能自食其力吗？村政已经成了村民自有、自治、自享的活动吗？这种活的教育，不是教育界或任何团体单独办得成功的，我们要有一个大规模联合，才能希望成功。那应当联合中之最应当联合的，就是教育与农业携手。中国乡村教育之所以没有实效，是因为教育与农业都是各干各的，不相闻问。教育没有农业，便成为空洞的教育，分利的教育，消耗的教育。农业没有教育，就失了

---

    ① 本篇是陶行知 1926 年 12 月 12 日邀集上海的中华教育改进社社员举行的乡村教育讨论会上的演讲词。原载于 1928 年 4 月《中国教育改造》。

促进的媒介。倘有好的乡村学校深知选种、调肥、预防虫害之种种科学农业，做个中心机关，农业推广就有了根据地、大本营。一切进行，必有一日千里之势。所以第一要教育与农业携手。那最应当携手的虽是教育与农业，但要求其充分有效，教育更须与别的伟大势力携手。教育与银行充分联络，就可推翻重利；教育与科学机关充分联络，就可破除迷信；教育与卫生机关充分联络，就可预防疾病；教育与道路工程机关充分联络，就可改良路政。总之，乡村学校是今日中国改造乡村生活之惟一可能的中心！它对于改造乡村生活力量大小，要看它对于各方面势力联络的范围多少而定。乡村教育关系三万万四千万人民之幸福！办得好，能叫农民上天堂；办得不好，能叫农民下地狱。我们教育界同志，应当有一个总反省，总忏悔，总自新。我们的新使命，是要征集一百万个同志，创设一百万所学校，改造一百万个乡村。我们以至诚之意，欢迎全国同胞一齐出来，加入这个运动，赞助它发展，督促它进行，一心一德的来为中国一百万个乡村创造一个新生命。叫中国一个个的乡村都有充分的新生命，合起来造成中华民国的伟大的新生命。

一九二六年十二月

试验乡村师范学校答客问[①]

乡村师范学校是什么？

乡村师范学校是根据乡村实际生活，造就乡村学校教师、校长、辅导员的地方。

为什么要加上试验两个字？

中国乡村教育走错了路，现在已经到了山穷水尽，不得不另找生路。试验就是用科学的方法去采新的生路。我们在前面已经看着一线光明，不能说是十分有把握，但深愿"试他一试"。

这个学校是谁办的？

这个学校是中华教育改进社结合少数乡村教育同志办的。

中华教育改进社为什么要发这种宏愿？

中华教育改进社三年以来对于乡村教育素所注意，近来更觉得这件事是立国的根本大计。估计起来，中国有一百万个乡村，就须有一百万所学校，最少就须有一百万位教师。个个乡村里都应当有学校，更应当有好学校。要有好的学校，先要有好的教师。好的教师有生成的，有学成的。生成的好教师如同凤毛麟角，不可多得，恐怕一百万位乡村教师当中，九十九万九千九百位是要用特殊的训练把他们培养成功的。这是一件伟大的事业，要全国同志运用心力财力才能办到。本社不忍放弃国家一分子的责任，所以很情愿在万难中设立这个小小的试验乡村师范，为的是要造就好的乡村教师去办理好的乡村学校。

乡村教师要怎样才算好？

好的乡村教师，第一有农夫的身手，第二有科学的头脑，第三有改造社会的

---

① 本篇原载于 1928 年 4 月《中国教育改造》。

精神。他足迹所到的地方，一年能使学校气象生动，二年能使社会信仰教育，三年能使科学农业著效，四年能使村自治告成，五年能使活的教育普及，十年能使荒山成林，废人生利。这种教师就是改造乡村生活的灵魂。

乡村学校要怎样才算好？

有了这样好教师，就算是好的乡村学校；好的乡村学校，就是改造乡村生活的中心。

现在中国有没有这种学校？

现在中国有少数乡村学校确是朝着这条路走。他们的精神确系要令人起敬。如同燕子矶小学、尧化门小学、开原小学，都是著有成绩的乡村学校。最近改造的江宁县立师范学校、明陵小学、笆斗山小学，成绩也有可观。别的地方一定也有这种学校，因为不晓得清楚，不能列举。这几个学校假使再给他们五年或十年的时间，当能使这些乡村得到一种新生命，开创一个新纪元。

这些学校为什么办得这样好？

因为他们的教职员有办理乡村教育的天才，并且有虚心研究学问的精神。

这些学校与试验乡村师范要发生什么关系？

因为地点接近燕子矶小学和尧化门小学，已经特约为试验乡村师范学校的中心小学，其他学校就辅助分工研究关于乡村小学的种种问题。

何谓中心小学？

中心小学以乡村实际生活为中心，同时又为试验乡村师范的中心。平常师范学校的小学叫做附属小学，我们要打破附属品的观念，所以称它为中心小学。中心小学是师范学校的主脑，不是师范学校的附属品。中心小学是师范学校的母亲，不是师范学校的儿子。中心小学是太阳，师范学校是行星。师范学校的使命是要传播中心学校的精神、方法和因地制宜的本领。

试验乡村师范学校依据中心小学办理，已经听得明白，但究竟采用什么方法使它实现呢？

我们的一条鞭的方法就是教学做合一。

什么是教学做合一？

教学做合一是：教的法子根据学的法子，学的法子根据做的法子。事怎样做就怎样学，怎样学就怎样教。比如种田这件事要在田里做，就要在田里学，也就要在田里教。教学做有一个共同的中心，这个中心就是"事"，就是实际生活；教学做都要在"必有事焉"上用功。

试验乡村师范的课程与平常学校有什么不同的地方？

试验乡村师范的全部课程就是全部生活，我们没有课外的生活也没有生活外的课。约略分起来，共有五门：一，中心小学生活教学做；二，中心小学行政教学做；三，师范学校第一院院务教学做；四，征服天然环境教学做；五，改造社会环境教学做。

什么是第一院？

我们的师范学校将来要分两院：第一院是招收他校末一年半学生及相等程度之在职人员，加以一年半的训练；第二院是完全师范制，一切训练，都由本校始终其事。因为第一种办法较为轻而易举，所以先办第一院。

什么是院务教学做？

我们第一院里面种种事务都是要学生分任去做的；什么文牍、会计、庶务、烧饭、种菜，都是要学生轮流学习的。全校只用一个校工担任挑水一类的事，其余一切操作，都列为正课，由学生躬亲从事。

师范生要学习烧饭种菜，这是什么道理？

乡村里当教师，不会烹饪，就要吃苦，我们晓得师范生初到乡间去充当教师，有的时候，不免饿得肚皮叫，就是因为他们不会炊事。从前科举时代文人因过考需要，大多数都会烹饪。现在讲究洋八股反把这些实用的本领挥之门外，简直比科举还坏。所以我们这里的口号是："不会种菜，不算学生"，"不会烧饭，不得毕业。"

教师处于什么地位？

本校各科教师称为指导员，不称为教员。他们指导学生教学做，他们与学生共教、共学、共做、共生活。不但如此，高级程度学生对于低级程度学生也要负指导之责。

什么资格的学生可以进来呢？

初级中等学校、高级中等学校、专门大学校末了一年半的学生和在职教职员有相等程度的都可以投考。但是他们必须有农事或土木工经验方才有考取的把握。这是顶重要的资格，这两个条件完全没有的人，不必来考。凡是小名士、书呆子、文凭迷的都最好不来。如果有人想办乡村小学，为预储师资起见，保送合格学生来学，学成就去办学，这是我们最欢迎的。

考些什么功课？

我们所要考的有五样东西：一、农事或土木工操作；二、智慧测验；三、常识测验；四、作国文一篇；五、三分钟演说。

收录多少学生呢？

我们现在暂定为二十名。倘使我们在这两个月当中经费可以多筹些，如果合格学生很多，我们也可以多收几名。倘使合格学生很少，我们就少取几名；只要有一个合格学生，我们都是要开办的。我们教一个学生和教一千个学生一样的起劲，因为如果这个学生是个人才，他对于乡村教育必有相当的贡献。一个人是千万人的出发点。倘使我们这次招生只能得到一个真学生，我们也就心满意足了。

毕业年限怎样？

我们的修业年限暂定为一年半，但不是一定不移的，可以按照实在情形酌量伸缩。不过修业后必须服务半年，经本校派员考查，确有精神表现，才发给各种毕业证书。

费用要多少呢？

本校学费一概不收，收膳费每月暂以五元为最高额，由师生共同经营。杂费依最节省限度另定。学生种田，照佃户租田公允办法，每年赚钱多少，看自己运用心力的勤惰巧拙，统归本人所用，账目完全公开。

试验乡村师范学校设在何处？

这个学校设在南京神策门外迈皋桥，离燕子矶、尧化门都很近。我们准备了田园二百亩，供师生耕种；荒山数座，供师生造林；最少数经费，供师生自造茅草屋居住。

茅草屋怎样布置？

每个茅草屋住十一个人：十位学生，一位指导员。里面有阅书室、会客室、饭厅和盥洗室、厕所。屋外后面附一个小厨房，厨房之后有一个小菜园。

茅草屋没有造成住在何处？

住在帐篷里，谁的茅草屋没有造好，谁就要住在帐篷里。十一个人都要受茅草屋指导员的指导，按照图样建造一个优美的、卫生的、坚固的、合用的、省钱的茅草屋。个个人都要参加，都要动手。教师不但是教书，学生不但是读书，他们是到这里来共同创造一个学校。从院长起以及到学生，谁不造成茅草屋，谁就永久住在帐篷里。

宿舍之外还有什么？

本校一切建筑都是茅草屋。除宿舍外，我们要有图书馆、科学馆、教室、娱乐室、操室、温室、陈列所、医院、动物园。指导员家属住宅都要逐渐使它们成立，但总依据茅草屋的形式建筑。

陶行知
教育名篇

简括些说起来，试验乡村师范的精神究竟何在？

本校的精神可以拿本校校旗之意义来代表。旗之中心有一个小圆圈，里面有个"活"字代表所要培养之生活力。圈外有个等边三角，代表教学做三者合一。三角上面有一个"心"放在当中，表示关心农民甘苦之意。左边有一支笔，右边有一把锄头。三角之外有一大圆圈放射光芒，好比是太阳光。四面有一百个金色星布满全旗，代表一百万个学校，改造一百万个乡村，使个个乡村都得到光，合起来造成中华民国的伟大的光。

民国十五年十二月二十八日黎明

教育改进[①]

吾人不但须教育，而且须好教育。改进之意即在使坏者变好，好者变为更好。社会是动的，教育亦要动。吾人须使之继续不断地改，继续不断地进。

教育改进包含两方面：有关于教育方针之改进，亦有关于教育方法之改进。教育方针随思潮为转移：有因个人兴致而偶然变更者，亦有因社会大势所趋而不得不变更者。教育方法受方针之指挥约束，必须与方针联为一气。方针未定得准，方法不与方针一致，均与吾人以改进之机会。比如航海，必须先定准方向。方向不定准，无论方法如何敏捷，如何洽意，只是行错路，究不能达目的地。但空悬一方针，船身能否抵制风浪，水手是否干练勇敢，食料与燃料敷用几时，均未打算清楚，则虽有方针，亦难达到目的地。故方针不准，应当改进；方法不与方针一致，亦应改进。航海如此，办学亦应如此。

论到中国教育方针，自办新学[②]以来已经改变五六次。最初要吸收科学而又不忍置所谓国粹者于不顾，所以有"中学为体，西学为用"之主张，此种主张即是当时一种教育方针。光绪二十七年明定教育宗旨为忠君、尊孔、尚公、尚实、尚武。此种教育宗旨即表明其时之教育方针。民国元年，国体变更，教育方针因改为重在道德而以实利教育、军国民教育辅之，更以美感教育完成其道德。民国四年，申明教育宗旨，又改进为"注重道德，实利，尚武，并运之以实用"。民国八年，教育部组织教育调查会，该会建议"以养成健全人格，发展共和精神为教育宗旨"。所谓健全人格须包含："一、私德为立身之本，公德为服务社会国家之本。二、人生所必需之知识技能。三、强健活泼之体格。四、优美和乐之感情。"共和精神包含："一、发挥平民主义，俾人人知民治为立国之本。二、养成公民自治习惯，俾人人能负国家社会之责任。"民国十一年第八届全国教育会联合会[③]建

---

① 本篇是陶行知为《教育大辞书》（朱经农主编，商务印书馆 1930 年 7 月版）写的辞条，载第1021—1023 页。陶为该辞书的特约编辑之一。

② 新学：指中国效法欧美教育制度所创办的各级各类新式学堂。

③ 全国教育会联合会：1915 年由各省及特别行政区教育会推派代表组成，是"五四"前后有影响的教育社团，对 1922 年学制改革曾起了很大作用。1926 年停止活动。

陶行知
教育名篇

议学制系统标准，即是关于教育方针之修正。嗣经教育部公布标准七条："一、适应社会进化之需要。二、发挥平民教育精神。三、谋个性之发展。四、注意国民经济力。五、注意生活教育。六、使教育易于普及。七、多留地方伸缩余地。"此二十余年中，吾国教育方针每隔四五年即修改一次，颇不稳定，论者辄讥为无方针之教育。其实中国方在过渡时代，又当各种思潮同时交流而至，方针不易固定。即以现在而论，吾人尚在歧路上考虑。吾意不出数年，中国教育方针必须再经一次变更，此次变更后或可较为稳定。中国教育方针已经走过几层歧路，以吾观之，尚有两层最为重要之歧路：第一层，国家主义与国际主义。第二层，物质文明、精神文明，与吸收物质文明而保存精神自由，并免去机械的人生观。改革固须改革，究竟如何改革方能进步，实属根本问题。

至于教育方法之改进，所包括之方面更多。学制、组织、行政、教师之训练，教材之选择与编辑，教学法之研究，校舍教具之设备，经费之筹措等种种问题，悉包括在内。如须一一详述其近年改进之途径，非本文篇幅所许。就教育方法论，却有极显著之进步。如由主观的逐渐移至客观的，由盲从的移至批评的，由少数人参与的移至多数人参与的，由一时兴会所至的移至慎重考虑的，由普通人议论出来的移至专门家屡试屡验的，不由人要喜形于色。但此种趋势只属于起点而已。盖今日中国之教育方法亦有两个缺点：一是方法不与方针一致，造就一人不能得一人之用；二是从外国贩来整套之理想与制度不能适合国情，不能消化，不能在人民生活上发现健全之效力。此均为吾人应绞脑筋、运身手、谋改进之急务。

以上论教育方针与方法均须改进，兹进论如何改进之道。

一、办教育者必须承认所办教育尚未尽善尽美，确有改进之可能。彼应持虚心的态度，彼应破一切成见、武断、知足。脑中积有痞块，决无改进希望。彼又应承认有问题必有解决，有困难必可胜过，只须自己努力，无一不可以改进。若听天由命，不了了之之人，决不能望其改进。彼或是被人改进，但如无人乐意为之改进，则彼之存在只属幸运而已。

二、改进教育者必须明白自己之问题，又必须明白他人解决同类问题之方法。于是调查，参观，实为改进教育之入手办法。国内调查参观之发生效力者可以择要述之：民国三年黄炎培之本国教育考察，民国十年孟禄等六人之实际教育调查，民国十二年中华教育改进社之全国教育统计调查，均为多区域、多问题之调查，影响亦甚普遍。又地方教育之调查，如民国七年南京高等师范学校之南京教育调查，民国十二年中华教育改进社之北京学校调查，只是地方教育调查之初步工作。一级教育之调查，如民国十二年中华教育改进社之小学教育调查，十四年俞子夷之调查儿童对于各科好恶，于小学教育均有相当贡献。一门教育之调查，如民国八年、九年中华职业教育社调查甲乙种实业学校①之得失，十一年至十三年中华教育改进社之调查十省科学教育及十四年之中国图书馆调查，十三年江苏义务教育期成会及改进社之乡村小学考察，十五年江苏教育厅之乡村小学视察，均于教育改进影响甚大。国外教育考察，最早者为光绪二十八年吴汝纶之日本教育考察。其《东游丛录》呈上管学大臣后，对于《钦定学堂章程》自有相当影响。嗣后派遣提学使②赴日考察教育，使我国教育之日本化更进一步。美国教育考察，始于民国三年。是时黄炎培为江苏教育司长，派郭秉文、陈容③、俞子夷三人考察欧美教育，归国后乃有南京高等师范之产生。四年的黄炎培游美，其所带之感想，可于彼所著《东西两大陆教育不同之根本谈》中见其大略。六年考察菲律宾教育，南北各三人，直接即产生中国之职业教育。其后袁希涛④组织欧美教育考察团，回国后极力介绍欧美教育方法与理想。新学制之成立直接间接接受此种调查参观之影响不少。调查参观确已表现"改"之能力，但究竟属改进属改退，则一时颇不易定。

三、教育界共同之问题应同心协力共谋解决与改进。故教育会议乃必不可少之事，吾人要求精神之一致、经验之沟通，非有会议不可。前清之中央教育会，民国元年之临时教育会议，民国四年以来之全国省教育联合会以及中华职业教育社、中华教育改进社、中华平民教育促进会等之年会，以及去年大学院之全国教育会议，均与形成全国教育思潮、方针及进行方案有密切之关系。现在国内省有省教育会，县有县教育会，市乡之组织完备者有市教育会及乡区教育会。学校与学校合组之各会议，影响较大者有中等教育协会，附属小学联合会。彼等于各自范围内所经营之事业，各有善良之效验。一门教育之会议，如民国十三年五月之乡村小学组织及课程讨论会，颇能引起乡村教育之兴味。一校之中，各科教员倘有讨论之组织，亦于改进各该科教育有所裨益。不但国内教育同志应有讨论之机会，国际教育同志亦应有交换意见之机会。十二年世界教育会议在旧金山举行，我国派代表出席，即思运用教育方法，以培养国际之谅解，增进国际之同情，并提倡国际之公

---

① 甲乙种实业学校：根据《壬子·癸丑学制》，实业学校分为甲乙两种。甲种实业学校相当于现在的中等专业学校，乙种实业学校相当于现在的技校。

② 提学使：清代主管教育的学官。

③ 郭秉文：曾任南京高师和东南大学校长；陈容：曾任南京高师学监，代理校务。

④ 袁希涛（1866—1930）：字观澜，曾任北洋政府教育部次长，江苏省教育会会长，中华教育改进社董事等职。

陶行知 教育名篇

道。吾人相信如依此慎重做去，此种会议于改进全世界之教育当有裨益。

四、调查参观仅为取别人之所知以益己之所不知，会议仅为会合各人之所知以成公众之所共知，吾人决不能藉此种方法以发现新理。不能发现新知，绝不是在源头上谋改进。改进教育之原动力及发现新理之泉源，乃属试验学校之功能。我国现在足以当试验学校之名者甚少。以前东南大学附属小学及附属中学曾做道尔顿制及设计教学法之试验工作。最近北京艺文中学亦正在试验道尔顿制，鼓楼幼稚园之设乃欲试验幼稚教育者。中华教育改进社以试验学校为一切教育改进之大本，特于十四年十二月定一进行方针："本社会后对于教育之努力，应向适合本国国情及生活需要之方向进行。其入手方法为选择宗旨相同，并著有成绩之中学、小学、幼稚园，与之特约试验。合研究者之学术与实行者之经验为一体，务使用费少而收效宏；并将试验结果随时介绍全国，俾多数学校，可以共向此途进展。"依此方针进行，该社已与燕子矶小学、尧化门小学、鼓楼幼稚园、南京安徽公学、北京艺文中学特约进行试验。该社于特约学校外尚须特设一试验乡村幼稚园及一试验乡村师范，不久可以实现。改进教育最有效力之方法无过于以学校化学校。

五、调查必须有工具，方能明白问题之所在；试验亦必须有工具，方能考核方法为实效。此种工具名曰测验。比如医病，教育心理测验仿佛是听肺机、寒暑表、爱克斯光线，较之通常之听闻为可靠。民国十一年至十二年中华教育改进社聘麦柯①博士来华，偕同北京师大、东南大学教育科及其他大学教授二十余人编造测验二十余种，可算是第一次之尝试。此种测验当然未能谓为已十分完备、十分可靠。但吾人亦不能因此谓无用。吾人应精益求精，使之渐达尽善尽美之境地。而教育事业之改进，亦可以由此而获得相当之助力。

六、教育之学术，非可独立存在。彼立于哲学、心理学、生物学、生理学、社会学、经济学等各种学术之基础之上。故谋此种种学术之进步即所以谋教育学术之改进。教育之事业亦非可独立存在者。彼与一国政制、风俗、职业以及天然环境均有息息相关之道。故谋政制、风俗、农、工、商、交通、水利等等之进步亦即所以谋教育之改进。吾人不能专在教育上谋改进，即以为可以完全达到吾人之目的。吾人当改进教育之时，务须注意教育以外尚有许多别种事情须同时改进也。

①　麦柯：现通译麦柯尔，美国教育心理学家，美国哥伦比亚大学统计及心理学教授。

师范教育之彻底改革

——答石民佣等的信①

民佣、锡胤、峻宪、小山、仁寿②诸先生：

接读诸位先生十二月二十六日之油印信，晓得诸位先生对于我的言论有些不能苟同的地方。这封信给了我一个反省的机会，我是非常感激的。但经过此番反省之后，我并不能作根本修正。实在是抱歉之至。我的言论是根据自己直接的观察，不敢武断，也没有一概抹煞。我尊重诸位先生的态度；但是仁者见仁，智者见智，遇到不能苟同时，当然不必苟同。

师范学校为事造人，造一人必得一人之用。现在倒要借教育行政之力为师范生谋出路，即此一端，已经给了我们办师范教育的人一个绝大的警告。我应当郑重地说：倘使师范学校里造的是真人才，他的出路断非区区一句话所能塞得住；倘若不然，天大的本领也开不通出路，何况现在一般的教育行政！

来函又以我的言论质疑于我对于师范教育的态度。我从前曾经为师范教育努力，现在正是为师范教育努力，以后仍是继续为师范教育努力。但是师范教育可以兴邦，也可以促国之亡。好些师范学校只是在那儿教洋八股，制造书呆子。这些大书呆子分布到小学里去，又以几何的加速率制造小书呆子。倘使再刮一阵义务教育的大风，可以把书呆子的种子布满全国，叫全国的国民都变成书呆子！中华民国简直可以变成中华书呆国。老实说：二十世纪的舞台上，没有书呆子的地位，称他为国，是不忍不如此称呼啊！想到这里，真要令人毛骨悚然。为今之计，我们要从四方面进行：一、愿师范学校从今以后再不制造书呆子；二、愿师范生从今以后再不受书呆子的训练；三、愿社会从今以后再不把活泼的儿女受书呆子的同化；四、愿凡是已经成了书呆子的，从今以后要把自己放在生活的炉里重新

---

① 本篇原载于 1929 年 7 月《知行书信》。

② 民佣、锡胤、峻宪、小山、仁寿：即石民佣等，皆为当时江苏第三师范（无锡师范的前身）教师。

陶行知 教育名篇

锻炼出一个新生命来。我们爱师范教育，我们更应爱全国的儿童和民族的前途。惟独为全国儿童和民族前途打算的师范教育才能受我们的爱戴。中国师范教育之所以办到这个地步，原因也很复杂；大家都在那儿摸黑路，谁也不能怪谁。但是此路不通，过去且有危险。我们今后的责任是群策群力，摸出一条生路来。我所说的话，好像是责人，其实是责己。我也是师范教育罪案中之一人，纵有孙悟空的本领也是脱不掉的。如今只有戴罪立功。同志们，我们一同来干罢！我在《无锡小学之新生命》里所说的那段话是指我自己一般观察而言，毫无影射第三师范之意。贵校是我平日最钦佩的学校之一，我很希望贵校同志挺身出来，做一个师范教育彻底改革的先导。

十六年二月三日

如何引导学生努力求学

——给正之先生的信①

正之先生：

……大凡生而好学为上，熏染而学次之，督促而学又次之，最下者虽督促不学。生而好学与督促不学的人究属少数，大多数得到相当熏染、督促就肯学了。现今青年人所以不肯努力求学的缘故，实由于学校里缺少学问上熏染和督促的力量。熏染和督促两种力量比较起来，尤以熏染为更重要。好学是传染的，一人好学，可以染起许多人好学。就地位论，好学的教师最为重要。想有好学的学生，须有好学的先生。换句话说，要想学生学好，必须先生好学。惟有学而不厌的先生，才能教出学而不厌的学生。同学也互相感化。好学的同学能引起别的同学好学。有时，教员尸位素餐，还要靠着这些好学的同学们为学问暂延气息。所以，在学校里提倡学问的根本方法就是要多找好学的教员，鼓励好学的学生，使不好学的教员、学生逐渐受自然的熏染或归于淘汰。好学的教员与好学的学生是学校里的活势力，至于校外的学者，如能使教员学生常有接触的机会，也是很有益处的。

人的问题解决了，就须改善扩充学问的工具。要做哪种学问，就需用哪种学问必须的工具。单靠纲目式的讲义和展览用的标本，决不能引起和维持学生的兴味。图书仪器及其他设备必须应有尽有，应用尽用。

这些条件都达到了，然后加以督促。定期及无定期地考试，如果办法相当，确能辅助大多数学生上进、前进。倘不谋根本解决而单在考试上做功夫那就没有意思了。

总起来说：一、好学的教师同学，二、可学的工具，三、必学的督促，是我认为引导学生努力求学的要件。三者俱备，多数学生当不致骛外了……

1927 年 2 月

---

① 本篇原载于 1929 年 7 月《知行书信》。

陶行知 教育名篇

为中国教育寻觅曙光

——致王琳①

王琳②先生：

前星期接到你一月二十八日的信，可算是这次过年最好的礼物，我读这封信比小孩子吃年糕还快乐。不久曹先生③从真如来信为你介绍，他的信和你的信一样的感动人，真是令人喜而不寐，我本想写一封长信给你，因此就耽误了好多天。谅想你现在必定急待回信，所以只好缩短笔阵，先给你一个简短的回答。你对于《农业全书》、《养鸡全书》、《养羊全书》的批评，真是一针见血的。纸上谈教育或农业，原来与纸上谈兵一样，何能发生效力？你说"洋八股"依旧是一个"国粹"老八股，离开整个生活，以干禄为目的，也是千真万真的。我们现在要打倒的就是这八股教育、干禄教育④。我们决定再不制造书呆子和官僚绅士们。你愿意舍身从事适合于农村生活的教育，我们是十二分的欢迎，我们可共同为中国教育寻觅曙光，为中国教育探获生路。章程详《乡教丛讯》，已于接信时寄奉，谅已收到了。

敬祝康乐！

陶知行上

十六、二、二十一

---

① 本篇原载于 1929 年 7 月《知行书信》。
② 王琳（1904—1991）：浙江浦江人，晓庄师范第一期学生。
③ 曹先生：指曹聚仁。
④ 干禄教育：指读书只为做官以求厚禄的观念。

实际生活是我们的指南针

—— 给全体同学的信①

试验乡村师范全体同学：

我今天回到上海，接读四月九日手书，至为欣慰。你们植树节所做工作，正是我所希望做的。纵然我在南京，也是无以复加，怕只能减少大家的主动力。不过我这次失去参加共同种树的乐趣，委实有点可惜。

来信说自我到沪后，你们觉得生活的大船上少了一根指南针。我虽觉得我自己有好多地方可以帮助诸位，但指南针确是有些不敢当。我和诸位同是在乡村里摸路的人。我们的真正指南针只是实际生活。实际生活向我们供给无穷的问题，要求不断的解决。我们朝着实际生活走，大致不至于迷路。在实际生活里问津的人必定要破除成见，避免抄袭。我们要运用虚心的态度、精密的观察、证实的试验，才能做出创造的工作。这种工作必以实际生活为指南针。你们能以实际生活为指南针，而不以我为指南针，方能有第一流的建树。我只是你们当中的一个同志，最多不过是一个年长的同志。

一个多月来，我不能和诸位同在炮火中奋斗，心中委实不安。但是诸位知道，试验乡村师范是赤手空拳开办起来的，经济基础很不稳固。我动身的时候，董事会只有两千五百元存款，初步工程还未结束，预算到本月只有一千元了。未雨绸缪，不得不早为之计。我这个月的主要工作，就是要为本校立一较为稳固的经济基础。此刻十成已经做到六七成，其余的要在上海进行。这个不能十分满足的好消息，谅想是诸位愿听的。现在觉得，非多设免费或贷学金学额不足使同学安心求学，所以还要留沪几天，接洽此事。日内或须到杭州一行。

---

① 本篇原载于 1929 年 7 月《知行书信》。

本海①弟之中山装当派人送来。王琳弟的信已另复。楚材②弟的信已从京中回答，收到了吗？

我近来无大变化，不过脸上比前白些，前额的阴阳圈渐次退尽，身上多长了几斤肥肉，惭愧得很！

敬祝平安康健！

十六年五月十五日

全校指导员及小学生处，均请代为问候。

---

① 本海：即程本海，晓庄师范学校第一届学生。
② 楚材：即李楚材，晓庄师范学校第一届学生。

▶ 行是知之始[①]

阳明先生说："知是行之始，行是知之成。"我以为不对。应该是"行是知之始，知是行之成。"我们先从小孩子说起，他起初必定是烫了手才知道火是热的，冰了手才知道雪是冷的，吃过糖才知道糖是甜的，碰过石头才知道石头是硬的。太阳地里晒过几回，厨房里烧饭时去过几回，夏天的生活尝过几回，才知道抽象的热。雪菩萨做过几次，霜风吹过几次，冰淇淋吃过几杯，才知道抽象的冷。白糖、红糖、芝麻糖、甘蔗、甘草吃过几回，才知道抽象的甜。碰着铁，碰着铜，碰着木头，经过好几回，才知道抽象的硬。才烫了手又冰了脸，那么，冷与热更能知道明白了。尝过甘草接着吃了黄连，那么甜与苦更能知道明白了。碰着石头之后就去拍棉花球，那么，硬与软更能知道明白了。凡此种种，我们都看得清楚"行是知之始，知是行之成"。佛兰克林[②]放了风筝才知道电气可以由一根线从天空引到地下。瓦特烧水，看见蒸汽推动壶盖便知道蒸汽也能推动机器。加利里翁在毕撒斜塔[③]上将轻重不同的球落下，便知道不同轻重之球是同时落地的。在这些科学发明上，我们又可以看得出"行是知之始，知是行之成"。

"墨辩"[④] 提出三种知识：一是亲知，二是闻知，三是说知。亲知是亲身得来的，就是从"行"中得来的。闻知是从旁人那儿得来的，或由师友口传，或由书本传达，都可以归为这一类。说知是推想出来的知识。现在一般学校里所注重的知识，只是闻知，几乎以闻知概括一切知识，亲知是几乎完全被挥于门外。说知也被忽略，最多也不过是些从闻知里推想出来的罢了。我们拿"行是知之始"来

---

① 本篇是陶行知 1927 年 6 月 3 日在晓庄学校寅会上的演讲词。1929 年 7 月 30 日《乡教丛讯》第 3 卷第 12 期全文刊载。

② 佛兰克林：现译富兰克林（1706—1790），美国科学家，避雷针的发明者。

③ 加利里：现译伽利略（1564—1642），意大利物理学家、天文学家。毕撒：即比萨，意大利西部古城，著名的比萨斜塔坐落于此。

④ 墨辩：指《墨子》中的《经》上下和《经说》上下四篇。

说明知识之来源，并不是否认闻知和说知，乃是承认亲知为一切知识之根本。闻知与说知必须安根于亲知里面方能发生效力。

试取演讲"三八主义"① 来做个例子。我们对一群毫无机器工厂劳动经验的青年演讲八小时工作的道理，无异耳边风。没有亲知做基础，闻知实在接不上去。假使内中有一位青年曾在上海纱厂做过几天工作或一整天工作，他对于这八小时工作的运动的意义，必有亲切的了解。有人说："为了要明白八小时工作就要这样费力地去求经验，未免小题大做，太不经济。"我以为天下最经济的事无过这种亲知之取得。近代的政治经济问题便是集中在这种生活上。从过这种生活上得来的亲知，无异于取得近代政治经济问题的钥匙。

"亲知"为了解"闻知"之必要条件已如上述，现再举一例，证明"说知"也是要安根在"亲知"里面的。

白鼻福尔摩斯里面有一个奇怪的案子。一位放高利贷的被人打死后，他的房里白墙上有一个血手印，大得奇怪，从手腕到中指尖有二尺八寸长。白鼻福尔摩斯一看这个奇怪手印便断定凶手是没有手掌的，并且与手套铺是有关系的。他依据这个推想，果然找出住在一个手套铺楼上的科尔斯人就是这案的凶手，所用的凶器便是挂在门口做招牌的大铁手。他的推想力不能算小，但是假使他没有铁手招牌的亲知，又如何推想得出来呢？

这可见闻知、说知都是安根在亲知里面，便可见"行是知之始，知是行之成"。

十六年六月三日

---

① 三八主义：即"三八制"。1886 年 5 月 1 日，芝加哥 20 万工人举行大罢工，提出每天工作八小时、学习八小时、休息八小时的要求，通称"三八制"。

从野人生活出发①

　　无锡开原小学校长潘一尘来帮助我们创办第三中心小学，和我们同住了六天。临去那一晚，我问他对于试验乡村师范的生活有什么感想。他说："你们这里简直是原始生活，不是农民生活。"我说："原始生活虽说不到，但是一部分确实是野人生活。我们这里的教育是从野人生活出发，向极乐世界探寻。"这段谈话，虽是寥寥数语，却能表示晓庄教育之真相。封建制度下之农民生活是最不进步的。他们一天一天地过去，好像人生毫无问题。乡村教育虽是为农民谋幸福，但从农民生活出发，能否达到目的是很可怀疑的。所以我们鼓起勇气把乡村教育的摆子使劲摆到野人生活上去。野人生活是最富于问题的。生活上的实际问题一个一个的来到我们面前，命令我们思想，要求我们解决。这些问题来势急于星火，不容我们苟且偷安。倘使我们不振作精神，当机立断，必定有不堪言状的痛苦，甚而至于只有死路一条。山上出狼，我们必得学习打猎。地上有蛇，我们必得学习治毒。聚蚊成雷，我们必得学习根本铲除蚊子的方法。衣、食、住、行各种问题，我们在尝试野人生活的时候得到了极亲切的了解。没有到晓庄以前，没有住在晓庄以前，我们对于这些生活需要简直是一知半解，嘴里虽能说得头头是道，其实心中哪里觉得到啊！我们从野人生活里感觉到人的身体是不足以应付环境的。我们觉得人类要想征服天然势力，必须发明、制造、运用身体以外的工具。我们自从尝了野人生活，对于工具觉得万分重要，没有生活工具，简直不必空谈生活教育。可是朋友们不要误会，我们不是要做羲皇上人②，我们的黄金时代是在未来。我们从野人生活出发，不是没有出息，开倒车，不是要想长长久久地做野人。出发的号令已下，我们要向极乐世界去探寻了。

---

①　本篇原载于 1927 年 7 月 1 日《乡教丛讯》第 1 卷第 13 期。
②　羲皇上人：太古的人。羲皇，指伏羲氏。古人想像伏羲以前的人无忧无虑，生活闲适自在。

陶行知 教育名篇

《 生活工具主义之教育①

　　"教育以生活为中心"，这句话已经成为今日学校里的口头禅。但是细考实际，教育自教育，生活自生活，依然渺不相关。这是因为什么缘故？我们先前以"老八股"不适用，所以废科举，兴学堂；但是新学办了三十年，依然换汤不换药，卖尽气力，不过把"老八股"变成"洋八股"罢了。"老八股"与民众生活无关，"洋八股"依然与民众生活无关。但是新学校何以变成"洋八股"，何以与民众生活无关？这其中必有道理。

　　人的生活，必须有相当工具，才能表现出来。工具充分，才有充分的表现；工具优美，才有优美的表现；工具伟大，才有伟大的表现。"老八股"与"洋八股"虽有新旧之不同，但都是靠着片面的工具来表现的，这片面的工具就是文字与书本。文字与书本只是人生工具之一种，"老八股"与"洋八股"教育拿它当作人生的惟一工具看待，把整个的生活都从这个小孔里表现出去，岂不要把生活剥削得皮黄骨瘦吗？文字、书本，倘能用的得当，还不失为人生工具之一；但是"老八股"与"洋八股"的学生们却不用他们来学"生"，偏偏要用他们来学"死"。中国教育所以弄到山穷水尽，没得路走，是因为大家专靠文字、书本做惟一无二的工具，并且把文字、书本这个工具用错了。我们要想纠正中国教育，使他适应于中国国民全部生活之需要，第一就须承认文字、书本只是人生工具的一种，此外还有许多工具要运用来透达人生之欲望；第二就须承认我们从前运用文字、书本的方法是错的，以后要把他们用的更加得当些。

　　现在有一班人，开口就说：西方的物质文明比东方好，东方的精神文明比西方高。这句话初听似乎有理，我实在是百索不得其解。精神与物质接触必定要靠着工具。工具愈巧则精神愈能向着物质发挥。工具能达到什么地方即精神能达到

---

　　①　本篇原载于1927年7月1日《乡教丛讯》第1卷第12期。

什么地方。动物以四肢、百体为工具，所以他的精神活动亦以四肢、百体的力量所能达到的地方为限。人的特别本领就是不专靠自己的身体为工具。人能发明非身体的工具，制造非身体的工具，应用非身体的工具。文明人与野蛮人的最大分别就是文明人能把这些非身体的工具发明得格外多，制造得格外精巧，运用得格外普遍。有了望远镜，人的精神就能到火星里去游览；有了显微镜，人的精神就能认识那叫人生痨病的不是痨病鬼乃是痨病虫。今年五月七日，第一次飞渡大西洋的飞行家林白从德国柏林通电话到美国和他的老母谈话，是精神交通破天荒的成功，也是物质文明破天荒的成功。精神文明与物质文明是合而为一的。这合而为一的媒介就是工具。教育是什么？教育是教人发明工具，制造工具，运用工具。生活教育教人发明生活工具，制造生活工具，运用生活工具。空谈生活教育是没用的。真正的生活教育必以生活工具为出发点。没有工具则精神不能发挥，生活无由表现。观察一个国家或一个学校的教育是否合乎实际生活，只须看他有无生活工具；倘使有了，再进一步看他是否充分运用所有的生活工具。教育有无创造力，也只须看他能否发明人生新工具或新人生工具。中国教育已到绝境，千万不要空谈教育，千万不要空谈生活；只有发明工具，制造工具，运用工具才是真教育，才是真生活。

陶行知 教育名篇

陶行知 教育名篇

如何教农民出头[①]

上次我和杨先生[②]讨论到怎样把国家建设在农业上，如何教农业文明过渡到工业文明，如何使农民得执工商业之牛耳等等问题。现在把我个人近来关于这些问题的心得，约略说一下：

如何教农民出头？我们可举种棉花来做个比方。农民辛辛苦苦，把棉花收获下来之后，对于棉花就不能自主了。棉花要出头到纱厂里去，纱厂里要他的出头费。纱厂以逸待劳，价格随意而定。农民为经济所迫，不得不低价出售。再进而至于由纺纱厂到织布厂，由织布厂到市场，没有一个关口不是有人要收很重的出头费。到布出卖的时候，农民买进来穿是很贵的棉布衣。棉花出售时是何等的便宜，穿布时却是大大的昂贵起来了。我们现在要想个法子，把纺纱厂、织布厂以及市场打成一贯，使农民能执工商业之牛耳，则棉花可以出头，种棉花的人也跟着棉花出头了。依我想来，这是可以做得到的。比方：以江苏省来说，江苏一省有二千五百万的农民，以五个农民为一家来计算，统共有五百万个农家。如果每家出一元，可以得到五百万元之数。有这五百万元，便可以兴办农民纺纱厂，农民自己做股东，把农民自己所产的棉花，送到农民自办的工厂里去。再每家出一元来办织布厂和商店。如此，二千五百万的农民，不但可以省去出头费，也还可以赚得赢利不少。

从农业国进到工业文明的过程中，必然有多数人要受淘汰而失业。因为机器发达，人工省去。这种现象，是确然不可免的。我们现在既然要把农业、工业打成一片，在农业上因机器而遭失业的人，就可以调进纺纱厂、织布厂、商店去做工度日。这个农民失业的危险，如果是农民执工商业的牛耳，就可以避去一大部分。

---

① 本篇是陶行知在晓庄试验乡村师范学校的演讲词。原载于 1927 年 8 月 15 日《乡教丛讯》第 1 卷第 16 期。

② 杨先生：指杨效春，时任晓庄师范指导员，负责教务工作。

孙中山先生的实业大计划，也包括上述的事业。他主张利用国家资本与外资来发展国内实业。如果他的计划实行，要想教农民执工业上之牛耳，就得教农民实行把民权操在手中，运用国家的权力来出头。国家资本，倘使分别缓急，必定要用来先筑千万里的铁路，因为这是农民出头必由之路。如果工厂里的货物运不出去，则生产过剩，价格低落，实业必归失败，所以筑路是发展实业的第一步。假如国家资本只能先顾筑路，创办纱厂一时不能并举，那么我们运用农民自己的资本与劳力，慢慢儿来开办起来，也是必要的政策。因为政府与农民共同努力，出头当然可以快些。

但如何可以从农民的荷包里掏出一元钱来做股东，以及如何可以使农民执有民权？这两件事须靠我们从事乡村教育诸同志的努力。农民对于这种大规模举动的不明了，与不知民权为何物，固然要靠舆论来鼓吹与启迪，但最要紧的还是重在培植小农民的乡村教师。假如每村有农户百家，五百万家就有五万个农村。假使这五万个乡村教师都受有特殊训练，那么五万个教师联合起来，不啻就是五万个村庄联合起来，也就是农民资本聚集的媒介。这样集少成多，就可以开办纺纱厂、织布厂等等。如此，棉花可以出头无阻，农民也就可以出头无阻了。至于如何训练农民执民权，如何教他们运用选举权、罢官权、创制权、复决权，也要靠乡村教师为之教导。这是我一月来对于这些问题考虑的一斑。上月我曾种山芋一次，知道山芋必定要底下可以安根，上面可以出头，才可以活。我们要想中国活起来，就得要在农业上安根，在工商业上出头。这个问题很大，希望诸位注意这问题，细细加以研究。

陶行知 教育名篇

🎈 "伪知识" 阶级 ①

　　自从俄国革命以来，"知识阶级"（Intelligentsia）这个名词忽然引起了世人之注意。在打倒知识阶级呼声之下，我们不得不问一问：什么是知识阶级？知识阶级是怎样造成的？应当不应当把他打倒？这些问题曾经盘旋于我们心中，继续不断的要求我们解答。近来的方向又转过来了，打倒知识阶级的呼声一变而为拥护知识阶级的呼声。我们又不得不问一问：什么是知识阶级？知识阶级是怎样造成的？应当不应当将他拥护？在这两种相反的呼声里面，我都曾平心静气的把这些问题研究了一番，我所得的答案是一致的。我现在要把我一年来对于这些问题考虑的结果写出来，与有同样兴趣的朋友们交换意见。

　　我们要想把知识阶级研究得明白，首先便须分别"知识"与"智慧"。智慧是生成的，知识是学来的。孟子说："由射于百步之外也：其至，尔力也；其中，非尔力也。"会射箭的人能百步穿杨。射到一百步的力量是生成的限度；到了一百步还能穿过杨树的一片叶子，那便是学来的技巧了。这就是智慧与知识的分别。又比如言语：说话的能力是生成的，属于智慧；说中国话、日本话、柏林话、拉萨话，便是学成的，属于知识。人的禀赋各不相同，生成的智慧至为不齐。有的是最聪明的，有的是最愚笨的。但从最愚笨的人到最聪明的人，种种差别都是渐渐地推上去的。假使我们把一千个人按着聪明的大小排列成行，我们就晓得最聪明的是少数，最愚笨的也是少数，而各人和靠近的人比起来都差不了几多。我们只觉得各个不同，并找不出聪明人和愚笨人中间有什么鸿沟。我们可以用一个最浅近的比方把这个道理说出来。人的长矮也是生成的。我们可以把一千个人依着他们的长矮顺序排列：从长子看到矮子，只见各人渐渐的一个比一个矮；从矮子看到长子，只见各人也是渐渐的一个比一个长。在寻常状态之下，我们找不出一

---

　　① 本篇原载于 1928 年 4 月《中国教育改造》。

大群的长子，叫做长子阶级；也找不出一大群的矮子，叫做矮子阶级。我们在上海的大马路上或是在燕子矶关帝庙会里仔细一望，就可以明白这个道理。从人之长矮推论到人之智愚，我们更可明白生成之智慧只有渐渐的差别，没有对垒的阶级。智慧既无阶级，自然谈不到打倒、拥护的问题。

其次，我们要考察知识的本身。知识有真有伪。思想与行为结合而产生的知识是真知识，真知识的根是安在经验里的。从经验里发芽抽条开花结果的是真知灼见，真知灼见是跟着智慧走的。同处一个环境，同等的智慧可得同等的真知灼见。智慧是渐渐的相差，所以真知灼见也是渐渐相差。智慧既无阶级，真知识也就没有阶级。俗语说："三百六十行，行行出状元。"真知识只有直行的类别，没有横截的阶级。各行的人有绝顶聪明的，也有绝不中用的；但在他们中间的人，智力上的差别和运用智力取得之真知识的差别都是渐渐的，都是没有阶级可言。倘使要把三百六十行的"上智"联合起来，称为知识阶级，再把三百六十行的"下愚"联合起来，称为无知识阶级，那就是一件很勉强很不自然的事了。

照这样说来，世界上不是没有知识阶级了吗？不，伪知识能成阶级！什么是伪知识？不是从经验里发生出来的知识便是伪知识。比如知道冰是冷的，火是热的是知识。小孩儿用手摸着冰便觉得冷，从摸着冰而得到"冰是冷的"的知识是真知识。小孩儿单用耳听见妈妈说冰是冷的而得到"冰是冷的"的知识是伪知识。小孩儿用身靠近火便觉得热，从靠近火而得到"火是热的"的知识是真知识。小孩子单用耳听妈妈说火是热的而得到"火是热的"的知识是伪知识。有人在这里便起疑问："如果样样知识都要从自己经验里得来，岂不是麻烦得很？人生经验有限，若以经验范围知识，那么所谓知识岂不是也很有限了吗？没有到过热带的人，就不能了解热带是热的吗？没有到过北冰洋的人，就不能了解北冰洋是冷的吗？"这些问题是很重要的，我们必须把他们解答清楚，方能明了真知识与伪知识的分别。我只说真知识的根是要安在经验里，没有说样样知识都要从自己的经验上得来。假使我们抹煞别人经验里所发生的知识而不去运用，那真可算是世界第一个大呆子。我们的问题是要如何运用别人经验里所发生的知识使它成为我们的真知识，而不要成为我们的伪知识。比如接树：一种树枝可以接到别一种树枝上去使它格外发荣滋长，开更美丽之花，结更好吃之果。如果把别人从经验发生之知识接到我们从自己经验发生之知识之上去，那么，我们的知识必可格外扩充，生活必可格外丰富。我们要有自己的经验做根，以这经验所发生的知识做枝，然后别人的知识方才可以接得上去，别人的

陶行知 教育名篇

知识方才成为我们知识的一个有机体部分。这样一来，别人的知识在我们的经验里活着，我们的经验也就生长到别人知识里去开花结果。至此，别人的知识便成了我们的真知识；其实，他已经不是别人的知识而是自己的知识了。倘若对于某种知识，自己的经验上无根可找，那么无论如何勉强，也是接不活的。比如在厨房里烧过火的人，或是在火炉边烤过火的人，或是把手给火烫过的人，便可以懂得热带是热的；在冰房里去过的人，或是在冰窖里走过的人，或是做过雪罗汉的人，便可以懂得北冰洋是冷的。对于这些人，"热带是热的，北冰洋是冷的"，虽从书本上看来，或别人演讲时听来，也是真知识。倘自己对于冷热的经验丝毫没有，那么，这些知识虽是学而时习之，背得熟透了，也是于他无关的伪知识。

知识的一部分是藏在文字里，我们的问题又成为："什么文字是真知识？什么文字是伪知识？"经验比如准备金，文字比如钞票。钞票是准备金的代表，好比文字是经验的代表。银行要想正经生意必须根据准备金去发行钞票。钞票是不可滥发的。学者不愿自欺欺人，必须根据经验去发表文字。文字是不可滥写的。滥发钞票，钞票便不值钱；滥写文字，文字也不值钱。欧战后，德国马克一落千丈，当时有句笑话，说是："请得一席客，汽车载马克。"这句话的意思是马克纸币价格跌的太低，寻常请一席酒要用汽车装马克去付账。这是德国不根据准备金而滥发纸币之过。滥发钞票，则虽名为钞票，几是假钞票。吾国文人写出了汗牛充栋的文字，青年学子把他们的脑袋子里都装满了，拿出来，换不得一肚饱。这些文字和德国纸马克是一样的不值钱，因为他们是在经验以外滥发的文字，是不值钱的伪知识。

我国先秦诸子如老子、孔子、孟子、庄子、墨子、杨子、荀子等都能凭着自己的经验发表文字，故有独到的议论。他们好比是根据自己的准备金发可靠的钞票。孔子很谦虚，只说"述而不作，信而好古"，自居为根据古人的准备金为古人清理钞票；他只承认删诗书，定礼乐，为取缔滥发钞票的工作。孟子虽是孔家的忠实行员，但心眼稍窄，只许孔家一家银行存在，拼命的要打倒杨家、墨家的钞票。汉朝以后，学者多数靠着孔子的信用，继续不断地滥发钞票，甚至于又以所滥发的钞票做准备库，滥上加滥的发个不已，以至于汗牛充栋。韩文公的脾气有些像孟子，他眼看佛家银行渐渐的兴旺，气愤不过，恨不得要拼命将它封闭，把佛家银行的行员杀得干干净净。他至今享了"文起八代之衰"的盛名。但据我看来，所谓"文起八代之衰"只是把孔家银行历代经理所滥发的钞票换些新票而已，他又乘换印新票的时候顺带滥发了些新钞票。程、朱、陆、王①纵有许多贡献及不同的地方，但是他们四个人大部分的工作还是根据孔、孟合办银行的招牌和从前滥发的钞票去滥发钞票。他们此时正与佛家银行做点汇兑，所以又根据佛家银行的钞票，去滥发了些钞票。颜习斋②看不过眼，谨慎的守着孔家银行的准备库，一方面大声疾呼的要严格按着准备金额发行钞票，一方面要感化佛家银行行员使他无形解体。他是孔家银行里一位最忠实的行员，可是他所谨守的金库里面有许多金子已经上锈了。等到八股发达到极点，朱注的"四书"③被拥护上天的时候，全国的人乃是以朱子所发的钞票当为准备金而大滥特滥的去发钞票了。至此中国的知识真正濒于破产了。吴稚晖先生劝胡适之先生不要迷信整理国故，自有道理。但我觉得整理国故如同清理银行账目一样，是有它的位置的。我们希望整理国故的先生们经过很缜密的工作之后，能够给我们一本报告，使我们知道国故银行究有几多准备金，究能发行多少钞票，哪些钞票是滥发的。不过他们要谨慎些，千万不可一踏进银行门，也去滥发钞票。如果这样，那这笔账更要糊涂了。总括一句：只有从经验里发生出来的文字才是真的文字知识。凡不是从经验里发生出来的文字都是伪的文字知识。伪的文字知识比没有准备金的钞票还要害人，还要不值钱。

伪的知识、伪的文字知识既是害人又不值钱，那么，他如何能够存在呢？产生伪知识的人，应当连饭都弄不到吃，他们又如何能成阶级呢？伪知识和伪钞票一样必须得到特殊势力之保障拥护才能存在。"伪知识"阶级是特殊势力造成的，这特殊势力在中国便是皇帝。

创业的皇帝大都是天才。天才忌天才是很自然的一件事。天下最厉害的无过于天才得了真知识。如果政治的天才从经验上得了关于政治的真知灼见，谁的江山也坐不稳。做皇帝的人，特别是创业之主，是十分明了此中关系的，并且是一百分的不愿意把江山给人夺去。他要把江山当作子孙万世之业，必得要收拾这些天才。收拾的法子是使天才离开真知识去取伪知识。天才如何就他的范围，进他的圈套呢？说来倒很简单。皇帝引诱天才进伪知识的圈套有几个法子。一、照他

---

① 程、朱、陆、王：程，即程颐与程颢兄弟，合称"二程"，同为北宋理学大家；朱，即朱熹。陆，即陆九渊，南宋哲学家、教育家；王，即王守仁（王阳明）。

② 颜习斋（1635—1704）：即颜元，清初思想家、教育家，提倡恢复"周孔正学"，批判程朱理学。

③ 朱注的"四书"：指朱熹所注的《四书章句集注》。朱熹在书中对"四书"做了系统的注释。宋以后被历代封建统治者规定为必读的教科书。

的意旨在伪知识上用功，便有吃好饭的希望。俗话说："只有穷秀才，没有穷举人。"伪知识的功夫做得愈高愈深，便愈能解决吃饭问题。二、照他的意旨在伪知识上用功，便有做大官的希望。世上之安富尊荣，尽他享受。中了状元还可以做驸马爷，娶皇帝的女儿为妻。穿破布、烂棉花去赴朝考的人，个个都有衣锦回乡的可能。三、照他的意旨在伪知识上用功，便有荣宗耀祖的希望。这样一来，全家全族的人都在那儿拿着鞭子代皇帝使劲赶他进圈套了。倘使他没有旅费，亲族必定要为他凑个会，或是借钱给他去应试。倘使他不去，又必定要用"不长进"一类的话来羞辱他，使他觉得不去应试是可耻的。全家、全族的力量都做皇帝的后盾，把天才的儿孙像赶驴子样一个个的赶进皇帝的圈套，天下的天才乃没有能幸免的了。

"伪知识"阶级不是少数人可以组织成功的。有了皇帝做大批的收买，全社会做这大批生意的买办，个人为名利权位所诱而不能抵抗出卖，"伪知识"阶级乃完全告成。依皇帝的目光看来，这便是"天下英雄，尽入我彀中"。雄才大略的帝王个个有此野心，不过唐太宗口快，无意中把它说破罢了。最可叹的是皇帝手段太辣：一方面是积极的推重伪知识，所谓"满朝朱紫贵，尽是读书人"一类的话，连小孩都背熟了；一方面是消极的贱视伪知识以外的人，所谓"万般皆下品，唯有读书高"，又是从娘胎里就受迷的。所以不但政治天才入了彀，七十二行，行行的天才都入了他的圈套了。天才是遗传的，有其父必有其子。老子进了圈套，儿子、孙子都不得不进圈套，只要"书香之家"四个大字便可把全家世世代代的天才圈入"伪知识"阶级。等到八股取士的制度开始，"伪知识"阶级的形成乃更进一步。以前帝王所收买的知识还夹了几分真，等到八股发明以后，全国士人三更灯火五更鸡去钻取的知识乃是彻底不值钱的伪知识了。这种知识除了帝王别有用意之外，再也没有一个肯用钱买的了；就是帝王买去也是丝毫无用，也是一堆一堆的烧去不要的。帝王是醉翁之意不在酒，他哪里是收买伪知识；他只是用名利、权位的手段引诱全国天才进入"伪知识"的圈套，成为废人，不能与他的儿孙争雄罢了。

这些废人只是为"惜字炉"继续不断的制造燃料，他们对于知识的全体是毫无贡献的。从大的方面看，他们是居于必败之地，但从他们个人方面看，却也有幸而成的与不幸而败的之分别。他们成则为达官贵人，败则为土豪、劣绅、讼棍、刀笔吏、教书先生。最可痛心的，就是这些废人应考不中，只有做土豪、劣绅、讼棍、刀笔吏、教书先生的几条出路。他们没有真本领赚饭吃，只得拿假知识去抢饭吃、骗饭吃。土豪、劣绅、讼棍、刀笔吏之害人，我们是容易知道的；教书先生之害人更广、更深、更切，我们是不知道的。教书先生直接为父兄教子弟，间接就是代帝王训练"伪知识"阶级。他们的知识，出卖给别人吧，嫌它太假；出卖给皇帝吧，又嫌它假得不彻底；不得已只好拿来哄骗小孩子。这样一来，非同小可，大书呆子教小书呆子几乎把全国中才以上的人都变成书呆子，都勾引进伪知识阶级了。伪知识阶级的势力于是乎雄厚，于是乎牢不可破，于是乎继长增高，层出无穷。

皇帝与民争，用伪知识来消磨民间的天才，确是一个很妙的计策。等到民间的天才消磨已尽，忽然发生了国与国争，以伪知识的国与真知识的国抗衡，好比是拿鸡蛋碰石头，哪有不破碎的道理！鸦片之战、英法联军之战、甲午之战，没有一次幸免，皇帝及大臣才明白伪知识靠不住，于是废八股，兴学堂。这未始不是一个转机。但是政权都操在"伪知识"阶级手中，他们哪会培养真知识？他们走不得几步路，就把狐狸尾巴拖出来了。他们自作聪明的把外国的教育制度整个的抄了一个来。他们曾用眼睛、耳朵、笔从外国贩来了些与国情接不上的伪知识。他们把书院变成学堂，把山长改为堂长①。"四书"用不着了，一律换为各种科学的教科书。标本、仪器很好看，姑且拣那最好看的买它一套，在玻璃柜里陈列着，可以给客人参观参观。射箭很不时髦，要讲尚武精神，自须学习兵操。好，他们很信他们的木头枪真能捍国卫民咧！这就算是变法！这就算是维新！这就算是自强！一般社会对于这些换汤不换药的学堂却是大惊小怪，称他们为洋学堂，又称学堂里的学生为洋学生。办学的苦于得不到学生，于是除供饭食发零用外，还是依旧的按着学堂等级给功名：小学堂毕业给秀才，中学堂毕业给贡生，高等学堂毕业给举人，大学堂学生给进士，外国留学回来的，赴朝考及第给翰林点状元。社会就称他们为洋秀才、洋贡生、洋举人、洋进士、洋翰林、洋状元。后来废除功名，改称学士、硕士、博士等名目，社会莫名其妙了。得到这些头衔的人还是仍旧用旧功名翻译新功名，说是学士等于秀才，硕士等于举人，博士等于翰林，第一名的博士便是从前的状元。说的人自以为得意，听的人由羡慕而称道不止，其实这还不是穿洋装的老八股吗？穿洋装的老八股就是洋八股。老八股好比是根据本国钞票发行的钞票；洋八股好比是根据外国钞票去发行的钞票。它们都是没有准备金的假钞票。洋八股老八股虽有新旧之不同，但同不是从经验里发生的真知识，同是不值钱的伪知识。从中国现在的情形看来，科学与玄学②之争，

----

① 山长：元代书院设山长，讲学之外，并总理院务。清乾隆时改名院长，清末仍名山长。堂长：清末创设各级各类学堂后，设堂长总理校务、教务。

② 玄学：指魏晋时期一种哲学思潮，尊崇《老子》的"玄而又玄，众妙之门"。它主张"以无为本"，宣扬"无为而治"。

只可说是洋八股与老八股之争。书本的科学，陈列的实验，岂能当科学实验之名。他和老八股是同样无用的东西。请看三十年来的科学，发明在哪里？制造在哪里？科学家倒遇见不少，真正的科学家在哪里？青年的学子：书本的科学是洋版的八股，在讲堂上高谈阔论的科学家，与蒙童馆里的冬烘先生是同胞兄弟，别给他们骗走了啊！

所以中国是有"伪知识"阶级。构成中国之伪知识阶级有两种成分：一是老八股派，二是洋八股派。这个阶级既靠伪知识骗饭吃，不靠真本领赚饭吃，便没有存在的理由。

这个阶级在中国现状之下已经是山穷水尽了。收买伪知识的帝王已经消灭，再也找不出第二个特殊势力能养这许多无聊的人。但因为惰性关系，青年们还是整千整万的向着这条死路出发，他们的亲友仍旧是拿着鞭儿在后面使劲地赶。可怜得很，这些青年个个弄得焦头烂额，等到觉悟回来，不能抢饭的便须讨饭。伪知识阶级的末路已经是很明显了，还用得着打倒吗？又值得拥护吗？

但是一班狡猾的"伪知识"者找着一个护身符，这护身符便是"读书"两个字。他们向我们反驳说："书也不应当读了吗？"社会不明白他们葫芦里卖的是什么药，也就随声附和地说："是啊！书何能不读呢！"于是"读书不忘救国，救国不忘读书"，便成了保障伪知识阶级的盾牌。所以不把读书这两个字说破，伪知识阶级的微生物便能在里面苟延残喘。我们应当明白，书只是一种工具，和锯子、锄头是一样的性质，都是给人用的。我们与其说"读书"不如说"用书"。书里有真知识和伪知识，读它一辈子，不能辨别它的真伪；可是用它一下，书的本来面目便显了出来，真的便用得出去，伪的便用不出去，也如同真的锯子才能锯木头，真的锄头才能锄泥土，假的锯子、锄头一用到木头泥土上去就知道它不行了。所以提到书便应说"用书"，不应说"读书"，那"伪知识"阶级便没得地方躲了。与"读书"联成一气的有"读书人"一个名词。这个名词，更要不得。假使书是应当读的，便应使人人有书读；决不能单使一部分的人有书读，叫做读书人，又一部分的人无书读，叫做不读书人。比如饭是应当吃的，应使人人有饭吃；决不能使一部分的人有饭吃，叫做吃饭的人；又一部分的人无饭吃，叫做不吃饭的人。从另一方面看，只知道吃饭，不成饭桶了吗？只知道读书，不成为有脚可以走路的活书架子了吗？我们为避免堕入伪知识阶级的诡计起见，主张用书不主张读书。农人要用书，工人要用书，商人要用书，兵士要用书，医生要用书，律师要用书，画家要用书，教师要用书，音乐家要用书，戏剧家要用书，三百六十行，行行都要用书。行行都成了用书的人，真知识才愈益普及，愈能发现了。

书是三百六十行的公物，不是读书人所能据为私有的。等到三百六十行都是用书人，读书的专利营业便完全打破，读书人除非改行，便不能混饭吃了。这个日子已经来到，大家还不觉悟，只有死路一条。凡受过中国新旧教育的人，都免不了有些"伪知识"的成分和倾向。为今之计，我们应当痛下四个决心：

一、从今以后，我们应当放弃一切固有的伪知识；

二、从今以后，我们应当拒绝承受一切新来的伪知识；

三、从今以后，我们应当制止自己不要再把伪知识传与后辈；

四、从今以后，我们应当陪着后起的青年共同努力去探真知识的泉源。

最后，我要郑重地说：二十世纪后的世界属于努力探获真知识的民族。凡是崇拜伪知识的民族，都要渐渐衰弱以至于灭亡。三百六十行中绝没有教书匠、读书人的地位，东西两半球上面也没有中华书呆国的立足点。我们个人与民族的生存都要以真知识为基础。伪知识是流沙，千万不可在他上面流连忘返。早一点觉悟，便是早一点离开死路，也就是早一点走向生路。这种生死关头，十分显明，绝无徘徊迟疑之余地。起个取真去伪的念头，是走向生路的第一步。明白伪知识的买主已经死了，永不复生并且绝了种，是走向生路的第二步。以做"读书"人或"读书"先生为最可耻，是走向生路的第三步。凡事手到心到——在劳力上劳心，便是骑着千里驹在生路上飞跑了。

陶行知 教育名篇

陶行知 教育名篇

❯❯ 教学做合一①

    教学做合一是本校的校训，我们学校的基础就是立在这五个字上，再也没有一件事比明了这五个字还重要了。说来倒很奇怪，我在本校从来没有演讲过这个题目，同志们也从没有一个人对这五个字发生过疑问，大家都好像觉得这是我们晓庄的家常便饭，用不着多嘴饶舌了。可是我近来遇到两件事，使我觉得同志中实在还有不明了校训的意义的。一是看见一位指导员的教学做草案里面把活动分成三方面，叫做教的方面，学的方面，做的方面。这是教学做分家，不是教学做合一。二是看见一位同学在《乡教丛讯》②上发表一篇关于晓庄小学的文章。在这篇文章里，他说："晓庄小学的课外作业就是农事教学做。"在教学做合一的学校的辞典里并没有"课外作业"。课外作业是生活与课程离婚的宣言，也就是教学做离婚的宣言。今年春天洪深先生创办电影演员养成所，招生广告上有采用"教""学""做"办法字样，当时我一见这张广告，就觉得洪先生没有十分了解教学做合一。倘使他真正了解，他必定要写"教学做"办法，决不会写作"教""学""做"办法。他的误解和我上述的两个误解是相类的。我接连受了两次刺激，觉得非彻底的、原原本本的和大家讨论明白，怕要闹出绝大的误解。思想上发生误解则实行上必定要引起矛盾。所以把这个题目来演讲一次是万不可少的。我自回国以后，看见国内学校里先生只管教，学生只管受教的情形，就认定有改革之必要。这种情形以大学为最坏。导师叫做教授，大家以被称教授为荣。他的方法叫做教授法，他好像拿知识来赈济人的。我当时主张以教学法来代替教授法，在南京高等师范学校校务会议席上辩论二小时，

---

    ①   本篇是陶行知1927年11月2日在晓庄师范寅会上的演讲词。原载于1928年1月15日《乡教丛讯》第2卷第1期。

    ②   《乡教丛讯》：中华教育改进社乡村教育同志会会刊，半月刊，后与晓庄师范合办。

不能通过，我也因此不接受教育专修科主任名义。八年①，应《时报·教育新思潮》②主干蒋梦麟先生之征，撰《教学合一》一文，主张教的方法要根据学的方法。此时苏州师范学校首先赞成采用教学法。继而"五·四"事起，南京高等师范同事无暇坚持，我就把全部课程中之教授法一律改为教学法。这是实现教学合一的起源，后来新学制③颁布，我进一步主张：事怎样做就怎样学，怎样学就怎样教；教的法子要根据学的法子，学的法子要根据做的法子。这是民国十一年的事，教学做合一的理论已经成立了，但是教学做合一之名尚未出现。前年在南开大学演讲时，我仍用教学合一之题，张伯苓先生拟改为学做合一，我于是豁然贯通，直称为教学做合一。去年我撰《中国师范教育建设论》时，即将教学做合一之原理作有系统之叙述。我现在要把最近的思想组织起来作进一步之叙述。教学做是一件事，不是三件事。我们要在做上教，在做上学。在做上教的是先生；在做上学的是学生。从先生对学生的关系说：做便是教；从学生对先生的关系说：做便是学。先生拿做来教，乃是真教；学生拿做来学，方是实学。不在做上用功夫，教固不成为教，学也不成为学。从广义的教育观点看，先生与学生并没有严格的分别。实际上，如果破除成见，六十岁的老翁可以跟六岁的儿童学好些事情。会的教人，不会的跟人学，是我们不知不觉中天天有的现象。因此教学做是合一的。因为一个活动对事说是做，对己说是学，对人说是教。比如种田这件事是要在田里做的，便须在田里学，在田里教。游泳也是如此，游水是在水里做的事，便须在水里学，在水里教。再进一步说，关于种稻的讲解，不是为讲解而讲解，乃是为种稻而讲解；关于种稻的看书，不是为看书而看书，乃是为种稻而看书；想把种稻教得好，要讲什么话就讲什么话，要看什么书就看什么书。我们不能说种稻是做，看书是学，讲解是教。为种稻而讲解，讲解也是做，为种稻而看书，看书也是做。这是种稻的教学做合一。一切生活的教学做都要如此，方为一贯。否则教自教，学自学，连做也不是真做了。所以做是学的中心，也就是教的中心。"做"既占如此重要的位置，宝山县立师范学校竟把教学做合一改为做学教合一，这是格外有意思的。

十一月二日

---

① 八年：指民国八年，即1919年。

② 《时报·教育新思潮》：即《时报》副刊《世界教育新思潮》专栏，由蒋梦麟主编，陶行知为专栏主要撰稿人之一。

③ 新学制：指1922年北洋政府颁布的学制，又称壬戌学制。

陶行知 教育名篇

陶行知
教育名篇

在劳力上劳心^①

　　昨天我讲《教学做合一》的时候，曾经提及"做"是学之中心，可见做之重要。那么我们必须明白"做"是什么，才能明白教学做合一。盲行盲动是做吗？不是。胡思乱想是做吗？不是。只有手到心到才是真正的做。世界上有四种人：一种是劳心的人；一种是劳力的人；一种是劳心兼劳力的人；一种是在劳力上劳心的人。二元论的哲学把劳力的和劳心的人分成两个阶级：劳心的专门在心上做功夫，劳力的专门在苦力上讨生活。劳力的人只管闷起头来干，劳心的人只管闭起眼睛来想。劳力的人便成了无所用心，受人制裁；劳心的人便成了高等游民，愚弄无知，以致弄成"劳心者治人，劳力者治于人"的现象。不但如此，劳力而不劳心，则一切动作都是囿于故常，不能开创新的途径；劳心而不劳力，则一切思想难免玄之又玄，不能印证于经验。劳力与劳心分家，则一切进步发明都是不可能了。所以单单劳力，单单劳心，都不能算是真正之做。真正之做须是在劳力上劳心。在劳力上劳心是真的一元论。在这里我们应当连带讨论那似是而非的伪一元论。一次我和一位朋友讨论本校主张在劳力上劳心，我的朋友说：你们是劳力与劳心并重吗？我说，我们是主张在劳力上劳心，不是主张劳力与劳心并重。劳心与劳力并重虽似一元论，实在是以一人之身而分为两段：一段是劳心生活，一段是劳力生活，这种人的心与力都是劳而没有意识的。这种人的劳心或劳力都不能算是真正之做。真正之做只是在劳力上劳心，用心以制力。这样做的人要用心思去指挥力量，使能轻重得宜，以明对象变化的道理。这种人能以人力胜天工，世界上一切发明都是从他那里来的。他能改造世界，叫世界变色。我们中国所讲的科学原理，古时有"致知在格物"一语，朱子用"在即物而穷其理"来解释，似乎是没有毛病的了。但是王阳明跟着朱子的话进行便走入歧途。他叫钱友

　　① 本篇是陶行知 1927 年 11 月 3 日在晓庄师范寅会上的演讲词。原载于 1928 年 1 月 31 日《乡教丛讯》第 2 卷第 2 期。

同格竹，格了三天，病了。他老先生便自告奋勇，亲自出马去格竹——即竹而穷竹理，格了七天，格不出什么道理来，也就病了。他不怪他自己格得不对，反而说天下之物本无可格，所能格的，只有自己的身心。他于是从格物跳到格心，中国的科学兴趣的嫩芽便因此枯萎了。假使他老先生起初不是迷信朱子的呆板的即物穷理，而是运用心思指挥力量以求物之变化，那便不致于堕入迷途。在劳力上劳心，是一切发明之母。事事在劳力上劳心，便可得事物之真理。人人在劳力上劳心，便可无废人，便可无阶级。征服天然势力，创造大同社会，是立在同一的哲学基础上的，这个哲学的基础便是"在劳力上劳心"。我们必须把人间的劳心者，劳力者，劳心兼劳力者一齐化为在劳力上劳心的人，然后万物之真理都可一一探获，人间之阶级都可一一化除，而我们理想之极乐世界乃有实现之可能。这个担子是要教师挑的。惟独贯彻在劳力上劳心的教育，才能造就在劳力上劳心的人类；也惟独在劳力上劳心的人类，才能征服自然势力，创造大同社会。最后，我想打一个预防针，以免误解，一次有一位朋友告诉我说："你们在劳心上劳力的主张，我极端的赞成。"我说："如果是在劳心上劳力，我便极端不赞成了。我们的主张是'在劳力上劳心'，不是'在劳心上劳力'"。

十一月三日

陶行知 教育名篇

以教人者教己①

　　"以教人者教己"是本校根本方法之一，我们也必须说得很明白，方知他效用之大。昨天邵先生②教纳税计算法，就是"以教人者教己"的例证。邵先生因为要教大家计算纳税，所以就去搜集种种材料，并把这些材料融会贯通起来，然后和盘托出，教大家计算。他因为要教大家，所以先教自己。他是用教大家的材料教自己。他年年纳税，但是总没有明白其中的内幕，今年为什么就弄得这样彻底明白呢？因为要教你们，所以他自己便不得不格外明白了。他从教纳税上学得的益处怕比学生要多得多哩。近来韩先生③教武术，不是要一位同学发口令吗？这便是以教人者教己。这位同学发口令时便是以同学教同学。因为要他发口令，所以他对于这套武术的步法就格外明了。他在发口令上学，便是以教人者教己。第三中心小学潘先生④是素来没有学过园艺的。但是第三中心小学有园艺一门功课，他必得教。既然要教园艺，他对于园艺便要格外学得清楚些。他拿园艺教小学生的时候便是拿园艺来教自己。我们从昨天起开始交际教学做。第一次轮到的便是孙从贞女士，今天有客来，便须由她招待。来宾到校必定要问许多问题，孙女士必须一一答复。但她是一位新学生，对于学校的经过历史，现在状况，及未来计划还没有充分明了。因为要答复来宾的问题，她必须预先把这些事情弄得十分明白，才不致给来宾问倒。她答复来宾的问题时，从广义的教育看来，她便是在那儿教，来宾便是在那儿学。为了要答复来宾的问题，她自己就不得不先去弄得十分明白，这便是以教人者教己。我们平常看报，多半是随随便便的。假使我们要教小学生回家报告国家大事，那么，我们看报的时候，便不得不聚精会神

---

　　① 本篇是陶行知在晓庄师范寅会上的演讲词。原载于 1928 年 2 月 12 日《乡教丛讯》第 2 卷第 3 期。

　　② 邵先生：即邵仲香，又名邵德馨（1892—1991），晓庄师范农事指导员。

　　③ 韩先生：即韩凌森，晓庄师范拳术指导员。

　　④ 潘先生：即潘一尘，无锡开原第一小学校长兼晓庄小学指导员。

了。我们这样看报，比起寻常的效率不知道要大得几多倍哩！这便是借着小孩讲国家大事来教自己明了国家大事。这便是以教人者教己。又比如锄头舞的歌词是我做的，对于这套歌词，诸位总以为我做了之后便是十分明了了，其实不然，我拿这歌词教燕子矶小学生时，方把他弄得十分明白。以前或可以说只有七八分明白，没有十分明白。自己做的歌词还要等到教人之后才能十分明白，由此可见"以教人者教己"的效力之宏。从这些例证上，我们可以归纳出一条最重要的学理，这学理就是"为学而学"不如"为教而学"之亲切。"为教而学"必须设身处地，努力使人明白；既要努力使人明白，自己便自然而然的格外明白了。

十一月三日

陶行知
教育名篇

》 答朱端琰之问[①]

端琰先生：第二次手书，业已拜读，只因晓庄冬防吃紧，无暇执笔，以致迟迟未复，实在是十分抱歉。

一　什么是做？

先生垂问的几个问题都是很有意思的。我把这些问题仔细看了一下，觉得先生的疑问都是集中在一个"做"字上面。这是当然的，因为教学做合一的理论也是集中在"做"之一字。所以必先要把"做"字彻底的说明一番，然后其余的问题，便可迎刃而解了。

"做"字在晓庄有个特别定义。这定义便是在劳力上劳心。单纯的劳力，只是蛮干，不能算做；单纯的劳心，只是空想，也不能算做；真正的做只是在劳力上劳心。我们做一件事便要想如何可以把这件事做好，如何运用书本，如何运用别人的经验，如何改造用得着的一切工具，使这件事做得最好。我们还要想到这事和别事的关系，想到这事和别事的相互影响。我们要从具体想到抽象，从我相想到共相，从片段想到系统。这都是在劳力上劳心的功夫。不如此，便不是在劳力上劳心，便不是做。

做必须用器官。做什么事便用什么器官。耳、目、口、鼻，四肢百体都是要活用的。所以有的事要用耳做，有的事要用眼做，有的事要用嘴做，有的事要用脚做，有的事要用手做，有的事用它们合起来做。中国教育的一个普遍的误解是以为：用嘴讲便是教，用耳听便是学，用手干便是做。这样不但是误解了做，也误解了学与教了。我们主张教学做是一件事的三方面：对事说是做，对自己之进步说是学，对别人的影响说是教。做要用手，即学要用手，教要用手；做要用耳，即学要用耳，教要用耳；做要用眼，即学要用眼，教要用眼。做要用什么器官，

---

① 本文作于 1929 年 1 月，作者收入《教学做合一讨论集》时改题为《答朱端琰之问》。原载于 1929 年 1 月《乡教丛讯》第 3 卷第 1 期。

即学要用什么器官，教要用什么器官。

做不但要用身上的器官，并且要用身外的工具。我们的主张是：做什么事便用什么工具。望远镜、显微镜、锄头、斧头、笔杆、枪杆、书本子都是工具，也都是要活用的。中国教育的第二个普遍的误解，便是一提到教育就联想到笔杆和书本，以为教育便是读书、写字，除了读书、写字之外，便不是教育。我们既以做为中心，那么，做要用锄头，即学要用锄头，教要用锄头；做要用斧头，即学要用斧头，教要用斧头；做要用书本，即学要用书本，教要用书本。吃面要用筷子，喝汤要用匙子，这是谁也知道的。倘使有人用筷子喝汤，用匙子吃面，大家必定要说他是个大呆子。我们现在的教育，何尝不是普遍的犯了这个错用工具的毛病。中国的教员、学生实在太迷信书本了。他们以为书本可以耕田、织布、治国、平天下；他们以为要想耕田、织布、治国、平天下只要读读书就会了。书本是个重要的工具，但书本以外的工具还多着呢。因为学校专重书本，所以讲书便成为教，读书便成为学，而那用锄头、斧头的便算为做了。这是教学做分家。他们忘记了书本也是"做"事所用的工具，与锄头、斧头是一类的东西。做一件事要想做得好，须用锄头便用锄头，须用斧头便用斧头，须用书本便用书本，须合用数样、数十样工具，便合用数样、数十样工具。我们不排斥书本，但决不许书本做狄克推多①，更不许它与"做"脱离关系，而成为所谓"教学"之神秘物。

有了上面补充的总说明，再去解答先生的疑问似乎容易得多。我现在就顺着先生质问的次序逐一答复，然后再归纳起来，答复先生总结的三问题。

二　以实际生活为中心的教育是否

能够顾到人生的全部？教学做有一个公共的中心，这"中心"就是事，就是实际生活。实际生活，说得明白些便是日常生活。积日为年，积年为终身，实际生活便是人生的一切。分析开来，战胜实际的困难，解决实际的问题，生实际的利，格实际的物，爱实际的人，求实际的衣、食、住、行，回溯实际的既往，改造实际的现在，探测实际的未来：这些事总结起来，虽不敢概括全部人生，但人生除了这些事还有什么？在做这些事上去学、去教，虽不敢说有十分收成，但是教成的与学得的必是真本领。实行这种教育的社会，虽不敢必其进步一日千里，但是脚踏实地的帮助人类天演历程向上向前运行而无一步落空，那是可以断言的。

①　狄克推多：即独裁官，罗马共和国中握有非常时期国家权力的官吏。

三 教学做合一是否能够传递全社会的经验？

"教育是传递社会的经验"，这句话不能概括一切教育。倘若教育是仅仅把社会的经验传递下去，那就缺少进步的动力。所以与其说"教育是社会经验之传递"，不如说"教育是社会经验之改造"。教育上之所谓经验原有两种意思：一种是个人的；一种是人类全体的。但是经验无论属于个人或人类全体，决无超时间空间的可能。我们最多只可说有些社会经验是不限于一时代一地域的。经验又有直接间接的分别。这当然是不可否认的。我在《"伪知识"阶级》里面，曾经说明"接知如接枝"的道理。我们必须有从自己经验里发生出来的知识做根，然后别人的相类的经验才能接得上去。倘使自己对于某事毫无经验，我们决不能了解或运用别人关于此事之经验。人类全体的经验虽和个人经验有些分别，但是我们必须有个人经验做基础，然后才能了解或运用人类全体的经验。

我们必须以个人的经验来吸收人类全体的经验。孔子说："举一隅，不以三隅反，则不复也。"荀子说："以一知万。"无论他是一隅三反，或是以一知万，那个"一"必定是安根在自己的经验里。自己经验里的"一"是一切知识的起点。有了这个"一"，才能收"三反"、"知万"之效。"墨辩"分知识为闻、说、亲三种。"说曰：'知：传受之，闻也；方不瘴，说也；身观焉，亲也。'"闻知是别人传授进来的；说知是自己推想出来的；亲知是自己经验出来的。依教学做合一的理论说来，亲知是一切知识的基础。没有亲知做基础，闻知和说知皆为不可能。看了下面的图，便可格外明白：

四 如何可以了解哥伦布探获新大陆的故事？

现在可以具体地答复哥伦布发现新大陆一事了。如果我们要正确的知道哥伦布发现新大陆的经过，恐怕系要请国民政府效法西班牙王拨下一只大帆船横渡大西洋才行。即使这样办，我们也不能得到完全与哥伦布相同的经验，因为现在的情形和我们的同伴决不能与他的一样。我们何尝要这样正确的知道他发现新大陆的经过？即使是探险家也不须复演这种经验，他们有更好的海船和工具，决不致发呆气去模仿哥伦布。教学做合一的理论，并不曾主张普通人去模仿特殊人物之特殊事业，也不曾主张现代人去复演前代人物之过去事业。那么，我们所要知道的是哥仑布发现新大陆的大概情形和影响。可是使人知道这件事上，便有两种根本不同的办法。一种是迷信书本演讲，及所有代表经验的储藏库，以为只要读哥仑布的书，听讲哥仑布的事，便能十分明白，再也用不着任何直接经验了。一种是确信直接经验为了解一切事实的基础，所以要想大略了解哥仑布之发现新大陆，也必得要些个人的直接经验做基础，才能了解别人所写、所讲的哥仑布故事，才能推想哥仑布当年航海的情形，想像发现新大陆以后之影响。他运用书籍、演讲不亚于第一派；但他要进一步审查那用以了解书本上、演讲中之哥仑布之个人直接经验是否充分。如不充分，他便认为他的第一责任是使学生在做上补充这种经验，然后再去看书、听讲、推论。否则，他认为是耳边风，或是走马看花，无论说得天花乱坠，或是写得满纸锦绣，都是不能接受进去的。

　　用以了解哥仑布发现新大陆所需的直接经验是什么？这可不能一一数出，只好提要列举数种：坐过海帆船，渡过海，在海里遇过大风暴雨，受过同事阴谋加害，看过野人，在大陆上住过……诸如此类都是了解哥仑布故事的直接经验。如果没有渡过海，不得已而求其次也要渡过湖，再其次也要渡过江，再其次也要渡过河，万不得已也要看过池塘。倘使没有坐过海帆船，不得已而求其次也要坐过鄱阳湖里的民船，再其次也要坐过秦淮河里的花船，再其次也要看过下雨时堂前积水上之竹头木屑。倘使这些经验毫无，我不知道他如何能懂哥仑布之探险。

五　要明白火星是否要到火星里去？

　　火星里的生活，必须到火星里面去过才能知道清楚，至少也必须有人到火星里去过，回来把火星里的生活告诉我，我又有足以了解这生活之基本经验，才能间接知道清楚。但是如今还没有人到过火星，那么，火星里的生活是决没有人知道清楚的。关于火星的事，现在知道最正确的，也不过是用望远镜所能看得到、用数学所能推得出的。最大的天文学家也只能承认他对于火星只知道一点皮毛。虽然只知道这点皮毛，但教学做合一的天文学者，必定要在天文台上用望远镜及高等数学在做上去求得关于火星的知识。万一得不到望远镜，他至少要用肉眼对着火星去考究。关于火星的书，他是要看的；关于火星的演讲，他是要听的；但他必定要得到最好的望远镜看它一看，才算甘心。不，他一有办法，必定要到火星里去，与火星人共同生活，才能满足他的求知欲。

六　分子运动等如何可以明白？

　　分子运动，原子运动，电子运动，都是科学家从研究物质上推想出来的理论，以解释种种物质的现象。我们要想真正了解这些理论，必须从研究物质的现象入手。在研究物质现象上教学做，是了解这些理论最有效力的方法。倘使真要拿分子运动里的生活来说明教学做合一，我们便可举空气为例。分子运动速率增加，便觉热；速率减少，便觉冷。我们要想明白分子运动的速率，这气候的冷热却是一个眼面前最显明的例子。

七　如何可以得到飞机、无线电的知识？

飞机和无线电的知识，可分为两级。第一级是制造的知识。制造飞机与无线电的知识，都要从制造上得来，方为有效。他要在造上学，在造上教，才能一举而成。若单在书上学，在书上教，等到造的时候势必重新学过，则以前所学的等于耗费了。第二级是了解的知识。这级知识可从别人那里或书本上得来，但学的人必须有些基本的直接知识，才能接得上去。这些基本的直接知识，都是从"做"上得来。倘使没有从"做"上得来的基本的直接知识，那么，书上所写的飞机、嘴里所讲的无线电，都与学的人漠不相关。

八　做不完的就不要学不要教了吗？

有了上面的解释，我们可以说，教一切、学一切都要以"做"为基础。事实上当然做不完，学不完，教不完的。我们遇此困难只有估量价值，拣那对于人生最有贡献的事，最合乎自己之才能需要的去做、去学、去教。那不能参加的，只好不参加；不能做的，只好不做。除此以外，还有什么办法呢？

九　科学家的发明、哲学家的理论、宗教家的教义

都是从"做"上得来的吗？

牛顿看见一个苹果落下便发了一问："为什么苹果不向上飞呢？"从苹果下坠推到一切，于是想出万有引力的理论以解释这些现象。牛顿看见苹果下坠，便是用眼做；他从苹果下坠，推到一切以至想出万有引力的理论，乃是用脑做了。

阳明先生虽倡知行合一，但是不知不觉中仍旧脱不了传统的知识论的影响，又误于良知之说，所以一再发表"知是行之始，行是知之成"的言论。我现在愈研究愈觉得这种见解不对。一年前我写了一篇文字证明："行是知之始，知是行之成。"恰与阳明先生相反。古今中外所发现第一流的真知灼见，就我所知，无一不是从做中得来。哲学家之发明学说，宗教家之创立教义，何尝有一例外？我姑举一二人作

为例证，以资说明。孔子少贱，故多能鄙事。他入太庙，每事问。晨门称他是知其不可而为之者。多能鄙"事"，每"事"问，知其不可而"为"之，便是孔子发明他的哲学的根源。达尔文和瓦雷士之天择学说，不是从天上凭空掉下来的，也不是从书本里抄下来的，也不是从脑筋里空想出来的，乃是在动植物中经年累月的一面干，一面想，干透了，想通了，然后才有这样惊人的发现。耶稣基督、释迦牟尼之创立教义也不是凭空冥想出来的。试把佛教经典及基督教新约翻开一看，便知道他们所阐明的教义并不是整套的同时宣布出来。他们是在众生中随行随明，随明随传的。哲学起于怀疑，宗教起于信仰。怀疑与信仰都是应生活需要而来的。

十　小孩子也是教学做合一吗？

初生的小孩子便是教学做合一。做的意义，比平常用法要广得多，这是对的。但是，"学也是做"，"教也是做"，"教育就是做"的三句结论，殊有语病。我们可以说："做是学的中心，也是教的中心。"我们也可以说："教学做合一便是生活。"倘若我们赞成"生活即教育"的主张，那么，生活教育必是教学做合一的；生活教育内之教与学，必是以做为中心。

十一　教学做合一不忽视了精神活动吗？

我们既以在劳力上劳心算为"做"的定义，当然不能承认身体与精神分家。自动的涵义便同时具有力与心之作用，即同时要求身体与精神之合作。

十二　贴标语游行可算是革命的教学做吗？

教学做合一既是人生之说明，所以人人都在做，都在学，都在教。但是做错了，学与教都跟着错。怎样会做错呢？错用目的，错用器官，错用工具，错用方法，错用路线，错用力量，都会叫人做错，即会叫人学错教错。教学做合一的要求是：事怎样做便怎样学，怎样学便怎样教。革命这件事要怎样做才能成功？这是我们首先要考察的。比如分析起来，觉得要想革命成功，须有种种条件：（一）适应现代中国需要之主义；（二）忠勇廉洁爱民的领袖；（三）纪律严明、器械精良之武力；（四）独立发明之学术；（五）开源节流之财政；（六）训练自立爱国民众之教育；（七）联合世界上以平等待我之民族；（八）贴标语；（九）游行……假使革命要满足这些条件才能成功，那么革命教学做，便是整个的在这些事上做，在这些事上学，在这些事上教。倘若把头几项撇开，只以贴标语游行为能事，做虽是做，却是做错了，至少也是没有效力的做了。

陶行知 教育名篇

十三　晓庄因实行教学做合一不就忽略了看书吗？

晓庄看书的时间是有规定的，所看的书也是有指定的。但比别的学校是自由得多。我们对于书籍有一条方针：做什么事用什么书。我们很反对为读书而读书。我们从去年就想依据生活历编辑一个最低限度的用书目录，现在还未编成，将来编成之后，就容易上轨道了。只要谨守"在劳力上劳心"的原则，自然会从具体归向理论，从片段走向系统。但是造诣深浅，有属于禀赋的，我们固难以为力；有属于勤惰的，生活部实负有考核勉励指导之责。

十四　教学做合一不太偏重技能而忽略知识吗？

技能与知识是分不开的。把大家教成铁匠、木匠一样，实未足以尽教育之能事。一因为中国的一般铁匠、木匠实在是有一部分教错了。因为他们劳力而不劳心，所以技能与知识都不能充分发达。二因为他们除了呆板的职业训练以外，其余关于人生需要的教育都被漠视了。假使中国的铁匠、木匠都做的不错，学的不错，教的不错，在劳力上劳心，各方面生活需要都顾到，那么，铁匠、木匠所应受的教育，便是人人应受的教育了。王木匠要有技能和知识，也如同达尔文要有技能与知识。达尔文没有辨别物种变异的技能便不能发现天择的学说。王木匠若没有尤克雷地[①]的几何知识，便要做出七斜八歪的桌子来。可是达尔文与王木匠有个不同之点：王木匠把知识化成技能，达尔文则用技能产生知识。不过，王木匠倘使能用知识所变成的技能进一步去产生新知识，那么，王木匠亦成为达尔文一流的人物了。倘使达尔文停止在观察生物的技能上，而不能用它去发现天择学说，那么，终达尔文之身，也不过是王木匠的兄弟罢了。

十五　教学做合一究竟是什么？它的效用如何？

现在归纳起来总答如下：

（一）要想获得人类全体的经验必须教学做合一方为最有效力；

（二）生活教育就是教学做合一；

（三）教学做合一不但不忽视精神上的自动，而且因为有了在劳力上劳心、脚踏实地的"做"为它的中心，精神便随"做"而愈加奋发。

---

①　尤克雷地：现译欧几里得。

生活即教育[①]

今天我要讲的是"生活即教育"。中国从前有一个很流行的名词，我们也用得很多而且很熟的，就是"教育即生活"（Education of life），教育即生活这句话，是从杜威先生那里来的，我们过去是常常用它，但是，从来没有问过这里边有什么用意。现在，我把它翻了半个筋斗，改为"生活即教育"。在这里，我们就要问："什么是生活？"有生命的东西，在一个环境里生生不已的就是生活。譬如一粒种子一样，它能在不见不闻的地方发芽、开花。从动的方面看起来，好像晓庄剧社[②]在舞台演戏一样。"生活即教育"这个演讲，从前我已经讲了两套，现在重提我们的老套。

第一套就是：

是生活就是教育；

是好生活就是好教育，是坏生活就是坏教育；

是认真的生活，就是认真的教育，是马虎的生活，就是马虎的教育；

是合理的生活，就是合理的教育，是不合理的生活，就是不合理的教育；

不是生活就不是教育；

所谓之"生活"，未必是生活，就未必是教育。

第二套是第二次讲的时候包括进去的，是按着我们此地的五个目标加进去的，那是：

是康健的生活，就是康健的教育，是不康健的生活，就是不康健的教育；

是劳动的生活，就是劳动的教育，是不劳动的生活，就是不劳动的教育；

是科学的生活，就是科学的教育，是不科学的生活，就是不科学的教育；

① 1930 年 1 月 16 日全国乡村教师讨论会在南京晓庄举行，本篇是陶行知在会上的演讲。原载于 1930 年 3 月《乡村教师》第 9 期。

② 晓庄剧社：晓庄师范师生组织的戏剧团体，成立于 1929 年初，陶行知任社长，是中国最早的话剧团体之一，与南国剧社、复旦剧社齐名。

是艺术的生活，就是艺术的教育，是不艺术的生活，就是不艺术的教育；

是改造社会的生活，就是改造社会的教育，是不改造社会的生活，就是不改造社会的教育。

近来，我们有一个主张，是每一个机关，每一个人在十九年度里都要有一个计划。这样，在十九年度里我们所过的生活，就是有计划的生活，也就是有计划的教育。于是，又加了这么一套：

是有计划的生活，就是有计划的教育，是没有计划的生活，就是没有计划的教育。

我今天所要说的，就是我们此地的教育，是生活教育，是供给人生需要的教育，不是作假的教育。人生需要什么，我们就教什么。人生需要面包，我们就得过面包生活，受面包的教育；人生需要恋爱，我们就得过恋爱生活，也受恋爱的教育。准此类推，照加上去：是那样的生活，就是那样的教育。

与"生活即教育"有连带关系的就是"学校即社会"。"社会即学校"也就是跟着"教育即生活"而来的，现在我也把它翻了半个筋斗，变成"社会即学校"。整个的社会活动，就是我们教育的范围，不消谈什么联络，而他的血脉是自然流通的。不要说"学校社会化"。譬如说现在要某人革命化，就是某人本来不革命的；假使某人本来是革命的，还要他"化"什么呢？讲"学校社会化"，也是犯同样的毛病。"学校即社会"，我们的学校就是社会，还要什么社会化呢？现在我还有一个比方：学校即社会，就好像把一只活泼泼的小鸟从天空里捉来关在笼里一样。它要以一个小的学校去把社会上所有的一切东西都吸收进来，所以容易弄假。社会即学校则不然，它是要把笼中的小鸟放到天空中，使他能任意翱翔，是要把学校的一切伸张到大自然里去。要先能做到"社会即学校"，然后才能讲"学校即社会"；要先能做到"生活即教育"，然后才能讲到"教育即生活"。要这样的学校才是学校，这样的教育才是教育。

杜威先生在美国为什么要主张教育即生活呢？我最近见到他的著作，他从俄国回来，他的主张又变了，已经不是教育即生活了。美国是一个资本主义的国家，他们是零零碎碎的实验，有好多教育家想达到的目的不能达到，想实现的不能实现。然而在俄国已经有人达到了，实现了。假使杜威先生是在晓庄，我想他也必主张"生活即教育"的。

杜威先生是没有到过晓庄来的，克伯屈先生是到过晓庄来的。克伯屈先生离了俄国而来中国，他说："离莫斯科不远的地方，有一个人名叫夏弗斯基①的，他在那里办了一所学校，主张有许多与晓庄相同的地方。"我见了杜威先生的书，他说现在俄国的教育，很受这个地方的影响，很注重这个地方。他们也主张生活即教育，社会即学校。克伯屈先生问我们在文字上通过消息没有？我说没有。我又问他："夏弗斯基这个人是不是共产党？"他说不是。我又问他："他不是共产党，又怎么能在共产党政府之下办教育呢？"他说："因为他是要实现一种教育的理想，要想用教育的力量来解决民生问题，所以俄政府许可他试验，他在俄政府之下也能生存。"我又对他说："这一点倒又和我相合，我在国民党政府之下办教育，而我也不是一个国民党党员。"这是克伯屈先生参观晓庄后与我所谈的话。

现在我们这里的主张，终于已经到了实现的时期了，问题是在怎样实现。这一点可以分作三个时期：

第一个时期，是生活是生活，教育是教育，两者是分离而没有关系的。

第二个时期，是教育即生活，两者沟通了，而学校社会化的议论也产生了。

第三个时期，是生活即教育，就是社会即学校了。这一期也可以说是开倒车，而且一直开到最古时代去。因为太古的时代，社会就是学校，是无所谓社会自社会、学校自学校的。这一期，也就是教育进步到最高度的时期。

其次，要讲生活即教育与社会即学校，有几方面是要开仗的，而且是不痛快的，是很烦恼的，而与我们有极大的冲突的。

第一，在这个时期，是各种思潮在中国谋实现的时期，中国几千年来传统教育所支配的许多传统思想都要在此时期谋取得它的地位。第二，是外来的各种文化，如德国的文化中心的教育，英国的绅士的教育、美国的拜金教育。第三，是外国的都在中国倾销，从各国回来的留学生便是推销外国文化的买办。

现在先说中国遗留下来的旧文化与我们的生活即教育是有冲突的。中国从前的旧文化，是上了脚镣手铐的。分析起来，就是天理与人欲，以天理压迫人欲，做的事无论怎样，总要以天理为第一要件。

它是以天理为一件事，人欲为一件事。人欲是不对的，是没有地位的。在生活即教育的原则之下，人欲是有地位的，我们不主张以天理来压迫人欲的。这

---

① 夏弗斯基：现译沙茨基，苏联教育家。20世纪20至30年代，他曾主持俄罗斯国民教育第一个试验站的工作。此试验站是一个教育科研机构、幼稚园、学校、儿童校外机构和成人教育的综合体。这里研究并实际上检验了组织共产主义教育的许多问题，对如何把学校与生产劳动结合起来、教学活动的合理化、集体的形成以及与周围环境联系等问题，给予了高度的重视。论著有《生活教育论》《沙茨基教育文集》等。

里，我们还得与戴东原①先生的哲学打一打通，他说，理不是欲外之理，不是高高地挂在天空的，欲并不是很坏的东西，而是要有条有理的。我们这里主张生活即教育，就是要用教育的力量，来达民之情，遂民之欲，把天理与人欲打成一片，并且要和戴东原先生的哲学联合起来。

与此有连带关系的就是"礼教"。现在有许多人唱"礼教吃人"的论调，的确，礼教吃的人，骨可以堆成一个泰山，血可以合成一个鄱阳湖。我们晓得，礼是什么？以前有人说，礼是养生的，那是与生活即教育相通的。这种礼，我们不惟不打倒，并且表示欢迎。假若是害生之礼，那就是要把人加上脚镣手铐，那是与我们有冲突的，我们非打倒不可。因为生活即教育是要解放人类的。

再次，中国从前有一个很不好的观念，就是看不起小孩子。把小孩子看成小大人，以为大人能做的事小孩也能做，所以五六岁的小孩，就要他读《大学》《中庸》。换句话说，就是小孩子没有地位。我们主张生活即教育，要是儿童的生活才是儿童的教育，要从成人的残酷里把儿童解放出来。

还有一点要补充进去的，就是书本教育。从前的书本教育，就是以书本为教育，学生只是读书，教师只是教书。在生活即教育的原则之下，书是有地位的，过什么生活就用什么书。书不过是一种工具罢了。书是不可以死读的，但是不能不用。从前有许多像这样的东西，非推翻不可的，否则不能实现生活即教育。

现在外国传进来的思潮，也有许多与我们是冲突的。以文化做一个例吧，以文化做中心的教育，它的结果是造成洋八股。文化是人类创造出来的，固然是非常的宝贵，但它也不过是一种工具而已，不能拿做我们教育的中心。人为什么要用文化？是要满足我们人生的欲望，满足我们生活的需要。电灯是文化，我们用了它，可以把一切看得更明白。无线电是文化，我们用了它，可以更便利。千里镜是文化，我们用了它，可以钻进土星、木星里去。……所以文化是生活的工具，它是有它的地位的。我们不惟不反对，而且表示欢迎。欢迎它来做什么呢？就是满足我们生活的需要。有些人把它弄错了，认它做一种送人的礼物，这是不对的。文化要以参加做基础，有了这参加的最低限度的基础，才能了解，才能加上去。生活即教育与文化为中心的教育不同，就是如此。

还有训育与生活即教育的理论怎么样？生活即教育与训育把训与教分家的关系怎么样？生活即教育与社会即学校如何实现？小学里如何把它实现出来？假使诸位以为是行得通的，最好是每一个人拟一个方案来交我，哪一部分可以实现，

① 戴东原（1724—1777）：即戴震，清代思想家、教育家。

我们就拿那个地方当一个社会实现出来。

现在我举一个例说：去年因为天干，和平学园因为急于要水吃，就开了一个井。井是学校开的，但是献给全村公用，不久就发现了两大问题：

（一）每天出水二百担，不敷全村之用。于是大家都起早取水，后到的取不到水。明天又比别人早，甚至于一夜到天亮，都有取夜水的。到天亮时，井里的水已将干了。群聚在井边候水，一勺一勺的取，费尽了力气才打出一桶水。

（二）大家围着取水，争先恐后，有时甚至用武力解决。

这种现象，假使是学校即社会，就可以用学校的权力来解决，由学校出个命令，叫大家照着执行。社会即学校的办法就不然，他觉得这是与全村人的生活有关系的，要全村的人来设法解决，于是就开了一个村民大会，一共到了六七十个人，共同来做一个吃水问题的教学做。到会的人，有老太婆，也有十二三岁的小孩子，公推了一位十几岁的小学生做主席。我和许多师范生，就组织了一个诸葛亮团，插在群众当中，保护这位阿斗皇帝。老太婆说的话顶多，但同时有许多人说话，大家听不清楚，而阿斗皇帝又对付不过来。这回，诸葛亮用得着了，他就起来指导。结果，共同议决了几件事：

（1）水井每天休息十小时，下午七时至上午五时不许取水。违者罚洋一元，充修井之用。

（2）每天取水，先到先取，后到后取。违者罚小洋六角，充修井之用。

（3）公推刘君世厚为监察员，负执行处分之责。

（4）公推雷老先生①为开井委员长，筹款加开一井，茶馆、豆腐店应多出款，富户劝其多出，于最短期内，由村民团结的力量，将井开成。

这几个议案是由村民大会通过的。这就是社会即学校的办法。由此，我有几个感触：

（一）民众运动，要以对于民众有切身关系的问题为中心，否则不能召集。

（二）社会运动，非以社会即学校，则不能彻底实行。而社会即学校，是有实现的可能的。

（三）不要以为老太婆、小孩不可训练，只要有法子，只要能从他们迫切的问题着手。

（四）公众的力量比学校发生的大，假使由学校发命令解决，则社会上了解的人少，而且感情将由此分离。

---

① 雷老先生：即雷万民，南京晓庄村有名望的士绅。

（五）民众没有指导是不行的，和平门饮水问题，倘无相当指导，可以再过四五十年也不会解决。

（六）做民众运动是要陪着民众干，不是替民众干。要想培养中华国民，非此不可。

这就是以小学所在地做学校的一个例，其余的例很多，不必多举。社会即学校要如何的实现，请大家一样一样的做个方案，二次开会的时候再谈。

这是证明"生活即教育"与"社会即学校"是相连的，是一个学理。

关于"生活即教育"，我现在再来补充一套。我们是现代的人，要过现代的生活，就是要受现代的教育。不要过从前的生活。也不要过未来的生活。若是过从前的生活，就是落伍；若要过未来的生活，就要与人群隔离。以前有一部书叫《明日之学校》，大家以为很时髦的，讲得很熟的。我希望乡村教师，要办今日之学校，不要办明日之学校。办今日之学校，使小学生过今日之生活，受今日之教育。

儿童用书选择标准[①]

书有两种：一种是吃的书，一种是用的书。

吃的书当中，有的好比是白米饭，有的好比是点心，有的好比是零食，有的好比是药，有的好比是鸦片。

中国是吃的书多，用的书少。吃的书中是鸦片的书多，白米饭的书少。

我从前写了四句三字经，警告了一般不劳而获的人："不做事，要吃饭。什么人，是混蛋！"

吃饭不做事，尚且不可，何况吃鸦片而不做事！

一个过合理生活的人，三餐饭当然是要吃的，可是也不能忘记那八小时的工作。要想工作做得好，必须有用的书。用的书没有，如何去做？一个学校要想培养双手万能的学生，自然要多备用的书，少备吃的书，而吃的书中尤须肃清一切乌烟瘴气的书。

可是，现在中国学校里的情形，适得其反：只有吃的书，没有用的书，而吃的书中，多是一些缺少滋养料的零食与富麻醉性的鸦片。在这些书里讨生活的学生们，自然愈吃愈瘦，愈吃愈穷，愈吃愈不像人。

我们要少选吃的书，多选用的书。我们对于书的态度之变更，是由于我们对于儿童的态度之变更。我们在《儿童生活》杂志上发表对于儿童的根本态度是：

儿童是新时代之创造者；不是旧时代之继承者。儿童是创造产业的人；不是

---

① 原载于 1931 年 4 月 15 日《儿童教育》第 3 卷第 8 期，当时署名吴健人。（见四川教育出版社 1991 年出版的《陶行知全集》第 7 卷第 344 页）后来收入 1935 年出版的《行知诗歌续集》时，将"不做事"改为"不做工"，并注明"不"是不肯的意思。

全文倒数第三自然段之前的部分，曾以《怎样选书》为题刊登在 1932 年 4 月作者编著的《儿童科学指导》一书中。（见四川教育出版社 1991 年出版的《陶行知全集》第 5 卷第 757—759 页）

1933 年作者在上海大夏大学演讲时，又用这篇文章倒数第三自然段和第二段，用以说明"创造"一词的意义。（见四川教育出版社 1991 年出版的《陶行知全集》第 3 卷第 524—525 页）

继承遗产的人。儿童生活是创造、建设、生产；不是继承、享福、做少爷。新时代的儿童是小工人。这工人，是广义的工人，不是狭义的工人。在劳力上劳心便是做工。这样做工的人都叫做工人。新时代的儿童，必须在劳力上劳心，又因他年纪小一些，所以称他为小工人。小工人必是生产的小工人，建设的小工人，实验的小工人，创造的小工人，改革的小工人。儿童的生活便是小工人生活，小生产生活，小建设生活，小实验生活，小创造生活，小改革生活。

儿童用书便是小工人生活之写实与指导。这里面所要包含的是一些小生产、小建设、小实验、小创造、小改革、小工人的人生观。

无论他是生产也好，建设也好，实验也好，创造也好，改革也好，他必须做工，他必须在劳力上劳心，他必须在用手时用脑。

这里所画的画，是小工人做工之画；所唱的歌，是小工人做工之歌；这里所问的问，是小工人做工之问；这里所答的答，是小工人做工之答；这里所用的数，是小工人做工之数；这里所写之文字，是小工人做工之文字；这里所介绍的工具，是小工人做工之工具；这里所说的故事，是小工人做工之故事；这里所讲的笑话，是小工人做工之笑话；这里所主张的人生观，是小工人认真做工之人生观。

儿童用书既是以指导儿童做工为主要目的，那么，一本书之好坏，可以拿下列三种标准判断它：（一）我们要看这本书有没有引导人动作的力量，有没有引导人干了一个动作又干一个动作的力量。（二）我们要看这本书有没有引导人思想的力量，有没有引导人想了又想的力量。（三）我们要看这本书有没有引导人产生新价值的力量，有没有引导人产生新益求新的新价值的力量。

怎样叫产生新价值？鲁滨孙在失望之岛上需要一个缸子装水，愁着造不起来。一天，他看见锅灶前有一块碎土，拿起来觉得坚如石头。他想这或许是泥土见火变成的；继而他又想，碎土既能烧成石头，倘使把这种土做成一只缸儿，也或者可以烧成坚如石头的水缸。他于是动手做了三只小缸，架起火来烧了几十个钟头，渐渐地让它们冷下来，破了一只，其余两只居然是点水不漏。这里有动作，有思想，有新价值之产生——泥土的价值变为水缸的价值。

让我再举一个物质未变而价值变了的例子。贾母在大观园里请客游船。她和刘姥姥以及长一辈的坐了一只船向前走，后面宝玉、宝钗、黛玉姊妹们另外坐了一只跟着。宝玉说："这些破荷叶可恶！叫人来把他砍掉。"黛玉说"李义山的书我素不喜读，只喜他一句：'留得残荷听雨声'。"宝玉说"果然好句，以后再别叫人把荷叶砍掉。"宝玉要砍荷叶便是动作之始，黛玉想了一下，将她所想的结果，说给宝玉听，宝玉想了一想引起态度上一个根本的变化，破荷叶没有变而它的价值变了——可憎恶的破荷叶变成了天然的乐器。这叫做新价值之产生。

上述之三种标准是选择用书标准。这在用书众多的社会里固可以任您挑选，而在用的书少吃的书多之中国，这些标准实不啻虚设。但依此标准以编可用之书，也是有志造福儿童者之一件大事。暂时，如用书可选者很少，不妨在各书中选择可用的材料，沙里淘金，劳而后获。这些标准也似乎有它们的用处。

陶行知 教育名篇

❱❱ 师范生的第一变——变个孙悟空[①]

教育是什么？教人变！教人变好的是好教育。教人变坏的是坏教育。活教育教人变活。死教育教人变死。不教人变、教人不变的不是教育。

师范教育是什么？教学生变成先生。先生是什么？自己会变而又会教人变的是先生。师范生不是别的，是一个学变先生的学生。

自古到今，从东到西，我找来找去，只找着一位差不多可以比得上这学变先生的学生。你猜是谁？是那保唐僧上西天取经的孙悟空！

你们别瞧不起老孙。他那大闹天宫的天界革命功劳我且不提，只说几桩与你们最有关系的事迹。

第一件，他有目的、有远虑、有理想。他做了美猴王，还是烦恼。众猴对他说："大王好不知足！我等日日欢会，在仙山福地，古洞神洲，不伏麒麟辖，不伏凤凰管，又不伏人王拘束，自由自在，乃无量之福，为何远虑而忧也？"他说："今日虽不归人王法律，不惧禽兽威服，将来年老血衰，暗中有阎王老子管着，一旦身亡，可不枉生世界之中，不得久住天人之内？"所以他存心要"学一个不老长生，躲过阎君之难"。这是他所抱的目的。师范生的目的何在？我想美猴王如果做了师范生，他必定也烦恼。如有人问他为何烦恼？他一定是这样回答了："今日虽为双料少爷，事事有听差服侍，先生照应，只管教学，可以不做，将来双手无能，误人子弟，暗中有帝国主义老子管着，一旦教人做奴隶的，自己也做了奴隶，可不枉生世界之中，不得久住主人之内？"

第二件，他抱着目的去访师。他所住的水帘洞是在东胜神洲傲来国花果山。为着要"躲过轮回，不生不灭，与天地山川齐寿"，他便飘洋求师，飘到南瞻部洲，又渡西洋大海，才到西牛贺洲，因樵夫指引，找到灵台方寸山中的斜月三星洞，遇着须菩提祖师，算起来已是花了十几年光阴了。无论哪个现代留学生也没有像他这样诚恳了。教师多于过江鲫，谁能教人达目的？如果美猴王做了师范生，他必定要找一位能达他的目的的老师，不能达他的目的的老师，他是不要的。空口说白话，能教不能做的老师他也是不要的。他又是一位大公无私的好汉。他飘洋求师，不是为着他一个人的长生不老，他所求的是猴类大家的幸福。你看他在生死簿上把猴属之类但有名者，一概勾之；得了瑶池之玉液琼浆也是拿回洞来大家吃。他的目的是：老孙、二孙、三孙、四孙、小孙——一家孙、一国孙、一窝孙，一个个长生不老。如果他是师范生，他决不访那教人做奴隶的老师，也决不访那教少数人做主人多数人做奴隶的老师；他要访的是教一家人、一国人、一世界人，个个做主人的老师。

第三件，他抱着目的求学。孙悟空在斜月三星洞住了好久，一日，须菩提祖师登坛讲道，问他说："你今要从我学些甚么道？"悟空道："只要有些道儿气，弟子便就学了。"祖师道："道字门中有三百六十旁门，旁门皆有正果，不知你学哪一门哩？……我教你个术字门中之道，如何？"悟空道："术门之道怎么说？"祖师道："术字门中，乃是些请仙扶鸾，问卜揲蓍，能知趋吉避凶之理。"悟空道："似这般可得长生么？"祖师道："不能！不能！"悟空道："不学！不学！"祖师又拿"流字门"、"静字门"、"动字门"中之道问他学不学，他总是反问道："似这般可得长生么？"祖师道："不能！不能！"他便说："不学！不学！"祖师闻言，咄的一声，跳下高台，手持戒尺，指定悟空道："你这猢狲，这般不学，那般不学，却待怎么？"走上前，将悟空头上打了三下，倒背着手，走入里面，将中门关了，撇下大众而去。悟空心中明白，这是祖师暗示叫他三更时分从后门进去传道。悟空当夜依着暗示进去，果然得着长生之道，还学了七十二套地煞变，和一翻十万八千里的筋斗云。

由此可见，孙悟空不是一个糊涂的学生。他抱着一个"长生不老"的目的而来，必定要得到一个"长生不老"的道理才去。凡是不合这个目的的东西，他一概不学。学做先生的道门中有几多旁门，我可不知道，可是现在通行的一个，便是"讲"字门，大家好像都以为这讲字门中有正果可找。假使孙悟空做了师范生，教员问他说："我教你个讲字门中之道，如何？"悟空必定问："讲门之道怎么说？"教员说："讲字门中，乃是些上堂下课，高谈阔论，好比一部留声机器。"悟空必定要追问到底，如果不能达到他的大目的，他的断语必定是："不学！不学！"

我们做学生的当中有多少是像孙悟空这样认真的啊？

变吧！变吧！

变个孙悟空，

飘洋过海访师宗。

三百六十旁门都不学，

一心要学长生不老翁。

七十二般变化般般会，

翻个筋斗十万八千里儿路路通。

学得本领何处用？

揭起革命旗儿闹天宫。

失败英雄君莫笑，

保个唐僧过难亦威风。

降妖伏怪无敌手，

不到西天誓不东。

请看今日座上战斗佛，

岂不是当年人人嘴里的雷公？

　　师范生要变做孙悟空的道理是说明白了。但是既有孙悟空，便有唐三藏。师范生变了孙悟空，那唐僧推谁去做呢？师范生的唐僧是小朋友。师范生应该拜小朋友做师傅，也如同孙行者的本领比唐僧大倒要做唐僧的徒弟。小朋友是我们的总指导。不愿受小朋友指导的人不配指导小朋友。唐僧向西天取经，经过了八十一难，若不是孙悟空保驾，也不知死了几十次，哪能得到正果？小孩子学着做人，一生遇着的病魔、恶父母、坏朋友、假教员，个个都是吃人的妖怪，差不多也好比是唐僧的八十一难，若没有孙悟空的心术和本领的师范生保驾，不死于病，必死于亲；不死于亲，必死于友；不死于友，必死于老师之手了。还能望他成人为民族人类谋幸福吗？

老孙！老孙！

校长招你来，

当个师范生。

西天保谁去取经？

小朋友是你的唐僧。

师范生的第二变——变个小孩子[①]

"小孩子懂得什么？"

在这个态度下，牛顿是被认为笨伯，瓦特是被认为凡庸，爱迪生是被认为坏蛋。

你若想在笨伯中体会出真牛顿，在凡庸中体会出真瓦特，在坏蛋中体会出真的爱迪生，您必得把自己变成一个小孩子。

你若不愿变小孩子，便难免要被下面两首诗说着了：

（一）

你这糊涂的先生！

你的学堂成了害人坑！

你的墨水笔下有冤魂！

你说瓦特庸，

你说牛顿笨，

你说像个鸡蛋坏了的爱迪生。

若信你的话，

哪儿来火轮？

哪儿来电灯？

哪儿来的微积分？

（二）

你这糊涂的先生！

---

① 本篇原载于 1931 年 5 月 15 日《师范生》第 2 期。

陶行知 教育名篇

你的教鞭下有瓦特，

你的冷眼里有牛顿，

你的讥笑中有爱迪生。

你别忙着把他们赶跑。

你可要等到

坐火轮，

点电灯，

学微积分，

才认他们是你当年的小学生？

倘使被这两首诗说中，那是多么可悔恨的一件事啊！

"小孩子懂得什么？"

小孩子是再大无比的一个发明家。生下地一团漆黑，过不了几年，如果没有受过母亲、先生和老妈子的愚惑，便把一个世界看得水晶样的透明。他能把您问倒。这有什么羞耻？倘使您能完全回答小孩子的问题，便取得一百个博士的头衔也不为多。

您不可轻视小孩子的情感！

他给您一块糖吃，是有汽车大王捐助一万万元的慷慨。他做了一个纸鸢飞不上去，是有齐柏林飞船①造不成功一样的踌躇。他失手打破了一个泥娃娃，是有一个寡妇死了独生子那么悲哀。他没有打着他所讨厌的人，便好像是罗斯福讨不着机会带兵去打德国一般的恼气。他受了你盛怒下的鞭挞，连在梦里也觉得有法国革命模样的恐怖。他写字想得双圈没有得着，仿佛是候选总统落了选一样的失意。他想您抱他一会儿而您偏去抱了别的孩子，好比是一个爱人被人夺了去一般的伤心。

人人都说小孩小，

谁知人小心不小。

您若小看小孩子，

便比小孩还要小！

---

① 齐柏林飞船：齐柏林公司制造的硬式飞艇。第一艘这种飞船由德国退役军官齐柏林伯爵设计，1900 年 7 月 2 日首次飞行。

未来的先生们！忘了你们的年纪，变个十足的小孩子，加入在小孩子的队伍里去吧！您若变成小孩子，便有惊人的奇迹出现：师生立刻成为朋友，学校立刻成为乐园；您立刻觉得是和小孩子一般儿大，一块儿玩，一处儿做工，谁也不觉得您是先生，您便成了真正的先生。您立刻会发现小孩子的能力大得很：他能做许多您不能做的事，也能做许多您以为他不能做的事。等到您重新生为一个小孩子，您会发现别的小孩子是和从前所想的小孩子不同了。

我们必得会变小孩子，才配做小孩子的先生。师范学校的同学们！小孩子变得成功便算毕业；变不成功，休想拿文凭！

我们却要审查一番，这第二变的小孩子与那第一变的孙悟空有无重复。师范生既然会变孙悟空，那么凡是孙悟空所会变的，师范生都能变了。现在留下的问题是："孙悟空可会变小孩子？"我们调查他的生平，他只能变一个表面的小孩子，而不能变一个内外如一的小孩子。他在狮驼洞曾经变过一个小钻风，被一个妖怪察觉，"揭起衣裳看时，足足是个弼马温。原来行者有七十二般变化，若是变飞禽、走兽、花木、器皿、昆虫之类，却就连身子滚去了。但变人物，却只是头脸变了，身子变不过来，果然一身黄毛，两块红股，一条尾巴"。所以：

儿童园里无老翁；

老翁个个变儿童。

变儿童，

莫学孙悟空！

他在狮驼洞，

也曾变过小钻风。

小钻风，

脸儿模样般般像，

拖着一条尾巴儿两股红！

送科学丛书①

　　新安小学出世之日即文渼先生去世之日②。我于今把二周祭要买祭品的钱买了这部书，来送给新安小学作为开校二周纪念的礼物。这里面有许多小小的实验！俗语说："百闻不如一见。"说得更确切些是："百见不如一做。"科学实验要从小做起。每天找些小小实验教小朋友们去做吧！倘使不照书上所说而能独出心裁地指导小朋友在做上追求真知，那就格外的好了。文渼先生有灵，看见一个个小朋友都成了小小的科学家，实验家，她该是多么快乐啊！倘使这部书只藏而不看，看而不讲，讲而不做，那便等于金银香纸烧成一缕黑烟，飘入天空终于不知所止，岂不可叹！我深信新安小学的老师、小朋友必能善用这微小的礼物去造成伟大的前途。那么将来的伽利略（Calileo）、巴士笃（Pasteur）、法拉第（Faraday）也许就是你们的同学咧。

---

① 本篇原载于 1932 年 3 月上海儿童书局《儿童科学指导》。
② 陶行知胞妹陶文渼于 1929 年 6 月 6 日病逝，同时淮安新安小学开学。本书写于 1931 年 6 月 6 日。

❱ 教学做合一下之教科书①

教学做合一是生活教育之方法之理论。这理论同时叙述生活教育之现象与过程。所以要想讨论这个理论对于教科书之要求，必须说明什么是生活教育，什么是教学做合一。

什么是生活教育　生活教育是以生活为中心之教育。它不是要求教育与生活联络。一提到联络，便含有彼此相处的意思。倘使我们主张教育与生活联络，便不啻承认教育与生活是两个个体，好像一个是张三，一个是李四，平日不相识，现在要互递名片结为朋友。联络的本意原想使教育与生活发生更密切的关系，不知道一把它们看做两个个体，便使它们格外疏远了。生活与教育是一个东西，不是两个东西。在生活教育的观点看来，它们是一个现象的两个名称，好比一个人的小名与学名。先生用学名喊他，妈妈用小名喊他，毕竟他是他，不是她。生活即教育，是生活便是教育；不是生活便不是教育。分开来说，过什么生活便是受什么教育：过康健的生活便是受康健的教育；过科学的生活便是受科学的教育；过劳动的生活便是受劳动的教育；过艺术的生活便是受艺术的教育；过社会革命的生活便是受社会革命的教育。以此类推，我们可以说：好生活是好教育；坏生活是坏教育；高尚的生活是高尚的教育；下流的生活是下流的教育；合理的生活是合理的教育；不合理的生活是不合理的教育；有目的的生活是有目的的教育；无目的的生活是无目的的教育。反过来说，平日过的是少爷小姐的生活，便念尽了汗牛充栋的劳动书，也不算是劳动教育；平日过的是奴隶牛马的生活，便把《民权初步》念得透熟，熟得倒过来背，也算不了民权教育。没有生活做中心的教育是死教育，没有生活做中心的学校是死学校，没有生活做中心的书本是死书本。在死教育、死学校、死书本里鬼混的人是死人——先生是先死，学生是学

---

① 本篇原载于 1931 年 8 月《中华教育界》第 19 卷第 4 期。

陶行知　教育名篇

死！先死与学死所造成的国是死国，所造成的世界是死世界。

什么是教学做合一 教学做合一是生活现象之说明，即是教育现象之说明。在生活里，对事说是做，对己之长进说是学，对人之影响说是教。教学做只是一种生活之三方面，而不是三个各不相谋的过程。同时，教学做合一是生活法，也就是教育法。它的涵义是：教的方法根据学的方法；学的方法根据做的方法。事怎样做便怎样学，怎样学便怎样教。教与学都以做为中心。在做上教的是先生，在做上学的是学生。在这个定义下，先生与学生失去了通常的严格的区别，在做上相教相学倒成了人生普遍的现象。做既成了教学之中心，便有特殊说明之必要。我们怕人用"做"当招牌而安于盲行盲动，所以下了一个定义："做"是在劳力上劳心。因此，"做"含有下列三种特征。

（一）行动；

（二）思想；

（三）新价值之产生。

一面行，一面想，必然产生新价值。鲁滨孙在失望之岛上缺少一个放水的小缸。一天烧饭，他看见一块泥土被火烧得像石头样的硬。他想，一块碎土既有如此变化，那么用这土造成一个东西，或者也能如此变化。他要试试看。他动手用这土造成三个小缸的样子，架起火来把它们烧得通红，渐渐地冷下去，便成了三只坚固而不漏水的小缸。这里有行动，有思想，有新价值之产生——泥土变成水缸。这是做。这是教学做合一之做。

做是发明，是创造，是实验，是建设，是生产，是破坏，是奋斗，是探寻出路。

是活人必定做。活一天，做一天；活到老，做到老。如果我们承认小孩子也是活人，便须让他们做。小孩子的做是小发明，小创造，小实验，小建设，小生产，小破坏，小奋斗，探寻小出路。小孩子的做是小做，不是假做。"假做"不是生活教育所能允许的。

我也不是主张狭义的"做"，抹煞一切文艺。迎春姊妹和宝玉在荇叶渚上了船，跟着贾母的船撑向花溆去玩。宝玉说："这些破荷叶可恨！怎么还不叫人来拔去？……"黛玉说："我最不喜欢李义山的诗，只喜欢他这一句：'留得残荷听雨声'。偏你们又不留着残荷了。"宝玉说："果然好句！以后咱们别叫拔去了！"这里也有行动，有思想，有新价值之产生——破荷叶变成天然的乐器！领悟得这一点，才不至于误会教学做合一之根本意义。

既是这样，那么我们可以说：不做无学；不做无教；不能引导人做之教育，是假教育；不能引导人做之学校，是假学校；不能引导人做之书本，是假书本。在假教育、假学校、假书本里自骗骗人的人，是假人——先生是假先生，学生是假学生。假先生和假学生所造成的国是假国，所造成的世界是假世界。

生活教育与教学做合一对于书之根本态度　生活教育指示我们说：过什么生活用什么书。教学做合一指示我们说：做什么事用什么书。这两句话只是一句话的两样说法。我们对于书的根本态度是：书是一种工具，一种生活的工具，一种"做"的工具。工具是给人用的；书也是给人用的。我们对一本书的见面问，是：您有什么用处（当然是广义的用处）？为读书而读书，为讲书而讲书，为听书而听书，为看书而看书，再不应该夺取我们宝贵的光阴。用书必有目的。遇到一本书我们必须问：您能帮助我把这件事做得好些吗？您能帮助我过一过更丰富的生活吗？我们用书，有时要读，有时要讲，有时要听，有时要看；但是读、讲、听、看都有一贯的目的，这目的便是它们对于"用"的贡献。在《诗的学校》里有一首诗描写我们对于书的总态度：

> 用书如用刀，
> 不快便须磨。
> 呆磨不切菜，
> 何以见婆婆？

中国教科书之总批评　我们试把光绪年间出版的教科书和现在出版的教科书比较一下，可以看出一个惊人的事实，这事实便是三十年来，中国的教科书在枝节上虽有好些进步，但是在根本上是一点儿变化也没有。三十年前中国的教科书是以文字做中心，到现在，中国的教科书还是以文字做中心。进步的地方：从前是一个一个字的认，现在是一句一句的认；从前是用文言文，现在是小学用白话文，中学参用白话文与文言文；从前所写的文字是依着忠君、尊孔、尚公、尚武、尚实的宗旨，现在所写的文字是依着三民主义的宗旨。但是教科书的根本意义毫未改变，现在和从前一样，教科书是认字的书，读文的书罢了。从农业文明渡到工业文明最重要的知识技能，无过于自然科学。没有真正可以驾驭自然势力和科学，则农业文明必然破产，工业文明建不起来，那是多么危险的事啊！但是把通行的小学常识与初中自然教科书拿来审查一番，您立刻发现它们只是科学的识字书，只是科学的论文书。这些书使您觉得读到胡子白也不能叫您得着丝毫驾驭自然的力量。这些教科书不教您在利用自然上认识自然。它们不教您试验，不教您创造。它们只能把您造成一个自然科学的书呆子。国民党以党义治国；党义，从国民党的观点来看，又是何等重大的一门功课呀！固然，党军既到南京之后，没有一家书店不赶着编辑党义教科书。党政府看了这些教科书也以为教育从此可以党化，小孩子个个都可以成为"三民主义"的信徒了。但是把这些书仔细看一看，不由您又要惊讶了，您立刻发现它们只是党义识字书，只是党义论文书。它们教您识民权的字，不教您拿民权；教您读民主的书，不教您干民主的事。在这些书里您又可以看出编辑人引您开倒车，开到义和团时代以前。他们不教小朋友在家里、校里、村里、市里去干一点小建设、小生产以立建国之基础，却教小孩子去治国平天下，这不是像从前蒙童馆里的冬烘先生拿《大学》、《中庸》把小朋友当小鸭子硬填吗？照这样干法，我可以断定，小孩子决不会成为三民主义有力量的信徒，至多，他们可以成为三民主义的书呆子。

中国的教科书虽然以文字做中心，但是所用的文字不是第一流的文字。山德孙先生在昂多学校里就不用教科书。他批评英国的教科书为最坏的书。中国初中以下的教科书不比英国的好。我读了中国出版的教科书之后，我的感想和山德孙先生差不多。我不能恭维中国初中以下的教科书是小孩子值得读的书。在我的《中国自然科学教科书之解剖》一篇论文中，我将毫不避讳地罗列各家教科书之病菌，放在显微镜下，请大家自己去看。我现在只想举一个普通的例子来做个证明。诸位读了下面三节教科书作何感想？

甲家书馆	乙家书馆	丙家书馆
大狗叫，	小小猫，	小小猫，
小狗跳。	快快跑。	小小猫，
叫一叫，	小小猫，	快快跑，
跳两跳。	快快跑。	快快跑。

若不是因为每个小学生必得有一本教科书，每本教科书必得有书馆编好由教育部审定，谁愿意买这种有字有音而没有意义的东西呀？请诸位再看刘姥姥赴贾母宴会在席上低着头引得大家哄堂大笑的几句：

老刘，老刘，

食量大如牛，

吃个老母猪，

不抬头。

这样现成的好文学在以文字为中心的教科书中竟找不着一个地位，而"大狗叫，小狗跳"的无意义的文字，居然几百万部的推销出去。所以中国教科书虽以文字为中心，却没有把最好的文字收进去。这是编书人之过，不是文字中心之过。

中国的教科书，不但用不好的文字做中心，并且用零碎的文字做中心，每课教几个字，传授一点零碎的知识。学生读了一课，便以为完了，再也没有进一步追求之引导。我们读《水浒》、《红楼梦》、《鲁滨孙漂流记》一类小说的时候，读了第一节便想读第二节，甚至于从早晨读到夜晚，从夜晚读到天亮，要把它一口气读完了才觉得痛快。中国的教科书是以零碎的文字做中心，没有这种力量。有人说，中国文人是蛀书虫。可是教科书连培养蛀书虫的力量也没有。蛀书虫为什么蛀书？因为书中有好吃的东西，使它吃了又要吃。吃教科书如同吃蜡，吃了一回，再不想吃第二回，连蛀书虫也养不成！可是，这也是编书人不会运用文字之过，不是文字中心之过。

文字中心之过在以文字当教育，以为文字之外别无教育。以文字做中心之教科书，实便于先生讲解，学生静听。于是讲书、听书、读书便等于正式教育而占领了几乎全部之时间。它使人坐而言，不使人起而行。教育好比是蔬菜，文字好比是纤维，生活好比是各种维他命（Vitamin）。以文字为中心而忽略生活的教科书，好比是有纤维而无维他命之菜蔬，吃了不能滋养体力。中国的教科书，是没有维他命的书。它是上海上等白米，吃了叫人害脚气病，寸步难行。它是中国小孩子的手铐，害得他们双手无能。它是死的、假的、静止的；它没有生命的力量。它是创造、建设、生产的最大的障碍物。它叫中国站在那儿望着农业文明破产而跳不到工业文明的对岸去。请看中国火车行了几十年而第一个火车头今年才造起来，这是中国科学八股无能之铁证！而这位制造中国第一个火车头之工程师，十分之九没有吃过上海白米式的科学教科书。或者也吃过。后来又吃了些糠秕，才把脚气病医好，造了这部特别难产的火车头。以文字做中心的教科书，在二十世纪里是产生不出力量，最多，如果用好的文字好好地编，也不过能够产生一些小小书呆子，小小蛀书虫。

假使再来一个秦始皇，把一切的教科书烧掉，世界上会失去什么？

大书呆子没有书教，小书呆子没有书读，书呆头儿出个条子："本校找不到教科书，暂时停课。"

于是，有的出去飘洋游历，也许会成达尔文；有的在火车上去卖报做化学实验，也许会成爱迪生；有的带着小朋友们上山游玩，也许会成柯斯兹；有的回去放牛、砍柴、捞鱼、种田、缫丝，多赚几口饭儿吃。少几个吃饭不做事的书呆子，多几个生产者、建设者、创造者、发明者，大概是这位秦始皇第二的贡献吧。

生活教育与教学做合一之总要求我们要活的书，不要死的书；要真的书，不

陶行知 教育名篇

要假的书；要动的书，不要静的书；要用的书，不要读的书。总体来说，我们要以生活为中心的教学做指导，不要以文字为中心的教科书。我要声明在先，我并不拘泥于文字之改变。倘使真的拿生活为中心使文字退到工具的地位，从死的、假的、静的、读的，一变而为活的、真的、动的、用的，那么就称它为教科书，我也不反对；倘使名字改为生活用书或教学做指导，还是以文字为中心，便利先生讲解，学生静听，而不引人去做，我也不能赞成。但是，如果能够做到名实相符，那就格外的好了。

生活用书或教学做指导，是怎样编法呢？最先须将一个现代社会的生活或该有力量，一样一样地列举，归类组成一个整个的生活系统，即组成一个用书系统。例如：

要培养的生活力	要用的书
一、防备霍乱	一、防备霍乱指导
二、防备伤寒	二、防备伤寒指导
三、防备天花	三、防备天花指导
四、防备感冒	四、防备感冒指导
五、防备肺痨	五、防备肺痨指导
六、防备梅毒	六、防备梅毒指导
七、打篮球	七、打篮球指导
八、踢球	八、踢球指导
九、选择食物	九、选择食物指导
一〇、选择衣料	一〇、选择衣料指导
一一、种菜	一一、种菜指导
一二、种麦	一二、种麦指导
一三、种树	一三、种树指导
一四、养蚕	一四、养蚕指导
一五、养鸡	一五、养鸡指导
一六、养鱼	一六、养鱼指导
一七、养鸟	一七、养鸟指导
一八、纺纱	一八、纺纱指导
一九、织布	一九、织布指导
二〇、扫地	二〇、扫地指导
二一、调换新鲜空气	二一、调换新鲜空气指导

陶行知

教育名篇

五四、唱歌	五四、唱歌指导
五五、画水彩画	五五、画水彩画指导
五六、画油画	五六、画油画指导
五七、写诗文	五七、写诗文指导
五八、雕刻	五八、雕刻指导
五九、弹琴	五九、弹琴指导
六〇、说话	六〇、说话指导
六一、恋爱	六一、恋爱指导
六二、治家	六二、治家指导
六三、生育	六三、生育指导
六四、限制教育	六四、限制教育指导
六五、团体自治	六五、团体自治指导
六六、掌民权	六六、掌民权指导
六七、师生创校	六七、师生创校指导
六八、创造富的社会	六八、创造富的社会指导
六九、人类互助	六九、人类互助指导
七〇、创造五生世界①	七〇、创造五生世界指导

以上七十种生活力和教学做指导，不过是我个人随手所举的例子。把它们归起类来（一）至（一〇）属于康健生活；（一一）至（二〇）属于劳动生活；（二一）至（五〇）属于科学生活；（五一）至（六〇）属于艺术生活；（六一）至（七〇）属于社会改造生活。我想这些例子不过是全部生活力之少数，内中之概括的还应该细分，如养鱼便可分为养金鱼，养青鱼，制造相生水族池等等，统统算起来重要的总在三千种以上。我们姑且可以普通地说，我们有三千种生活力要培养，即有三千种教学做指导要编辑。这些生活力，有些是很小的小孩子便应当有，有些是很成熟的人才可以得；有些是学了就可以变换，有些是要继续不断地干；有些是一人能做，有些非多人合作不办，有些是现代人共同所需，有些是各有所好，听人选择。专家依性质、学力把它们一一编起来，并编一些建在具体经验上面融会贯通的理论，便造成整个的用书的系统，帮助着实现那丰富的现代生活。我们还要随着学术进步，继续修改扩充，使用书继长增高的进步，帮助着生活继长增高地向前向上进。

---

① 五生世界：即少生、好生、贵生、厚生、共生之世界。（作者注）

照这样看来，教学做合一的理论不是不要书；它要用的书的数目之大，比现在的教科书要多得多。它只是不要纯粹以文字来做中心的教科书，因为这些书是木头刀切不下菜来。过什么生活用什么书。做什么事用什么书。不用书，或用书而用得不够，用得不当，都非教学做合一的理论所允许的。

教学做指导编得对不对，好不好，可以下列三种标准判断它。

（一）看它有没有引导人动作的力量，看它有没有引导人干了一个动作又要干一个动作的力量。中国人的手中了旧文化的毒已经瘫了，看它能否给他打一针，使一双废手变成一双开天辟地的手。我们要看它能否把双料少爷的长指甲剪掉，能否把双料小姐的手镯戒指脱掉，能否把活活泼泼的小孩们的传统的几十斤重的手铐卸掉，使八万万只无能的手都变成万能的手。

（二）看它有没有引导人思想的力量，看它有没有引导人想了又想的力量。中国文人的头脑做了几千年的字纸篓；中国农人女人的头脑做了几千年的真空管。我们现在要请大家的头脑出来做双手的司令官，我们要头脑出来监工。我们不但是要做，并且要做得好。如何可以做得好，做得比昨天好，这是头脑的天职。我们遇了一本书便要问它是否给人的头脑全权指导一切要做的事。

（三）看它有没有引导人产生新价值的力量，看它有没有引导人产生新益求新的新价值的力量。我在《乡村教师》上曾经写过十几首诗，描写一位乡村教师的生活，内中有一首是：

人生两个宝，
双手与大脑。
宁做鲁滨孙，
单刀辟荒岛。

中国教育之通病是教用脑的人不用手，不教用手的人用脑，所以一无所能。中国教育革命的对策是使手脑联盟，结果是手与脑的力量都可以大到不可思议。手脑联盟，则污秽的垃圾可以用来点灯烧饭，窒人的氮气可以用来做养人的肥田粉，煤黑油里可以取出几十种的颜料，一粒种子可以长成几百粒谷，无饭大家饿的穷国可以变成有饭大家吃的富社会。只要头脑子命令双手拿起锄头、锯子、玻璃管、电动机去生产、建设、试验、创造，自然是别有天地了。

生活用书的体裁内容也不可一律，大致说起来，我有下列的建议：

（一）做的目标。

（二）做的材料。

（三）做的方法。

（四）做的工具。

（五）做的理论。

（六）从做这事引导人想到做那事。

（七）如做的事与时令有关便要有做的时令。

（八）如做的事与经济有关便要有做的预算。

（九）如做的事须有途径之指示便要有做的图。

（十）如做的事须多人合作便要有做的人的组织。

（十一）如做的事须多方参考便要有做的参考书籍。

（十二）如做的事与别的事有多方的关系便要有做的种种关系上的说明。

（十三）在做上学的人可引导他记载做的过程，做的结果，做上发生的问题与心得。

（十四）在做上教的人可引导他指示进行考核成绩。

这十四条不是像从前五段教授样要人家刻印板的遵守的。如果您能把它们一齐打破，天衣无缝地写成一本可用的书也未为不可，或者竟是更为可贵。《鲁滨孙飘流记》是一部小说，也是一部探险与开创的教学做指导。歌德失恋，写《少年维特之烦恼》，创造一个维特去替死，那么歌德的恋爱史与《少年维特之烦恼》，当作一部恋爱指导用书也很合宜。同样《水浒》是一部打抱不平之指导。自然科学教学做指导，能写到法布尔的几部顶好著作那样好，减少一些闲话增加一点小孩子自己做的机会也就很好了。最要紧的是著书人独出心裁，若求一律，反而呆板了。

初进学校的学生，要他自用教学做指导，当然是不可能。但是他虽然认不得字，话语听得懂，先生不能教他吗？年长的同学不能助他吗？初年级的学生，多数的生活力不能从文字上去取得。若受文字的限制，生活便枯燥无味。故初年级的教学做指导，除说话（即国语）一门外，都可编为先生用书，先生在做上教时所用的书，那么，这个困难便没有了。即就说话一门说，也不必太拘于生字之多少。只要是小孩子爱说的话，便多几个字也不要紧。若是头一课只限于四五个字，编不成好听的话，那么，比十几个字还难认。认字与写字也不必同时兼顾，若认的字一定要写，那么，又只好限于几个字，而流于枯燥了。

我想要使这个用书的计划实现，必须有下列六种条件：

（一）各门专家中须有几位去接近小孩子，或竟毅然去当几年中小学教员，一面实验，一面编辑几部教学做指导。

（二）现在接近小孩子的中小学教师，须有许多位，各人开始研究一门科学，待研究有得，可以编辑几部教学做指导。

（三）现在教科书的编辑者有志编辑生活用书，如缺少某种准备、专科学术或儿童经验，亦宜设法补足，然后动手编辑。

（四）现在商务印书馆、中华书局、世界书局每年大部分收入是从小朋友那里来的，应该多下点本钱，搜罗各国儿童、成人用书（不是教科书）和工具，聘请上列三种人才，为小朋友多编几部可用的好书。

（五）教育行政当局，从中央以下直到校长，该给教员们以试验，或选择书本之自由。现在行政方面之趋势是太一律，太呆板，若不改弦更张，实无创造之可能。

（六）全民族对于中国现代的无能的教育，该有觉悟，对于教学做合一之理论，该使之普遍实现，若再因循苟且，则可以救国之教育，将变成亡国之催命符。到了那时，虽悔也来不及了。如果大家从此下一个决心，在头脑指挥之下，把双手从长袖里伸出来，左手拿着科学，右手开着机器生产、建设、创造，必定能开辟出一个新天地来。荣枯、安危、存亡之故，只在念头之一转和双手之一动，用不着到远处去求啊！

陶行知
教育名篇

注重养生而不杀生

——致郑先文

先文吾弟：

　　前天路上遇着秉农山先生，便约他到一位朋友家中谈了一点多钟。我将小学生物学注重养生而不杀生的意见请他指教。他对于我们的主张十分赞同。他说达尔文晚年屡次上书政府，请求保护生物。英国现在生物研究所要捉一只虾蟆，也要有护照才行。农山先生自己的孩子，有一次弄了一只乌龟在家里玩，他怕这乌龟的老命要送在孩子手里，便乘孩子出去的时候，把乌龟放到塘里去。科学社的生物学助手，讨白老鼠到家里给人家玩，总是被他拒绝。他甚至于主张未来的科学要发展人造肉，绝对禁止杀生。我们在这一点上完全同意。

　　从前晓庄小学特别注重生物学，这是大家知道的，但是有几步路是走错了。我这里举一个例子和大家谈谈，以免再蹈覆辙。一次，小学生捉了一串一串挂珠似的虾蟆子，我想，总有几千粒。老师们教学生养在一个六尺长，三尺宽，一尺深的铁池里（这白铁池是我定做来煮铺板灭臭虫的，大规模的肃清臭虫还以这法子为最有效。臭虫、蚊子、苍蝇在没有停止侵略以前，不能以我们的养生主义做护身符）。过不了几天，池中便是一片漆黑，是虾蟆子都变成蝌蚪，人山人海在池里乱冲着。大家看了都以为好玩。我独觉到那些蝌蚪是在尝着中国的滋味，他们是有人满之患，找不着出路。但是我那时科学兴趣没有现在浓厚，又忙得很，不能及时为这些小虫找条生路。果然，他们是大难临头。一天，我看到池里是空空如也，问老师们蝌蚪都到哪里去了？他们告诉我是自己死了，死得精光，一个活的也没有，所以摔掉了。作孽罢！我现在回想到这回事，他在我脑筋中的印象是留得太深刻了。假使中国教育已经普及，而所普及的是我们当时的那种教育，怕不要多年，虾蟆是要绝种了。这件事从此便成了我考虑儿童生物学的出发点。假使我是一位小学教师，带着小朋友在大自然里观察，看见塘里有一串虾蟆子，我一定教小朋友留心观察。宇宙是我们的学校，这个池塘里便是我们的虾蟆池。我们要看虾蟆子变蝌蚪，蝌蚪变虾蟆，虾蟆又生子，就时常到那里来观察好了。从远的池塘移到近的池塘来未为不可，但是要如抱着我们自己初生的孩子一样小心，决不能把整串的虾蟆子捉到课堂里来养。如果要在课堂里或试验室里养几粒，那必定是以养几粒为限。这几粒的生长条件，必定为他们准备齐全，可以使他们由子长到蝌蚪，由蝌蚪长到虾蟆，一代一代的传下去。我们有什么权利可以牺牲虾蟆的生命来给我们玩把戏？你们觉得这些意见如何？

　　祝你们

康健！

陶知行
一九三二年四月十一日

陶行知
教育名篇

儿童科学教育[①]

　　在二十世纪科学昌明的时代，应当有一个科学的中国。然而科学的中国，谁来负起造就的责任？就是一班小学教师。造成科学的中国，责任大得很啦。小学教师们一定要说："我们负不起这种重大的责任。"别怕。我想，造成科学的中国，也只有小学教师可以负责。因为要建设科学的中国，第一步是要使得中国人个个都知道科学，要使个个人对于科学上发生兴趣。年龄稍大的成人们，对于科学引不起他们的兴趣来。只有在小孩子身上，施以一种科学教育，培养他们科学的兴趣，发展他们科学上的天才。只要在孩子们中培养出像爱迪生那样的几个科学杰出人才，便不难使中国立刻科学化。所以我说要造成科学的中国，责任是在小学教师，但是谈到科学教育，在施行上大家都觉有些难色，因为科学是一种很高深很精微的学问，小学教师的本身，对于科学尚未登堂入室，而要负起科学教育的责任，谈何容易。殊不知科学并不是很难的东西，高深的科学，固然很难研究，但是浅显的科学，我们日常玩着的，人人都会做。我们用科学的教育训练小孩子，譬如教小孩子爬树。你教人爬树，如果从小教起，到了长大，便会爬到树顶。如果教成年人爬树，势必爬到皮破血流，非特爬不到顶，并且于他的手足伤害甚多。所以我们必先造就了科学的小孩子，方才有科学的中国。

　　造成科学的小孩子，向来教师是不注意的。检查过去的事实，父亲母亲倒或有一些帮助。如今我要讲两个故事，一是讲述一个造就科学小孩子的父亲，一是讲述一个造就科学小孩子的母亲。我们不是大家都知道一位大科学家富兰克林（Franklin）吗？富氏是证明天空的电，和我们人工摩擦出来的电是一样的东西。天空的电，可以打死人，富氏于是制成避电针。他是在科学上一位很有贡献的学

　　[①]　本篇系陶行知 1932 年 5 月 13 日在杭州师范学校的演讲记录。演讲后，陶行知当即要他的次子陶晓光等分四桌现场演示科学实验。原载于杭州师范学校编《师范教育学术讲座讲演集》（第一辑），1932 年 6 月 20 日版。

者。他的父亲是做肥皂和洋烛的，他自己能教小孩子。富氏入校读书不久，便去学手艺。他的父亲任凭他东去看看，西去做做，随意的、自由的去工作，去参观。他愿意做什么，便让他做什么，所以使他对于工厂中的化学和工作很有兴趣。富氏自传中谈起他四十岁然后从事于科学，然而富氏对于科学的兴趣，在很小时候，东看西玩的已经培养成了，这是他父亲的功绩。所以小学教师也须得率领儿童时常到工厂、农场和其他相当的地方去玩玩。

去世不久的爱迪生氏，举世都承认他是一位大科学家。他关于电气上的发明，数目真可惊人。他有一个很好的母亲。他不过进了三个月的学校。在校时，校中的教师，都当他是一个十分顽劣的小孩，所以入校三个月，便把他开除了。爱迪生从此以后也再没有进过学校。他的母亲知道自己的小孩子并非坏东西，反怪校中教师只会教历史、地理，不能适合自己孩子的需要。因为那个时候的爱迪生，十分爱玩科学的把戏，在学校的时候，也只爱玩这一套而不留心学业，所以遭受教师的厌恶。西洋人的家里，都有一个贮藏杂物的地窖，爱迪生即在他家中的地窖里玩他科学的把戏。他在地窖中藏着许多玻璃瓶，瓶里都是藏着化学品，有的药品而且是毒性猛烈的。爱迪生的母亲，起初亦不愿孩子玩那些毒药，要想加以制止，但是不可能，于是也任他去玩了。玩化学上的把戏，须要用钱买药品，爱氏在替他母亲出外买东西时，必定要揩一些油，藏几个钱来，去买药品。后来他做了报贩，在火车上卖报，他卖报赚下来的钱，大部分是去买化学药品的。他并且在火车上堆货包的车棚里，贮藏他的玩意儿，报纸卖完，便躲在车棚里玩他的把戏。有一回，车棚坏了，把他化学的瓶子打破，于是烈火熊熊，把破坏的车棚烧了起来。车上的警士跑来一看，知道是爱迪生出的岔子，于是猛力的向爱氏一个耳刮，把爱氏的耳朵打聋了。后来据他自己说，耳朵聋了以后，反而使他专心科学。

我希望中国的父亲，都学做富兰克林的父亲；中国的母亲，都学做爱迪生的母亲。任凭自己的小孩子去玩把戏，或许在其中可以走出一个爱迪生来。我更希望中国的男教师学做富兰克林的父亲，女教师学做爱迪生的母亲。所以说出这两个故事，作为我提倡科学教育的楔子。

再说我们提倡科学教育该怎样的来干呢？我们的教育向来有许多错误，小时读书便成了小书呆子，做教师时便成了大书呆子。因此我们中国没有什么科学，没有什么爱迪生的产生。不但是中等教育完全是洋八股，就是小学也成了小书呆子的制造场。我们提倡科学，就是要提倡玩把戏，提倡玩科学的把戏。科学的小孩子是从玩科学的把戏中产生出来的。我们要小孩子玩科学的把戏，先要自己将

陶行知 教育名篇

把戏玩给他看。任小孩子自由地去玩，不能加以禁止，不能说玩把戏的孩子是坏蛋。

西晋时，江苏宜兴有一位叫周处的，他有些无赖的行为。当时宜兴的父老，称说地方有三害，一是南山猛虎，一是长桥蛟龙，一就是指周处。周处听到了这话，他便杀了猛虎，刺死蛟龙，自己亦改过自新，替地方上除掉三害。我们从事教育的人，也要学做周处，须得自己悔悟，改过自新，再不要教成书呆的小孩子，而要造就科学的小孩子。然则取怎样的态度呢？我可以略为申述我的意见：

（1）每个教师都变成小孩子，加入小孩子队里玩把戏。所谓把戏，并不是上海"大世界"游艺场所玩的把戏，像教师这样的尊严，说加入孩子队中玩把戏，似乎不妥当。然而科学把戏，和别的把戏不同。把戏上面加着科学二字，冠冕得多。教师应当和小孩子一起玩，而且应当引导小孩子一同玩。大世界的把戏是秘密的，科学的把戏是公开的。知道的就告诉学生，能做的就做给学生看，总须热忱的去干。

（2）我们对于科学的把戏，既是愿意和小孩子一起玩了，但是没有玩的本领那怎么办呢？不要紧，有法儿可想，我们可以找教师，请他教去。我以前曾经写了一首白话诗，诗的第一句说："宇宙为学校。"此话怎讲？就是想把我们的学校除墙去壁，拆掉藩篱，把学校和社会、和自然联合一起。这样一来，学校的范围广而且大。第二句："自然是吾师。"大自然便是我们的先生。第三、第四句说："众生皆同学，书呆不在兹。"这样一来，我们研究切磋的同学很多，学问也因此很广，先生亦复不少。怎样把我们书呆的壳子脱掉？在我个人，中了书呆子的毒很深，要返老还童的再去学习，固然困难，然而我极力还想剥去书呆的一层壳。如今我报告我的几桩经过的事情。有一回，我买了一只表送我的母亲，这表忽然坏了，便送到修钟表匠那里去修理。修表的人说："要一元六角修费。"我说："可以，不过我有一个条件，在拆开的时候，我要带领我的小孩子来看你拆。"他于是答应了。修钟表匠约定在明天下午一时。到了那个时候，我带领了四五个人同去，看他修理，看他装。完结的时候，我向修钟表匠说，你们的工具和药水是到什么地方去买的？他以为我们也去开什么修理钟表店，未免抢了他的生意经，所以秘而不宣，随随便便回答我们说是外国来的。我想物件当然是外国来，但是中国店家，当然也有卖处。上海的钟表店，最大的有"亨达利"。我且到亨达利去问声，究竟有否出卖。谁知亨达利的楼上，多是卖修钟表器械和药水的场所，我便买了几样回来。当晚就到小押当里面去买到了一只表，花钱七角。拿回动手开拆，拆时不费多久，一下便拆开了，但是装可装不上去。直到晚上十二点钟，方才成功。于是大家欢天喜地，不亦乐乎。第二、第三天，大家学着做修表拆表的工作，学不多时，好而且快。有一位董先生，他是擅长绘画的，于是叫他拆一部画一部，经此一番工作，而装钟拆钟，全部告成。我们在这一桩事实中，可以说，社会各处都可求获一种技能。钟表店是我们的教室，钟表匠是我们的教师，一元六角便是我们所纳的学费；而我们同去学的儿子、父亲、朋友，都成了同学。回家学习，学习会的，便算对于这一课已经及格。在同道中间，只有我尚不及格，因为我小时手没有训练，书吃得太多，书呆程度太深了。如果我小时候的先生，他用这种方法教我，我不致如此啊！但是我们自己只要肯干，我们的先生很多，不要自己顾虑的。

我如今再举一个例子。南京的晓庄学校，自从停顿以后，校具都没有了。如今晓庄又开学了，几个小学校都已恢复，幼稚园的儿童已有八十多人。我写封信对主办的人说："你们此刻的工作对象，譬如一张白纸，白纸可以随意作画。我希望你们不要乱画。第一笔切须谨慎。"从前孔夫子的讲学，讲堂里没有凳子及桌子；苏格拉底率领弟子在树下讲学，把树根当作椅子。我说这两位先生，有些书呆气，既然没有椅子坐，为什么不自己制作起来呢？如今晓庄学校没有凳子，我们可以请一个木匠来做太先生，教教师和小孩子做凳，而且给以相当的工钱。做一工，或做一张椅子，便给他多少钱。这种工作十二三岁的小孩很会做。所以自己不会教，可以请太先生。有一天我在上海，走过静安寺路，看见一个女人，手提一花络，上面插着许多棕树叶做的好玩东西。这种东西，在小孩子眼光中看来，着实比洋囡囡好看。于是我便把她请到家里，做我们的教师，教了两小时，结果给我都学会了。做几下虾儿，几只蚱蜢，真是孩子们的好玩意儿。这样看来，七十二行，行行都可做我们的教师。

自己愿意学了，先生有了，但是学校没有钱便怎样办呢？原来大家误会得很，以为施行科学的教育，一定要大大的花一笔钱；不知有些科学不十分花钱，有些科学简直一钱都不要花。我们在无钱的时候，可以做些无钱的科学，玩些不花钱的科学把戏。譬如教小孩子看天文，教小孩子看星宿。天文是一种科学，这种科学，你如果说要花钱，便千百万块钱也可花，因为造一个天文台，置些天文镜及其他仪器，那么百万千万块钱，用去也不嫌其多。说要不花钱的话，我们也可以研究天文，推求时刻和节气。我们两只眼睛，便是一对天文镜；用两根棒，便可做窥视星宿的器具。从前小孩子问他的老师说："先生，这是什么星？"老师只摇着头说道："不知。"如今教师懂得一些科学，知道一些天文，将天空的星宿指点给小孩子看，小孩子一定兴趣浓郁。所以教科学，有钱便做有钱的布置，无钱便做无钱的事业。还有我们可以利用现成的东西，玩我们科学的把戏，譬如一只杯子、一个面盆、一根玻璃管、一张白纸，可以玩二十套科学把戏。其他校中所有的仪器，可以充分利用，火柴废纸都可做玩科学把戏的工具。我们没有玻璃管，便可用芦柴管通个孔来替代。内地如果买不到软木塞，可以用湿棉花来做瓶塞，破布烂纸，都可利用。从不花钱的地方干去，这是很有兴趣的。如果推而广之，学校之外，也可给你去干，那是兴趣更浓了。所以我们没有钱，便拣着没有钱的先干。

我如今再可以举一个例子。上海有一个外国人，他专门研究上海所有的鸟，共历五年之久，如今他著成一本书，就署称《上海的鸟》。此书价格要四块美金。另有一外国人，研究中国南部的鸟，也著了一部书，买起来要花十二三元中国钱。居住在上海的中国人，以为上海人烟稠密，哪里有什么鸟。这是他们不留心研究的缘故。据这位外国人的研究，认为上海有四十九种鸟。我们别说上海了，就是内地的乡村，以为除了雀儿、燕子、老鹰、喜鹊四五种鸟之外，没有其他的鸟。这种见地狭窄得很。如果以宇宙为学校，则我们不必在教室中求知识，四处都可以找知识，四处都有相当的材料。要研究鸟类，真不必到什么博物院、动物园中去观察，随时随地都可研究。这位外国先生，他研究鸟的方法，就是在住宅旁边多种些树，树一长大，许多鸟儿便自己送来给他观察。到了冬天，他在树上筑几个窠，留鸟儿们来住宿，庭园里撒些谷类，留过往的鸟类吃点心。夏天置几个水盆，供给鸟儿洗澡。这些研究法，不必花钱，而所得者，都是很真切的知识。

惟在研究科学教育时，有一点要注意，要预防。小学中的教师，捉到一只蝶儿、蚱蜢，便用针一根，活活的钉在一块板上，把它处死，说是做标本。这我以为不对，因为我们观察生物，是要观察活的生物，要观察生物的自然活动。如今将活的生物剥制成死的标本，致将生物学成了死物学，生物陈列所变成僵尸陈列所。我近来曾写信和研究生物学的朋友讨论及此。我以为生物不应当把它处死做标本，只可待它死了以后，再用防腐剂保护它，看作朋友死亡了，保存遗躯留个纪念。把活的东西弄死，太嫌残忍，增长儿童残酷的心理，这是不行的。这种意见，我常与研究生物的朋友讨论，他们都说对，他们和我讨论的时候态度很诚恳，想不至于奚落我罢！上海科学社中养有白鼠，工人要拿几只回去，我不许，恐怕他拿了回去要弄死。我们教小孩子能仁慈，知道爱惜生物，这点是很紧要。达尔文研究生物学，他也不轻易杀害生物。中国老年人多爱惜生物，放生戒杀，虽近迷信，也是仁者胸怀。中国的蛙，向来由政府禁止捕捉的，但是在英国，别说普通人的捕捉，便是生物实验室中想要解剖一只蛙，也要向政府去纳护照。这是很正当的。所以我们要教小孩子养生，不当教小孩子杀生。生物学是一种有兴味的科学，研究起来，也要有许多材料，但是少杀生是要注意的。

　　我还可以申述我得到的感触。我们知道蛙是从蝌蚪变成的，蝌蚪是粒状，像灵隐的念佛珠般大小。有一天，一个孩子从河边，淘到一群蝌蚪，移殖到天井中的一个小小池潭里，过了几天，蝌蚪生尾了，再过几天，蝌蚪生足了，小孩子观察得很快活。再过几天，蝌蚪挤得一片墨黑。但是不久，一个都没有了，这并不是成了蛙跳走了的，原来都死光了。这是因为蝌蚪长大了，还是蹲在小潭里，生活条件不适合，所以非死不可。如果我们抱着宇宙即学校的观念，那么野外的池塘，便是我们蛙的实验所，我们要看蝌蚪的变化，我们就时常到那个池塘里去看，为什么要把蝌蚪捉到家中来呢？我们任凭生物在大自然安居乐业，过它们的生活。要观察便率领小孩到自然界去观察。我们须把我们学校的范围扩展，海阔天空便是一个整个的学校。这样一来，所观察的也就比较正确可靠，生物学也不致成为死物学。不然，要讲蛙时，便捞取许多蝌蚪，养育在学校中所备的缸或瓶里，结果死得精光。我希望这样的科学教育不能提倡，否则科学教育提倡得愈厉害，杀死的生物愈多，恐怕蝌蚪死尽，中国的蛙便绝迹了。

　　所以提倡科学教育，有一点很要注意。欧洲大战，人家都说是科学教育的结果。科学教育之提倡，徒使人类互相残杀。中国无科学，真是中国的长处。这是不信任科学、怀疑科学那一部分人的话。还有一部分人迷信科学，自己终日埋头的研究科学，然而忘了人类，所以拼命在科学上创造些杀人的利器。这实在错误之极。我们须知科学是一种工具，犹如一柄锋利的刀，刀可杀人，也可切菜；我们不能因为刀可杀人废弃不用，也不能专用刀去杀人，须要用刀来作切菜之用，做其有益人类的工作。科学是要谋大众幸福，解除大众苦痛。我们教小孩子科学，不要叫小孩子做少数富人的奴隶，要做大众的天使。不是徒供少数人的利用和享受，当使社会普遍的民众多受其实惠。应当用科学养生，不当用科学来杀生。这是提倡科学教育最紧要的一点。

陶行知 教育名篇

》 国难与教育[①]

我们知道，教育的目的，在于解决问题，所以不能解决问题的，不是真教育。不能解决国难问题的，尤其不是真教育。我们一定有了真教育，才能对付国难。教育是什么？教育就是力的表现，力的变化。实则整个宇宙，也就是一个力的表现，力的变化的过程。我们现在要解除困难，先要有力量，因为我们力量不充分，所以才不能对付国难。因此，我们要对付国难，就须以教育为手段，使我们的力量起了变化，把不能对付国难的力量，变成能够对付国难的力量，这才能达到目的。

力量发生了变化，其大小之比较，可分别如下：就是少数人的力，比不上多数人的力；空谈的力，比不上行动的力；散漫的力，比不上组织的力；被动的力，比不上自动的力；头脑的力，比不上手脑并用的力。

我国的传统教育和现行的教育，只能造成少数人的力，空谈的力，散漫的力，被动的力，头脑的力。我们从此要改造教育，使教育普及于大众；使受教育者都能实践力行，从行动上去求得真知识；并使大众组织起来，自动去做他们的事；而仅用脑的知识分子，要使他们变成兼用手的工人，仅用手的工人、农人等都变成兼用脑的知识分子。这才能把少数人的力，变成多数人的力；空谈的力，变成行动的力；散漫的力，变成组织的力；被动的力，变成自动的力；仅用脑和仅用手的力，变成脑手并用的力；于是我们就可以造成极伟大的民族力量，来解除一切国难。

---

① 本篇是 1932 年 8 月 30 日陶行知在上海沪江大学的演讲纪要。本文原载于《南华评论》，转引自孙铭勋、戴自俺编《晓庄批判》，1933 年 3 月上海儿童书局版。

从教育上谋国难的出路

——手脑并用[①]

教育是解决问题的，如教育而不能解决问题，那就不算教育。那么教育究竟是什么呢？简单一句话，教育就是力的表现或变化。世界是力创造的，所以解决困难也必须拿力来才行。用力有以下几个定律：

1. 小的力敌不住大的力——以往传统的教育，因为专在少数人身上施行培养的功夫，所以产生不出力量。

2. 散漫的敌不过有组织的力量——散漫完全是由封建教育造成的，不过谈到组织要小心，切勿走上乡绅之路。所以第一要紧的，是直接认识自食其力的真农人，惟有如此才能使组织生出力量。

真农人真工人和假农人假工人的区分，可以从下面的两个人看得出。

陶侃[②]每天把砖由屋内搬出，然后再搬进去。他虽在工作，却不是真工人，因为他不靠做工吃饭，乃靠做官吃饭。

《儒林外史》上的王冕是真农人，因为他虽读书，却不靠读书吃饭。

3. 行动强于空谈——谈后继以行动，那就不算空谈。书本上得不到什么力量，惟有从行动上得来的真知识，才是真的力量。

王阳明的话我可以把他翻半个——180度的筋斗，意思就是把他的话来个倒栽葱。他说"知是行之始，行是知之成"，我的倒转法就是"行是知之始，知是行之成"。爱迪生是由试验才把电灯发明成功。婴儿明白火烫手，也是从实际经验得来。所以教育应培养行动，应当培养知识。

4. 被动敌不过自动——中国现在的教育完全是被动的，所以产生一种坏的现象，就是有的说而不动，有的简直不敢动。例如有人到乡间去开学办医院，这是替他们做事，所以不会生出力量。这好比小宝宝，由老祖母得到的抚摸一样。所

---

① 本篇原载于 1932 年 9 月 20 日《消息》。

② 陶侃（259—334）：东晋名臣，广州刺史，为人节俭尚劳。

陶行知 教育名篇

以最要改的，是深入民间与他们同工。例如你同十人同工，走后还有九人能继续下去，不然工作要停顿。所以惟有加入他们的队伍，才能把地狱变成合理的人间。

5.用头脑不及手脑并用的力量大——读书人只能想出许多解决困难的方法，但却生不出力量。

传统教育的矛盾，可由孔老先生来做总代表。他是地主，所以他说："君子谋道不谋食。"他骂劳农是小人，然而他却说"非小人莫养君子"，这是多么的无赖。他又是好吃懒做的人，所以一个农人对子路骂他是"四体不勤，五谷不分"。"割不正"① 一段话，很可代表他的好吃。"民可使由之不可使知之"，这是他所主张的教育。中国从这位老先生以来，可说完全造成了一个书呆子国家。

总之，人所以比禽兽厉害，就因为他有手，手能打仗，能生产，能建设，也能创造。所以如是大家想应付困难，就当竭力把知识分子变成工人，把工人变成知识分子。小孩要注意并指导他竭力运用手的活动。

一个母亲把弄坏一只表的小儿痛打一顿，这与小儿无关，倒把一个小的爱迪生打死了。

歌：

第一歌

我是小工人，

我有双手万能。

我要造富的社会，

不造富的个人。

第二歌

我是小盘古，

我不怕吃苦。

我要开辟新天地，

看我手中双斧。

第三歌

人生两个宝，

双手与大脑。

---

① 割不正：语出《论语·乡党篇第十》。孔子对食物有一大套讲究，说"食不厌精，脍不厌细"，如食物不新鲜，颜色、气味、烹调不好，都不吃，并且"割不正，不食"，即肉切得不方正也不吃。

用脑不用手，
快要被打倒。
用手不用脑，
饭也吃不饱。
手脑都会用，
才算是开天辟地的大好佬。

所以四万万人，若都能用脑来指挥手，手来变化脑，那么组织起来，必能生惊人的力量，那时应付日本，一定不难。

陶行知 教育名篇

陶行知 教育名篇

创造的教育①

诸位同学：

我今天的讲题是《创造的教育》。

什么是创造的教育？先说明"创造"两个字的意义。我举两个例子来说吧。鲁滨孙漂流到荒岛上去，口渴了，白天他走到海边用手去捧水喝，到黑夜里就没有办法了。他偶尔在灶的旁边，看见经火烧过的泥土，硬得如石子一样。他想到软的土经火烧了，就成坚固且硬的东西，于是他把土做成三个瓶子，放入火中去烧，烧碎了一个，其余的两个可以满满的盛着水。于是他口渴的问题完全解决了。我们把这件事分析起来，可以发现三点：他把手捧水喝，到黑夜发生了困难，是他的行动；发现泥土经过火烧变成坚固且硬的东西，也是他的行动；把泥土塑成了瓶，希望同烧过的土一样坚固，是他的思想。结果，他瓶子盛水的计划成功了，是新价值的产生。由行动而发生思想，由思想产生新价值，这就是创造的过程。这个例子是"物质的创造"。再如《红楼梦》上刘姥姥游大观园，贾母请客，后来唤了二只船来，贾母同媳妇人等在前船先行，宝玉同姊妹们在后船后行。河内氽满着破残荷叶，宝玉的船划不快，追不上前船。宝玉心里非常忿怒，马上要铲光破荷叶。薛宝钗说："现在仆人们很忙碌，等他们空了，再叫他们铲除吧！"林黛玉说："我平生最不喜欢李义山的诗，只有一句还可以。"宝玉问她究竟是哪一句呢？黛玉说，"留得残荷听雨声"一句。宝玉一想，觉得破荷叶很有用处，就不再要铲荷叶了。这个例子中，船行到荷叶中去，是行动；破荷叶妨碍行船，是行动；林黛玉提出李义山的诗句，是思想；宝玉心中厌恶的破荷叶，一变而为可爱的天然乐器，是产生了新的价值。这种新观念的成立，是"心理的创造"。

---

① 本篇系陶行知在上海大夏大学的演讲，原载于 1933 年 3 月《教育建设》第 5 集。

　　我现在再讲行动，关于教育上的行动。中国现在的教育是关门来干的，只有思想，没行动的。教员们教死书，死教书，教书死；学生们读死书，死读书，读书死。所以那种教育是死的教育，不是行动的教育。我们知道王阳明先生是提倡"知行合一"说的，他说"知是行之始，行是知之成"。他的意思是先要脑袋里装满了学问，方才可以行动。所以大家都认为学校是求知的地方，社会是行动的地方，好像学校与社会是漠不相关的，以致造成一班只知而不行的书呆子。所以阳明先生的二句话，很可以代表中国数千年的传统教育的思想。现在我要把他的话翻半个筋斗。如果翻一个筋斗，岂非仍是还原吗，所以叫他翻半个筋斗，就是说："行是知之始，知是行之成。"例如爱迪生发明电灯，不是从前的人告诉他的，是玩把戏而偶然发现的。小孩子不敢碰洋灯泡，是他弄火烫痛的经验；至于妈妈告诉他火是烫人的，不过使小孩格外清楚一些。所以要有知识，是要从行动中去求来，不行动而求到的知识，是靠不住的。有人告诉你这是白的，那是黑的，你不行动，就不能知道哪个是真，哪个是假。有行动的勇敢，才有真知识的收获。书本子的东西，不过告诉你别人得来的知识。有许多人著书，东抄西袭，这种抄袭成章的知识不是自己知识的贡献。你能行动，行动才生困难，想法解决了困难，才是真知识的获得。我现在介绍杜威先生思想的反省（Reflectria of Thinking）中的五个步骤：（一）感觉困难；（二）审查困难所在；（三）设法去解决；（四）择一去尝试；（五）屡试屡验，得出结论。我的意思，要在"感觉困难"上边添一步："行动"。因为惟其行动，到行不通的时候，方才觉得困难，困难而求解决，于是有新价值的产生。所以我说行动是老子，思想是儿子，创造是孙子。你要有孙子，非先有老子、儿子不可，这是一贯下来的。但是我们知道，单独的行动，也是不能创造的，如中国农夫耕种的方法，几千年来，间有小小的改良外，其余的都是墨守成规，毫无创造。还有许多书呆子，书尽管读得多，也不能创造。所以要创造，非你在用脑的时候，同时用手去实验；用手的时候，同时用脑去想不可。手和脑在一块儿干，是创造教育的开始；手脑双全，是创造教育的目的。孟子说："劳心者治人，劳力者治于人。"这是孟子当时的教育思想。时至今日，这种传统的思想已经起了一个极大的地震，渐渐地在那里崩溃了。我最近读了许多世界有名科学家的传记，觉得有发明的人，都是以头脑指挥他的行动，以行动的经验来充实他的头脑。中国的所谓学者，他们擅长的是高谈阔论，作空文章；而做劳工的人，又不读书，不肯用脑。所以一辈子在这种传统习俗下过生活，大科学家、大发明家哪里会产生？现在我们知道了，劳工教育啦，平民教育啦，都是时见时闻的。但是情势一变，"反动"、"嫌疑"等等名目都加上来，你就陷于四面碰壁的绝境。有许多教育界很有声望的、无阻无碍的人，他们又不愿去干，以致这种教育至今还尚在萌芽时代。

行动的教育，要从小的时候就干起。要解放小孩子的自由，让他做有意思的活动，开展他们的天才。至于我们这一辈，从小是受传统教育的熏陶，到现在觉悟起来，成为一个半路出家的和尚。和尚是半路出家，他往往会想起他的家来。例如不吃鸦片的人，一见鸦片就生厌恶，但吃过鸦片的人，虽然戒了，至少对它有相当的感情。我们小的时候，有天赋的行动本能，不过一切工作都被仆人们代做去了，被慈善的妈妈代做去了。稍长一些，我们到小学校去读书，有阎罗王般的教师坐在上面，不许我们动一动。中学和大学的课程是呆呆的订死在那里，你要动亦不得动。到现在始费尽九牛二虎之力，挣扎着改变久受束缚的人生，还不能回复自然的行动本能。但是我们不要灰心，时机也并不算晚，富兰克林四十几岁才发明了电呢！不过行动的教育，应当从小就要干起，因为小孩子还没有斫丧他行动的本能，小小的孩子，就是将来小小的科学家。假使我们给小孩子自由行动，我相信千百孩子之中，一定有一个小孩是天才，是一个创造者、发明者。爱迪生小时候，是个很喜欢行动的小孩子。当时美国的教育，也同中国一样，小学教员是禁止小孩子活动的。爱迪生违反了教师的训条，就蒙到"坏蛋"的声名，不到三个月，爱迪生被"坏蛋"的空气逼走了。爱迪生的母亲不服气，她以为她的儿子并不是"坏蛋"，"蛋"并没有"坏"，她就教他先在地窖里研究化学，后来研究物理，结果成了一个闻名的科学家。所以爱迪生的成功，幸而有他的妈妈，否则老早就把他的天才牺牲了。牛顿生下来的时候，小到像小老鼠一只，体重只有三磅。看护妇去请医生的时候，很不高兴地说："这样小老鼠一般大的东西，等到医生来，早已一命归天了。"岂料小老鼠一般的东西，就是以后闻名的科学家，还活到八十多岁呢。据说牛顿小的时候，并不聪明。可见小孩子的时代，很难看得出哪一个是天才的儿童。

四月四号是世界儿童节，中华慈幼协会①请我编了四支儿童歌：

（一）小盘古

我是小盘古，

我不怕吃苦。

我要开辟新天地，

看我手中双斧。

---

① 中华慈幼协会：以完善幼儿保育为宗旨的慈善团体，为朱其慧筹创。

（二）小孙文

我是小孙文，

我有革命精神。

我要打倒帝国主义，

像个球儿打滚。

（三）小牛顿

我是小牛顿，

让人说我笨。

我要用我的头脑，

向大自然追问。

（四）小工人

我是小工人，

我有双手万能。

我要造富的社会，

不造富的个人。

　　我们要打倒传统的教育，同时要提倡创造的教育。他的办法是怎样呢？我们知道，传统的教育，他们一个教室容纳四五十人，试问教师的力量有多么大，能够完全去推动全级学生？所以就发生了教育方法上的错误。我们现在的办法是教师教大徒弟，大徒弟再去教小徒弟，先生在上了几堂课以后，鉴别了几个较有天才、聪明的大徒弟。以后教师就专门去教大徒弟，所以他的精神容易去推动他们，学问也容易灌输到他们头脑中去。大徒弟再把他所得到的，分别的去教那些小徒弟。学生们很活动的去找寻知识，解释困难，贡献他所求得的知识，先生不过站在旁边的地位略加指点而已。我们认为这种教育，是行动的教育。有行动才能得到知识，有知识才能创造，有创造才有热烈的兴趣。所以我们主张"行动"是中国教育的开始，"创造"是中国教育的完成。我曾经参观过一个学校，这个学校是小孩子办的。我问他们说："你们是大小孩子教小小孩子吗？"有一个小孩子回答说："是的，不过有许多时候小小孩子也教大小孩子呢。"我说："你的话是对的，是真理，比我的意见更进一层。"现在中国传统教育下的知识阶级，根本就看不起小孩子，看不起农人、工人。但是试问他们的力量有多么大？倭奴侵占我们的东三省，你有力量赶走他吗？不可能！我们要启发小孩子，启发农人、工人，运用大多数人的力量，才能够去创造，才能救国雪耻。我来举一个例子，证明农人的力量并不弱。从前我办一个学校，在校的旁边凿了一口井，专门供给学校用水的。有一年大旱，乡村中旁的井水都汲干了，所以乡民都集中到校旁井内来汲。后来这口井也涸竭了，于是我们校里，因为水的恐慌开了一个会。当时有人主张，把井收回自用。我不以为然。我说："我们的学校，是以社会作学校的，不应该把社会圈出于学校之外。假如这样，我们将来推广农事和民众教育就不容易办了。用水既是大众的事，还不如请大众共同来解决。"于是请各村庄每家派一个代表，男的、女的、小孩子在十三岁以上的都可以，没有多少时候，礼堂里已挤满了代表。我们教员们，自觉居于孔明的地位，三个臭皮匠合做一个诸葛亮的地位，所以黄龙宝座的主席，推了一个十三岁的小孩子。我们略略讲了几条会场规则之后，就正式开会。那一天的会，非常精彩，有力量，当时发言最多且最好者，要推老太婆！好！我们来听一个老太婆的宏论。她说人是要睡觉的，井也是要睡觉呢；井不让它睡觉，一辈子就没有水吃。所以当时一致议决井要睡觉。自下午七时起至翌晨五时止，不得唤醒井，违者罚大洋一元，做修井之用。当这个老太婆发言未完，另有一个老太婆，也想立起来发言，就有第三个老太婆牵牵她的衣襟，制止她的发言，说："不是方才先生说过的吗？"你想他们非但能够自治，而且还能管理他人，所以当时会场发言的人非常多，秩序还是一丝不乱的。他们讨论了好久，还制成几条议案：第二条就是汲水的程序，先到者先汲，后到者后汲，违者罚大洋五角，做修井之用；第三条就是再开凿一井，把太平天国时留下淤塞的废井加以开凿，经费富者多捐，贫者少捐，茶店、豆腐店也多捐一些；其四，推举奉天刘君世厚为监察委员，掌理罚款，调解纠纷。结果，一个大钱都没有罚到，因为这是出于农人自动的议决，所以大家能遵守。你看农人的力量是多么大，他们的话多么的公正和有效，这种问题来的时候，岂是少数人所能干得了吗？不过他们的旁边，还是需有孔明在那里指示，否则恐怕到如今，井还没有开凿成功。所以创造的教育应该启发农人、工人、学生……使他们得真的知识，才是真的创造。

其次我要讲的：现在中国的教育组织，是不能创造的，我们可以分两种来说：第一种是，学校是学校，社会是社会。他们认为学校是求知的地方，社会是行动的地方；他们说读书不忘救国，救国不忘读书。日本人的炮弹已经飞到他们面前，还是子曰子曰读他的书，这种教育是亡了中国还不够的。第二种，他们已经觉得学校是离不开社会的，所以他们主张"学校社会化"。他们想把社会的一切，都请到学校里来，所以学校里什么都有：公安局啦，卫生局啦，市政厅啦，什么都有。但是他们所做的与社会依旧是隔膜的。况且学校有多么大，能够包罗万象？他们的学校好像大的鸟笼，把鸟儿捉到笼里来养；又好像一只大缸，把鱼儿捉到缸里来养。结果鸟儿过不来鸟笼的生活，死了；鱼儿过不来鱼缸的生活，死了。所以这种似是而非的教育是不自然的、虚伪的和无力量的，也不是创造的教育。创造的教育是怎样呢？就是"以社会为学校"、"学校和社会打成一片"，彼此之间，很难识别的。社会含有学校的意味，学校含有社会的意味。我们要把学校的围墙拆去，那么才可与社会沟通。这种围墙不是真围墙，是各人心中的心墙。各人把他的感情、态度从以前传统教育那边改变过来，解放起来。实则这种教育，只要有决心去干，是很容易办到的。例如大夏大学的附近有许多村庄，庄上的人，都是散漫的，无教育的。假使我们把学校与村庄沟通，大学生都负责去创造新村，村上的人，都接受到知识，形成活泼的有力量有生命的村庄，再把全中国所有的村庄联合起来，构成一个有大生命的中国，民众的力量可以集中，国难也可共赴。这样做去，要普及教育，一年就可以成功。我们自近而后远，先小而后大，着手办去，把小孩子、农人、工人都培养起来，这才是创造教育的目的。中国现在的教育不是平等发展的，是畸形发展的，一方面有博士、硕士，一方面有一大群无知识的民众，迟滞的表示不出多大贡献。

现在我再要讲，创造的教育是以生活为教育，就是生活中才可求到教育。教育是从生活中得来的，虽然书也是求知之一种工具，但生活中随处是工具，都是教育。况且一个人有整个的生活，才可得整个的教育。举个例来说吧，有一个儿子，他是喜欢赌博的，他的母亲训斥他。不过他的母亲却悄悄地到邻舍去赌博了，他在窗内看见他的母亲赌博，于是也到别处去赌博了。这个孩子过的是赌博生活，受的是赌博教育，不期而然而成赌博的人生。某学校反对我"生活即教育"的主张，我去参观他们学校，适逢吃饭的时候。他们的饭菜是有等级的，厨子巴结先生，先生的菜特别好，学生的菜，简直坏之不堪。他们请我在先生一桌吃饭，我愿意同学生一块儿吃。学生的饭菜坏到怎样呢？他们名为一碗肉，肉仅在碗面上有几小块，学生在未下箸的时候，目光炯炯地早已看准那最大的一块，一下箸，一碗饭还没有吃完，而菜已吃得精光了。这种饕餮的状态，无形中在饭堂里更造成了许多小军阀。这个学校，是不把吃饭问题归入教育范围之内的。有许多学校对于男女学生的恋爱，他们是讳莫如深，但恋爱问题往往闹遍在学校里。现在生活的教育是怎样呢？我们知道恋爱、吃饭等问题都是非常重要的，所以，恋爱先生我怕你，请你进来；吃饭先生我怕你，请你进来，我们一块儿干吧！我们的教育非但要教，并且要学要做。教而不学，学而不做，叫做"忘三"。我们要能够做,做的最高境界就是创造。我们要能够学,学从生活中去学,只知学而不知做,就不是真的学。我们要能够教,教要教得其所,要有整个的教育,平等的行动的教育,不要像现在畸形的教育。有人说我的创造教育,不成其为学校,我做了一首诗:"谁说非学校,就算非学校。依样画葫芦,简直太无聊。"

小孩子有不可思议的力量

——致潘一尘①

一尘吾兄鉴:

　　两函敬悉。健祥先生来信也说起百侯②办得有精神,这种消息才是新年最好礼物。你在百侯教中学生创办平民教育,我们也在这里教小学生创办儿童工学团,可谓不约而同。前月三十号,我请侣朋到常州漕桥去帮助承国英同志开创西桥工学团。你知道他是一位不满十三岁的小孩,新近他在山海工学团里领导小朋友工作,表示出超越的天才。我看他不但打倒了我,而且几乎打倒了你。后生可畏,我们要努力呀!

　　此外,晓庄的小朋友居然创造了一个自动学校③;淮安几个小光棍,居然在各大学大演其说④,几乎把一两位教授的饭碗所依赖的传统信仰打破;山海的张健不但能帮助他的哥哥创造了一个濮家宅工学团,而且与非战的马莱先生舌战一时,卒使马莱先生得一深刻之印象而去。从前六岁的小桃,曾教五十七岁的祖母,居然教完一册《千字课》。这些例子证明小孩子有不可思议的力量。小孩子能做先生,做先生不限定要师范毕业,小孩子是普及成人与儿童教育的生力军,等候师范生来普及教育,不啻如等候亡国。我们要创造新民族,必须对小孩子与没有腐化的青年总动员。

　　我说这些话,是证明你领导中学生干民众教育是一条不错的路。你并可以把这种工作定为必修科。不愿教人的人,不配费我们的心血。不愿教人的人不配受教育。你可以大胆从中学生跳到小学生,叫小学生每天在家里教爹爹妈妈、哥哥弟弟、姊姊妹妹或亲戚朋友和不能进学校的穷孩子半小时或一小时,也定为必修

---

① 本篇曾载于《爱满天下》2007年第2期。

② 百侯:即百侯中学,在广东省大埔县,当时潘一尘任该校校长。

③ 自动学校:为晓庄小学的学生胡同炳等创造,校址在晓庄附近的佘儿岗。该校没有专任教师,教学方式为小孩子互教互学。

④ 淮安新安小学所组成的新安儿童旅行团的7个团员,旅沪时曾到各大学讲演,反响强烈。

陶行知 教育名篇

工作加以考成。小朋友不得已，可用自己读的书教人，一面温习，一面把学问传给他人，那是再好无比了。

　　总起来说：丢掉你现在的方针，把平民教育计划，给民众教育馆去办是一条走不得的错路。社会即学校的原则，要求社会教育与学校教育打成一片。江苏发动的民众教育馆，系传统教育末路，劳民伤财，结果只好了一般游手好闲的中等浪人可以喝便宜茶，听免费书。因此我不赞成另设民众教育馆，只希望百侯中学的师生进民众、儿童的队伍去引导他们自己干起来。换句话说：我希望你维持你已定的方针，并把它充实的发挥出去。德昭①先生来沪，一定要和我讨论这个问题，我也就是这样答复他，我要请他加些经费干这工作。至少贫苦民众买书费总得补助。总之，社会与学校必须合一，你们现在走的路是对的。

　　敬祝
康健！

陶知行

二三年一月四日

---

　　①　德昭：即杨德昭。

杀人的会考与创造的考成[①]

自从会考[②]的号令下了之后，中国传统教育界是展开了许多幕的滑稽的悲剧。

学生是学会考，教员是教人会考，学校是变成了会考筹备处。会考所要的必须教，会考所不要的就不必教，甚至于必不教。于是唱歌不教了，图画不教了，体操不教了，家事不教了，农艺不教了，工艺不教了，科学的实验不做了，所谓课内课外的活动都不教了。所教的只是书，只是考的书，只是《会考指南》! 教育等于读书；读书等于赶考。好玩吧，中国之传统教育!

拼命的赶啊! 熄灯是从十时延到十一时了。你要想看压台戏还必须等到十一时以后。那时你可以在黄金世界里看到卓别林的化身正在排演他们的拿手好戏。茅厕里开夜车是会把你的肚子笑痛，可是会考的呆子会告诉你说："不闻臭中臭，难为人上人。"

赶了一考又一考。毕业考过了，接着就是会考；会考过了接着就是升学考。一连三个考赶下来，是会把肉儿赶跑了，把血色赶跑了，甚至有些是把性命赶掉了。

不但如此，在学生们赶考的时候，同时是把家里的老牛赶跑了，把所要收复的东北赶跑了，把有意义的人生赶跑了，把一千万民众的教育赶跑了（原注：中学生赶考旅费可供普及一千万民众教育之用）。换句话说，是把中华民族的前途赶跑了。

奇怪得很! 这样大规模地消灭民族生存力的教育行政，不是出于信仰而是出于敷衍，不是出于理性而是出于武断。我所接谈过的主考官是没有一个相信会考。他们是不信会考而举行会考。

---

① 本篇原载于 1934 年 6 月 1 日《生活教育》第 1 卷第 8 期。

② 会考于 1932 年开始。中学应届学生，先经学校毕业考试，然后参加各省市举行的会考，会考及格才算正式毕业。

就表面的成绩看，广东会考几乎全体及格，广西会考是几乎全体不及格。广东对呢？广西对呢？谁知道？浙江会考，绍兴中学第一次是背榜①，到了第二次竟一跃而为第一。绍兴中学第一次的整个成绩果真坏吗？第二次的整个成绩果真好吗？真成绩之好坏是这样的容易调换吗？谁敢说？

这把会考的大刀是不可以糊里糊涂地乱舞了。考官们所自毁毁人的生活力已经太多了，我们现在要求的是：

停止那毁灭生活力之文字的会考；

发动那培养生活力之创造的考成。

创造的考成所要考的是生活的实质，不是纸上的空谈。在下面所举的几个例子当中，我们可以知道创造的考成是一个什么东西。

一、校内师生及周围人民的身体强健了多少？有何证据？

二、校内师生及周围人民对于手脑并用已经达到什么程度？有多少是获得了继续不断的求知欲？有何证据？

三、校内师生及周围人民对于改造物质及社会环境已经达到什么程度？有何证据？

甲、荒山栽了多少树？

乙、水井开了几口？

丙、公路造了几丈？

丁、种植改良了多少？

戊、副业增加了多少？

己、生活符号普及了多少？文盲扫除了多少？

庚、少爷小姐书呆子有多少是成了为大众服务的人？

辛、团结抵抗强暴的力量增加了多少？

---

① 背榜：即榜上最末一名。

教育的新生[①]

　　宇宙是在动，世界是在动，人生是在动，教育怎能不动？并且是要动得不歇，一歇就灭！怎样动？向着哪儿动？

　　我们要想寻得教育之动向，首先就要认识传统教育与生活教育之对立。一方面是生活教育向传统教育进攻；又一方面是传统教育向生活教育应战。在这空前的战场上徘徊的、缓冲的、时左时右的是改良教育。教育的动向就在这战场的前线上去找。

　　传统教育者是为办教育而办教育，教育与生活分离。改良一下，我们就遇着"教育生活化"和"教育即生活"的口号。生活教育者承认"生活即教育"。好生活就是好教育，坏生活就是坏教育，前进的生活就是前进的教育，倒退的生活就是倒退的教育。生活里起了变化，才算是起了教育的变化。我们主张以生活改造生活，真正的教育作用是使生活与生活磨擦。

　　为教育而办教育，在组织方面便是为学校而办学校，学校与社会中间是造了一道高墙。改良者主张半开门，使"学校社会化"。他们把社会里的东西，拣选几样，缩小一下搬进学校里去，"学校即社会"就成了一句时髦的格言。这样，一只小鸟笼是扩大而成为兆丰花园里的大鸟笼。但它总归是一只鸟笼，不是鸟世界。生活教育者主张把墙拆去。我们承认"社会即学校"。这种学校是以青天为顶，大地为底，二十八宿为围墙，人人都是先生都是学生都是同学。不运用社会的力量，便是无能的教育；不了解社会的需求，便是盲目的教育。倘使我们认定社会就是一个伟大无比的学校；就会自然而然去运用社会的力量，以应济社会的需求。

　　为学校而办学校，它的方法必是注重在教训。给教训的是先生，受教训的是学生。改良一下，便成为教学——教学生学。先生教而不做，学生学而不做，有

　　① 本篇原载于 1934 年 10 月 13 日《新生》第 1 卷第 36 期。《新生》周刊系杜重远主编。1933 年 2 月 10 日在上海创刊，至 1935 年 6 月 22 日第 2 卷第 22 期停刊。

陶行知

教育名篇

陶行知 教育名篇

何用处？于是"教学做合一"之理论乃应运而起。事该怎样做便该怎样学，该怎样学便该怎样教。教而不做，不能算是教；学而不做，不能算是学。教与学都以做为中心，在做上教的是先生，在做上学的是学生。

教训藏在书里，先生是教死书，死教书，教书死；学生是读死书，死读书，读书死。改良家觉得不对，提倡半工半读，做的工与读的书无关，又多了一个死：做死工，死做工，做工死。工学团乃被迫而兴。工是做工，学是科学，团是集团。它的目的是"工以养生"，"学以明生"，"团以保生"。团不是一个机关，是力之凝结，力之集中，力之组织，力之共同发挥。

教死书、读书死便不许发问，这时期是没有问题。改良派嫌它呆板，便有讨论问题之提议。课堂里因为有了高谈阔论，觉得有些生气。但是坐而言不能起而行，有何益处？问题到了生活教育者的手里是必须解决了才放手。问题是在生活里发现，问题是在生活里研究，问题是在生活里解决。

没有问题是心力都不劳。书呆子不但不劳力而且不劳心。进一步是：教人劳心。改良的生产教育者是在提倡教少爷小姐生产，他们挂的招牌是教劳心者劳力。费了许多工具玩了一会儿，得到一张文凭，少爷小姐们到底不去生产物品而去生产小孩。结果是加倍的消耗。生活教育者所主张的"在劳力上劳心"，是要贯彻到底，不得中途而废。

心力都不劳，是必须接受现成知识方可。先在学校里把现成的知识装满了，才进到社会里去行动。王阳明先生所说的"知是行之始，行是知之成"便是这种教育的写照。他说的"即知即行"和"知行合一"是代表进一步的思想。生活教育者根本推翻这个理论。我们所提出的是："行是知之始，知是行之成。"行动是老子，知识是儿子，创造是孙子。有行动之勇敢，才有真知的收获。

传授现成知识的结果是法古，黄金时代在已往。进一步是复兴的信念，可是要"复"则不能"兴"，要"兴"则不可"复"。比如地球运行是永远的前进，没有回头的可能。人只见春夏秋冬，周而复始，不知道它是跟着太阳以很大的速率向织女星飞跑，今年地球所走的路绝不是它去年所走的路。我们只能向前开辟创造，没有什么可复。时代的车轮是在我们手里，黄金时代是在前面，是在未来。努力创造啊！

现成的知识在最初是传家宝，连对女儿都要守秘密。后来，普通的知识是当作商品卖。有钱、有闲、有脸的乃能得到这知识。那有特殊利害的知识仍为有权益者所独占。生活教育者就要打破这知识的私有，天下为公是要建筑在普及教育上。

154

知识既是传家宝，最初得到这些宝贝的必是世家，必是士大夫。所以士之子常为士，士之子问了一问为农的道理便被骂为小人。在这种情形之下，教育只是为少数人所享受。改良者不满意，要把教育献给平民，便从士大夫的观点干起多数人的教育。近年来所举办的平民教育、民众教育，很少能跳出这个圈套。生活教育者是要教大众依着大众自己的志愿去干，不给知识分子玩把戏。真正觉悟的知识分子也不应该再耍这套猴子戏，教大众联合起来自己干，才是真正的大众教育。

知识既是传家宝，那么最初传这法宝的必是长辈。大人教小孩是天经地义。后来大孩子做了先生的助手，班长、导生都是大孩教小孩的例子。但小先生一出来，这些都天翻地覆了。我们亲眼看见：小孩不但教小孩，而且教大孩，教青年，教老人，教一切知识落伍的前辈。教小孩联合大众起来自己干，才是真正的儿童教育。小先生能解决普及女子初步教育的困难。小先生能叫中华民族返老还童。小先生实行"即知即传人"是粉碎了知识私有，以树起"天下为公"万古不拔的基础。

陶行知 教育名篇

读书与用书[①]

一 三种人的生活

中国有三种人：书呆子是读死书，死读书，读书死。工人、农人、苦力、伙计是做死工，死做工，做工死。少爷、小姐、太太、老爷是享死福，死享福，享福死。

二 三 帖 药

书呆子要动动手，把那呆头呆脑的样子改过来，你们要吃一帖"手化脑"才会好。我劝你们少读一点书，否则在脑里要长"瘤块"咧。工人、农人、苦力、伙计要多读一点书，吃一帖"脑化手"，否则是一辈子要"劳而不获"。少爷、小姐、太太、老爷！你们是快乐死了。好，愿意死就快快的死掉吧。我代你们挖坟墓。倘使不愿意死，就得把手套解掉，把高跟鞋脱掉，把那享现成福的念头打断，把手儿、头脑儿拿出来服侍大众并为大众打算。药在你们自己的身上，我开不出别的药方来。

三 读书人与吃饭人

与读书联成一气的有"读书人"一个名词，假使书是应该读的，便应使人人有书读；决不能单使一部分的人有书读叫做读书人，又一部分的人无书读叫做不读书人。比如饭是必须吃的，便应使人人有饭吃，决不能使一部分的人有饭吃叫做吃饭人，又一部分的人无饭吃叫做不吃饭人。从另一面看，只知道吃饭，不成为饭桶了吗？只知道读书，别的事一点也不会做，不成为一个活书架了吗？

四 吃书与用书

有些人叫做蛀书虫。他们把书儿当作糖吃，甚至于当作大烟吃，吃糖是没有人反对，但是整天地吃糖，不要变成一个糖菩萨吗？何况是连日带夜地抽大烟，怪不得中国的文人，几乎个个黄皮骨瘦，好像鸦片烟鬼一样。我们不能否认，中

---

① 本篇原载于 1934 年 11 月 10 日《读书生活》第 1 卷第 1 期。

国是吃书的人多，用书的人少。现在要换一换方针才行。

书只是一种工具，和锯子、锄头一样，都是给人用的。我们与其说"读书"，不如说"用书"。书里有真知识和假知识。读它一辈子不能分辨它的真假；可是用它一下，书的本来面目便显了出来，真的便用得出去，假的便用不出去。

农人要用书，工人要用书，商人要用书，兵士要用书，医生要用书，画家要用书，教师要用书，唱歌的要用书，做戏的要用书，三百六十行，行行要用书。行行都成了用书的人，真知识才愈益普及，愈易发现了。书是三百六十行之公物，不是读书人所能据为私有的。等到三百六十行都是用书人，读书的专利便完全打破，读书人除非改行，便不能混饭吃了。好，我们把我们所要用的书找出来用吧。

> 用书如用刀，
>
> 不快就要磨。
>
> 呆磨不切菜，
>
> 怎能见婆婆。

五　书不可尽信

孟子说："尽信书则不如无书。"在书里没有上过大当的人，决不能说出这一句话来。连字典有时也不可以太相信。第五十一期《论语》① 的《半月要闻》内有这样一条：

> 据二卷十二期《图书评论》载：《王云五大辞典》② 将汤玉麟之承德归入察哈尔，张家口"收回"入河北，瀛台移入"故宫太液池"，雨花台移入南京"城内"，大明湖移出"历城县西北"。

我叫小孩子们查一查《王云五大辞典》，究竟是不是这样，小孩们的报告是，《王云五大辞典》真的弄错了。只有一条不能断定，南京有内城、外城，雨花台是在内城之外，但是否在外城之内，因家中无志书，回答不出。总之，书不可尽信，连字典也不可尽信。

---

① 《论语》：文艺半月刊，1932 年 9 月 16 日创刊于上海，林语堂主编。

② 《王云五大辞典》：即《四角号码辞典》。王云五（1888—1979），曾任商务印书馆总经理。

陶行知 教育名篇

六　戴东原①的故事

　　书既不可以全信，那么，应当怀疑的地方就得问。学非问不明。戴东原先生在这一点上是给了我们一个很好的引导。东原先生十岁才能开口讲话。《大学》有经一章，传十章。有一条注解说这一章经是孔子的话，由曾子②写的；那十章传是曾子之意，由他的门徒记下来的。东原先生问塾师怎样知道是如此。塾师说：朱文公③（夫子）是这样注的。他问朱文公是何时人。塾师说是宋朝人。他又问孔子和曾子是何时人。塾师说是周朝人。"周朝离宋朝有多少年代？""差不多是二千年了。""那么，朱文公怎样能知道呢？"塾师答不出，赞叹了一声说："这真是个非常的小孩子呀！"

七　王冕的故事

　　王冕十岁时，母亲叫他到面前说："儿啊！不是我有心耽误你，只因你父亲死后，我一个寡妇人家，年岁不好，柴火又贵，这几件旧衣服和些旧家伙都当卖了。只靠着我做些针线生活寻来的钱，如何供得你读书？如今没奈何，把你雇到隔壁人家放牛，每月可得几钱银子，你又有现成饭吃，只在明天就要去了。"王冕说："娘说的是。我在学堂里坐着，心里也闷，不如往他家放牛，倒快活些。假如我要读书，依旧可以带几本去读。"王冕自此只在秦家放牛。……每日点心钱也不用掉，聚到一两个月，偷空走到村学堂里，见那闯学堂的书客，就买几本旧书，逐日把牛拴了，坐在柳荫树下看。

　　现在学校教育是对穷孩子封锁，有钱、有闲、有面子才有书念。我们穷人就不要求学吗？不，社会就是我们的大学。关在门外的穷孩子，我们踏着王冕的脚迹来攀上知识的高塔吧。

---

　　① 戴东原（1724—1777）：名震，清代思想家。
　　② 曾子：即曾参。
　　③ 朱文公：即朱熹。

传统教育与生活教育有什么区别^①

前星期日来晚了，听说大家在此地讨论一个很有趣的问题，叫"吃人教育与生活教育有什么区别？"我不能参加讨论，没有发表意见。今天，又来晚了，现在我发表我的一点意见。

吃人教育与生活教育有什么区别？我的意思，不如说"传统教育与生活教育有什么区别？"所谓吃人教育，就是指传统教育而言的。现在，我们可以这样说：传统教育，是吃人的教育；生活教育，是打倒吃人的教育。

传统教育怎样是吃人的教育呢？他有两种吃法：

（一）**教学生自己吃自己**　他教学生读死书，死读书；他消灭学生的生活力，创造力；他不教学生动手，用脑。在课堂里，只许听教师讲，不许问。好一点的，在课堂里允许问了，但他不许他出到大社会里、大自然界里去活动。从小学到大学，十六年的教育一受下来，便等于一个吸了鸦片烟的烟虫，肩不能挑，手不能提，面黄肌瘦，弱不禁风。再加以要经过那些月考、学期考、毕业考、会考、升学考等考试，到了一个大学毕业出来，足也瘫了，手也瘫了，脑子也用坏了，身体的健康也没有了，大学毕业，就进棺材。这叫做读书死。这就是教学生自己吃自己。

（二）**教学生吃别人**　传统教育，他教人劳心而不劳力，他不教劳力者劳心。他更说："劳心者治人，劳力者治于人。"说得更明白一点，他就是教人升官发财。发谁的财呢？就是发农人、工人的财，因为只有农人、工人才是最大多数的生产者。他们吃农人、工人血汗，生产品使农人、工人自己不够吃，就叫做吃人的教育。

生活教育与传统教育则刚刚相反：

---

①　本篇是陶行知 1934 年 11 月 11 日在山海工学团讨论会上的发言。原载于 1934 年 12 月 1 日《生活教育》第 1 卷第 20 期。

陶行知 教育名篇

陶行知
教育名篇

（一）**他不教学生自己吃自己**　他要教人做人，他要教人生活。健康是生活的出发点，他第一就注重健康。他反对杀人的各种考试，他只要创造的考成，也就是他不教人赶考赶人死。简单地说来，他是教人读活书，活读书，读书活。

（二）**他也不教学生吃别人**　他不教人升官发财，他只教中国的民众起来做主人，做自己的主人，做政府的主人，做机器的主人。他教人要在劳力上劳心。即使有人出来做官，他是要来服侍农人和工人，看看有吃农人或工人的人，他要帮助农人、工人把他干掉。做官并不坏，但只要能够服侍农人、工人就是好的。他更要教人做到"工以养生，学以明生，团以保生"。说得更清楚些是：教大众以大众的工作养活大众的生命；以大众的科学明了大众的生命；以大众的团体的力量保护大众的生命。

小先生与民众教育[①]

今天贵馆民众教育服务人员训练班举行开学典礼，行知能躬逢其盛，参与大典，心里觉得非常快活。刚才冯先生及两位来宾，已说了许多我心里所要说的意思，现在行知再简单地说几句。

近来我对"民教"二个字有点感想。教育在从前甚至现在是被少数有钱人把它当作私有财产占住了，就如同占取金钱一样，非但把它占有，而且还要存在银行的铁柜里牢牢保护，不轻易传给别人。我以为"民众教育"的根本意义，就是教人把知识广散给大众，不是像占取金钱一样，把它封锁在少数人的脑袋里，把头弄得大大的。干民众教育，便是要把教育、知识变成空气一样，弥漫于宇宙，洗荡于乾坤，普及众生，人人有得呼吸。空气是不要钱买的，人人可以自由呼吸，教育也就不能以金钱做买卖，人人可以自由享受。把教育当作商品做买卖，只被少数有钱人霸占，使大多数人像坐牢一般受限在一个"愚者之群"的圈子里，这绝对不行，我们极力要否认。有了空气人才活，没有空气人便活不成。空气是人人需要，人人不可少。教育也是人人需要，人人不可少。新鲜空气是有益于人的，教育也必不能仅是些泥灰污浊气，给人以害生。所以把教育、知识化做新鲜空气，普遍的广及于大众，人人可以按其需要，自由呼吸，因而增加大众以新的生命活力，我以为这便是民众教育最主要的意思。不过挂着民众教育的招牌，不见得就会把知识变成空气，必得要有办法才行。在我看来，这办法便只有运用小先生，小先生便能把知识变成空气。

小先生出世尚未到一年，而它的怀胎，却远在十数年以前。小先生最重要的几位接生婆，除我以外，你们的主任冯先生也是一个。今春"一·二八"宝山普及教育动员令，便是冯先生发的（《生活教育》第一期画报，很希望大家一看）。

---

① 本篇是陶行知 1934 年在宝山县民众教育馆主办的民众教育服务人员训练班开学典礼上的演讲。原载于 1934 年 12 月 1 日《生活教育》第 1 卷第 20 期。

每村小先生发令旗一面。普及教育，把知识变做空气！

小先生为什么能把知识变成空气一样的容易普遍呢？因为小先生便是小学生，他早上学了两个字，晚上便可以把这两个字拿去教人，此刻学了一件知识或一种技能，彼时即可以把这一件知识或一种技能去教别人，他不像大先生一样要领薪水。所以我们可以不花经费把教育普及出去。

有人说，小先生要有相当程度才行，我敢保证说，六岁小孩便可以做小先生，这是有着铁打的事实，当然，小先生遇到的困难非常多，我现在正要写小先生的八十一难。《西游记》上唐僧取经，要经过九九八十一道难关，幸而有三个徒弟费了很大的力量把他一个个的解除了，有的是猪八戒帮助解除的，有的是沙僧帮助解除的，而帮唐僧解难关最多的要算孙悟空。现在小先生普及教育，正犹如唐僧向西天去取佛经一样，要经过八十一道难关。我们做个猪八戒也好，做个沙僧也好，做孙悟空更好，总动员去帮助小先生解除一难又一难，把教育变成新鲜空气普及出去，以增加大众的新兴力量。

用小先生普及教育，还有四点比大先生好的地方。

其一，中国最难普及的是女子教育。乡下十七八岁大姑娘，或是二十几岁的大嫂子，一位年轻的男先生去教，乡下人是看不惯，不欢迎你去教的，即有较开通肯受教了，不多时，谣言来了，女学生不敢上学了，甚至把学堂封掉了，男先生失败了。女先生去教固然是很好，可是女先生太少了，而且女先生大都是些少奶奶、小姐，肯下乡的真是难得。有勇气下乡的怕蛇，怕鬼，怕小偷，又吓跑了。如果是男校长请女教员，那又有困难问题。夫妻学校最好，可是又太凤毛麟角，少之又少了。现在小先生来了，女子教育就如雪团见太阳，一见冰消，问题一笔解决。广东百侯中学有三百小先生，教二千多民众，其中女人就有一千五百人之多，由此可见小先生，对普及女子教育问题解决之一斑。

其二，有人说，中华民族现在是衰老了。我推究其原因虽多，但有一个原因，便是被人教老了。六岁小孩子，大人就教他要"少年老成"，而这小孩子也就无形中涂上两个八字胡须，做个小老夫子了。我有一个大学毕业的学生，他到一个女子中学去当教员，可是年纪太轻了，很不为人敬重。后来教员不当，找了一件别的事做，便养成一嘴胡子来，本来是个美少年，一变而为美髯公，因此很受人敬重而做了许多年的事。所以中华民族衰老，便是社会教人变老，教小孩子做小老翁。用小先生教人便不同了，大人跟小孩学，无形中得到一种少年精神，个个变为老少年。本来大人者，不失其赤子之心者也，这样一来，朝气必格外勃勃。前天在上海西区小学开小先生会，有一位小先生教一个八十三岁老太婆。又有一位孩子，教其德国母亲认中国字，写的故事均非常生动有趣。南京有一个丁广生小先生，教他父亲。他父亲有一天用笔画一个乌龟，画一角菱角。小先生不懂，问他父亲什么缘故。他父亲告诉他说："我画着玩的，这意思是说：菱角怕乌龟，乌龟爱菱角。"后来丁广生便把这几个字写出来教他，父亲读得非常有趣。前天下午两点半钟，我未吃午饭，正想出去买两块烧饼充饥时，忽接西桥小先生来的信，我便坐在门外一个竹椅上拆开来看：有一位小先生教他六十二岁的祖母。他的祖母能读能认不能写字，小先生便代祖母口里说的意思写信给我，精神非常好，我看得饭也忘记吃了。在这许多故事中，可以看出中华民族可以因小先生而转老还童，而得一种新兴的少年精神。

其三，刚才我已经说过，过去甚至现在，教育是被少数有钱人把它当为私有财产占有。小先生一出来，"即知即传人"，立即把这种观念撕得粉碎，要知识公有，不再私占。要把教育化为"春风风人，夏雨雨人"一样，人人有得到沾施的机会。"天下为公"的基础，第一步便要知识公有，这一点小先生是可以帮助我们，一个钱也不要花的做到。

其四，一般乡村小学要和学生家庭联络，很多困难，教师感觉孤立，学校感觉单调。利用小先生那便好了。小先生是一根根流动的电线，这一根根电线四方八面伸展到社会底层构成一幅生活教育网、文化网，把学校与家庭构成一体，彼此可以来往，可以交通。它把社会所发生的问题，所遇到的困难，带回学校，再把学校里的知识技能带回社会去。这样一来，如有一位教师，三十位小学生，而这三十位小学生便是三十位小同志，教师不再孤立，学校也不再和社会隔膜，而能真实地通出教育的电流，碰出教育的火花，发出教育的力量。训练班诸位同学，现在最要紧的一件事，便是"怎样把小先生的办法得到？""怎样把学校教育与社会教育打成一片？"将来到一处办民众教育馆，最要紧的，便是要和当地的小学校联络，私塾联络，店铺里的能看报的掌柜联络，要发动他们都负起教人责任，即知即传人，共同普及教育。还有一点，办民众夜校，开学后学生只见少而不见多。我们也得要教学生去做先生教人，譬如有四十位学生，我们教他们每人回去教二个人，这样便一共有一百二十位学生了。这样成人做先生，我们不叫他"小先生"，叫他做"连环先生"或"传递先生"，因为他是要继续不断地循环着，学后去教人。最后我还有几句话要向诸位贡献。

我们现在办民众教育必得要承认：

农人最好的先生，不是我，也不是你，是农人自己队伍里最进步的农人！

陶行知 教育名篇

工人最好的先生，不是我，也不是你，是工人自己队伍里最进步的工人！

小孩子最好的先生，不是我，也不是你，是小孩子队伍里最进步的小孩子！

我们现在最要紧的工作便是：

帮助进步的农人格外进步，由他们"联合自动"，领导全体农人一同进步！

帮助进步的工人格外进步，由他们"联合自动"，领导全体工人一同进步！

帮助进步的小孩子格外进步，由他们"联合自动"，领导全体小孩子及时代落伍的成人，一同进步！

生活教育之特质[①]

你如果看过《狸猫换太子》那出戏，一定还记得那里面有一件最有趣的事情，就是出现了两个包龙图：一个是真的，还有一个是假的。我们仔细想想，是愈想愈觉得有趣味了。世界上无论什么事，都好像是有两个包龙图。就拿教育来说罢，你立刻可以看出两种不同的教育：一种叫做传统教育；另一种叫做生活教育。又拿生活教育来说吧，你又可以发现两种不同的说法：一种主张"教育即生活"；另一种是主张"生活即教育"。我现在想把生活教育的特质指出来，目的不但要使大家知道生活教育与传统教育之不同，并且要使大家知道把假的生活教育和真的生活教育分别出来。

（一）**生活的** 生活教育第一个特点是生活的。传统的学校要收学费，要有闲空功夫去学，要有名人阔老介绍才能进去。有钱，有闲，有面子，才有书念，那么无钱，无闲，无面子的人又怎么办呢？听天由命吗？等待黄金时代从天空落下来吗？不！我们要从生活的斗争里钻出真理来。我们钻进去越深，越觉得生活的变化便是教育的变化。生活与生活一磨擦便立刻起教育的作用。磨擦者与被磨擦者都起了变化，便都受了教育。有人说：这是"生活"与"教育"的对立，便是"生活"与"教育"的磨擦。我以为教育只是生活反映出来的影子，不能有磨擦的作用。比如一块石头从山上滚下来，碰着一块石头，就立刻发出火花，倘若它只碰着一块石头的影子，那是不会发出火花的。说得正确些，是受过某种教育的生活与没有受过某种教育的生活，磨擦起来，便发出生活的火花，即教育的火花，发出生活的变化，即教育的变化。

（二）**行动的** 生活与生活磨擦，便包含了行动的主导地位。如果行动不在生活中取得主导的地位，那么，传统教育者就可以拿"读书的生活便是读书的

---

① 本篇原载于 1936 年 3 月 16 日《生活教育》第 3 卷第 2 期。

陶行知 教育名篇

陶行知 教育名篇

教育"来做他们掩护的盾牌了。行动既是主导的生活，那么，只有"为行动而读书，在行动上读书"才可说得通。我们还得追本推源地问：书是从哪里来的？书里的真知识是从哪里来的？我们是毫不迟疑地回答说："行是知之始"，"即行即知"，书和书中的知识都是著书人从行动中得来的。我要声明著书人和注书人抄书人是有分别。人类和个人的知识的妈妈都是行动。行动产生理论，发展理论。行动所产生发展的理论，还是为的要指导行动，引着整个生活冲入更高的境界。为了争取生活之满足与存在，这行动必须是有理论、有组织、有计划的战斗的行动。

（三）**大众的** 少爷小姐有的是钱，大可以为读书而读书，这叫做小众教育。大众只可以在生活里找教育，为生活而教育。当大众没有解放之前，生活斗争是大众惟一的教育。并且孤立地去干生活教育是不可能的，大众要联合起来才有生命可过；即要联合起来，才有教育可受。从真正的生活教育看来，大众都是先生，大众都是同学，大众都是学生。教学做合一，即知即传是大众的生活法，即是大众的教育法。总说一句，生活教育是大众的教育，大众自己办的教育，大众为生活解放而办的教育。

（四）**前进的** 有人说，生活既是教育，那么，自古以来便有生活，即有教育，又何必要我们去办教育呢？他这句话，分析是对的，断语是错的。我们承认自古以来便有生活即有教育。但同在一社会里，有的人是过着前进的生活，有的人过着落后的生活。我们要用前进的生活来引导落后的生活，要大家一起来过前进的生活，受前进的教育。前进的意识要通过生活才算是教人真正的向前去。

（五）**世界的** 课堂里既不许生活进去，又收不下广大的大众，又不许人动一动，又只许人向后退不许人向前进，那么，我们只好承认社会是我们惟一的学校了。马路、弄堂、乡村、工厂、店铺、监牢、战场，凡是生活的场所，都是我们教育自己的场所。那么，我们所失掉的是鸟笼，而所得的倒是伟大无比的森林了。为着要过有意义的生活，我们的生活力是必然的冲开校门，冲开村门，冲开城门，冲开国门，冲开无论什么自私自利的人所造的铁门。所以，整个中华民国和整个世界，才是我们真正的学校咧。

（六）**有历史联系的** 这里应该从两方面来说。第一，人类从几千年生活斗争中所得到，而留下来的宝贵的历史教训，我们必须用选择的态度来接受。但是我们要留心，千万不可为读历史而读历史。我们必须把历史的教训，和个人或集团的生活联系起来。历史教训必须通过现生活，从现生活中滤下来，才有指导生活的作用。这样经生活滤过的历史教训，可以使我们的生活倍上加倍的丰富起来。倘使一个人停留在自我或少数同伴的生活上，而拒绝广大人类的历史教训，那便是懒惰不长进，跌在狭义的经验论的泥沟里，甘心情愿地做一只小泥鳅。第二，中国已经到了生死关头，争取大众解放的生活教育，自有它应负的历史的使命。为着要争取大众解放，它必须要争取中华民族的解放；为着要争取中华民族的解放，它必须教育大众联合起来解决国难。因此，推进大众文化以保卫中华民国领土主权之完整，而争取中华民族之自由平等，是成了每一个生活教育同志当前所不可推却的天职了。

中国大众教育问题①

一　中国大众教育概论②

为什么要大众教育？ 中国是遇着空前的国难。这严重的国难，小众已经解决不了，大众必得起来担负救国的责任而中国才可以救。我们的"友邦"要取得辽宁的铁，山西的煤，吉林的森林，华北的棉田，福建的根据地，以及全国的富源，并不是安分守己地做一个富家翁享享福就算了事。他是要叫我们四万万五千万人做亡国奴——做他的奴隶。做奴隶当然是不会舒服的，除了为他种田做工之外还得为他当兵，做他进攻别人的肉炮弹。只须大众觉悟起来，不愿做亡国奴，与其拿生命来做敌人的肉炮弹，不如拿生命来争取整个民族的自由平等，我们的国难就必须地解决了。但是中国的大众受了小众的压迫剥削，从来没有时间、金钱、机会去把自己和民族的问题彻底的相通。加上了几千年的麻醉作用，他们遇到灾难，会武断地说是命该如此。我们要一种正确的教育来引导大众去冲破命定的迷信，揭开麻醉的面具，找出灾难的线索，感觉本身力量的伟大，以粉碎敌人之侵略阴谋，把一个垂危的祖国变成一个自由平等的乐土。

大众教育是什么？ 大众教育是大众自己的教育，是大众自己办的教育，是为大众谋福利除痛苦的教育。这种教育和小众教育固然大不相同，即和小众代大众办的所谓民众教育、平民教育也是根本矛盾。大众教育是要教大众觉悟。只是教大众生产、生产、生产，长得肥一点，好叫小众多多宰割的教育不是大众教育。大众教育是对大众讲真话。专对大众说谎的教育是骗子教育，而不是大众教育。

---

①　本篇为《大众教育丛书》之一，由上海大众文化社 1936 年 8 月出版。书内 12 个部分，曾作为 12 篇文章先后在多种报刊上发表过，后编辑成为这一《中国大众教育问题》单行本，只在个别标题或字句上略有改动。

②　此题在《大众教育》创刊号（1936 年 5 月 10 日）上发表时为《大众教育与民族解放运动》。文字内容也略有不同。

大众教育对着麻醉大众的歪曲理论是要迎头驳斥。始而装痴装聋，继而变成哑巴，终之而拜倒在当前势力下，这是帮凶教育而不是大众教育。大众教育是要教大众行动，教大众根据集体意识而行动。只教大众坐而听，不教大众起而行，或是依照小众的意思起而行，都是木头人教育而不是大众教育。大众教育是要教大众以生活为课程，以非常时期的有计划有组织的生活做他们的非常时期的有计划有组织的课程。这非常生活，便是当前的民族解放、大众解放的生活战斗。这是大众教育的中心功课。在这里我们要指出民族解放与大众解放是一个不可分解的运动。如果大众不起来，民族解放运动决不会成功。但是如果不拼命争取民族解放，中国大众自己也难得到解放。所以大众教育只有一门大功课，这门大功课便是争取中国民族大众之解放。若只教大众关起门来认字读书，那是逃避现实的逃走教育而不是真正的大众教育。

大众教育怎样办？依据教育部的统计，每一个小学生每年要用八元九角钱的教育费，民众学生每年要用一元八角钱的教育费。现在中国有二万万失学成人，七千万失学儿童。这二万万七千万人当然是我们大众教育的对象。照上面的费用算起来就得要十万万元才能普及初步的大众教育。这个数目不但是大众自己办不到，就是教育部，去年费尽九牛二虎之力也只筹到三百多万元的义务教育经费，对于这十万万的大众教育经费也一定是筹不出来的。因此，大众教育在现阶段一定要突破金钱关才能大规模的干出来。下面的两条原则和一个新工具是一方面可以叫大众教育突破金钱关，一方面又叫大众教育进行得更有效力更有意义。

1. 社会即学校

大众教育用不着花几百万几千万来建造武汉大学那皇宫一般的校舍。工厂、农村、店铺、家庭、戏台、茶馆、军营、学校、庙宇、监牢都成了大众大学的数不清的分校。客堂、灶披、晒台、厕所、亭子间里都可以办起读书会、救国会、时事讨论会。连坟墓也可以做我们的课堂。谁能说庙行的无名英雄墓和古北口的"支那"勇士墓不是我们最好的课堂啊？

2. 即知即传

得到真理的人便负有传授真理的义务。不肯教人的人不配受教育。前进的知识分子当然是负着推动大众教育的使命。但是经过很短的时间，前进的大众和前进的小孩都同样的可以做起先生来，我们可以说大家都是学生，都是同学，都是不收学费的先生。在传递先生和小先生的手里，知识私有是被粉碎了，真理为公是成了我们共同的信条。

陶行知 教育名篇

3. 拼音新文字

拼音新文字是大众的文字。有了新文字大众只需花一个月半个月的功夫，便能读书、看报、写文。初级新文字教育只需三分钱就能办成，连一个人力车夫也能出得起。大众教育可以不再等待慈善家的赈济。的确，文化赈济是和面包赈济一样悲惨，一样的靠不住。水灾和旱灾的地方是十个人饿死了九个人，剩下一个人才等着一块面包，而这块不易得的面包是差不多变成酸溜溜的浆糊了。新文字! 新文字! 新文字是大众的文字。它要讲大众的真心话。它要写大众的心中事。认也不费事，写也不费事，学也不费事，笔头上刺刀，向前刺刺刺，刺穿平仄声，刺破方块字，要教人人都识字，创造大众的文化，提高大众的位置，完成现代第一件大事。

依据社会即学校，即知即传两条原则，拿了新文字及其他有效工具，引导大众组织起来争取中华民族大众之解放：这便是中国所需的大众教育。

二　大众的国难教育方案[①]

1. 国难教育之目标

甲、推进大众文化。乙、争取中华民族之自由平等。丙、保卫中华民国领土与主权之完整。

2. 国难教育之对象

甲、教育大众联合起来解决国难。乙、教育知识分子将民族危机之知识向大众传播。

3. 国难教育之教师

甲、前进的大众。乙、前进的小孩。丙、前进的学生。丁、前进的教师。戊、前进的技术人员。

4. 国难教育之非常课程

有计划的非常生活便是我们有计划的非常课程。甲、政治经济专家之演讲讨论。乙、防卫作战技术之操练。丙、医药救护之实习。丁、交通工具运用之实习。戊、国防科学之研究。己、大众教育之研究推广。

5. 国难教育之组织

甲、成立学生救国会及学生救国联合会以实施学生之国难教育。乙、成立教师救国会及教师救国联合会，以实施教授教师之国难教育。丙、成立各界大众救

---

① 此题在 1936 年 1 月 16 日《生活教育》第 2 卷第 22 期上发表时为《上海文化界救国会国难教育方案》。此方案于 1936 年 1 月 6 日获上海文化界救国会通过。

国会及各界大众救国联合会，以实施大众之国难教育。

6. 国难教育之文字工具

甲、拼音新文字，易认易写易学，应立即采取作为大众普及教育之基本工具。乙、用汉字写作时也须将它写成大众易学之大众文。

7. 国难教育之方法

在行动上取得解决国难真知识，立刻把它传给大众，使它在解决国难上发生力量。甲、推动报纸、杂志、戏剧、电影、说书人、无线电播音积极针对民族解放之宣传。乙、变通各校功课内容，使适合于解决国难之需要。丙、运用县、市、乡现有组织及集会，宣传民族危机及解决国难的路线。丁、推动家庭、店铺组织国难讨论会、读书会。戊、开办或参加识字学校，使此种学校对解决国难发生效力。己、长途旅行，唤起民众组织起来救国。庚、必要时游行示威。

8. 从事国难教育同志应有之几点认识

甲、中国已到生死关头，我们要认识，只有民族解放的实际行动才是救国的教育。为读书而读书，为教书而教书，乃是亡国的教育。乙、中国已到生死关头，只有武力抵抗才是生路。丙、根据目前的阿比西尼亚①抵抗意大利及历史上被压迫民族独立解放运动的经验，中国不但可以抵抗，并且可以久战，获得最后胜利。丁、中国的国难不是少数人可以挽救，我们必须教育大众共同抵抗，中国才能起死回生。戊、我们应该知道孤立不足以图存，必须联合世界弱小民族及世界上以平等待我之民族共同奋斗，才能够翻身。己、我们应该知道东北问题、华北问题，都是整个中国的问题而不是一个地方的问题。庚、我们应该知道集会、结社、言论之自由，为表示民意、认清路线、共同行动之必要条件，我们必须拼命争取才能发挥国难教育。辛、我们应该知道，国难当头，大家都应该加倍努力以求国难之解决，故主张国难不止，决不放假，当然我们是坚决反对提前放假。壬、我们应该知道教师的责任，不仅是指导学生，而且要与学生参加救国运动，同过救国生活，共受救国教育，故我们主张教师要与学生大众共休戚，决不可袖手旁观。

三 大众的国难教育方案之特质②

现在是教育与国难赛跑。我们必须叫教育追上国难，把它解决掉。但是教育这个东西，能帮助解决国难也能加重国难，我们是不可以随便干的。要怎样才算

---

① 阿比西尼亚：即现今的埃塞俄比亚，在非洲东部。
② 此题在 1936 年 3 月 1 日《生活教育》第 3 卷第 7 期上发表时为《国难教育方案之特质》。

陶行知
教育名篇

是一个解决国难的教育方案？让我把它的特质指出来，你就可以知道它和别的教育方案是不同了。

1. 它是单一的

解决国难的教育方案只有一个目的。这个目的就是保卫中华民国领土主权之完整以争取中华民族之自由平等。一切教育设施都要以这个神圣的使命做中心。教育部新近宣布国难时期教育宗旨，说：教育之生命，即民族之生命。还有人甚而至于说：我们先要救教育之生命，才能救民族之生命。前一说是把生命的源头弄颠倒了。后一说是把一个生命分成两个：一是教育的生命，二是民族的生命。我要郑重地说：教育没有独立的生命，它是以民族的生命为生命。惟有以民族的生命为生命的教育，才算是我们的教育。国难教育是要教人救民族之命，则教育之命自然而然的得救了。

2. 它是大众的

民族之命非"小众"所能救。国难教育的任务，在唤醒大众组织起来救国。教育大众是当前的国难教育之第一件大事。《大公报》二月七日的社评乃把它降到第二义，可算是颠倒是非了。北平学联会所通过之非常时期教育草案是很好的，但是《大公报》披露该案的时候，任意的把民众教育三条删掉，也是因为《大公报》是采取了一种要不得的流行的态度，不许大众救国。我们应该知道，不许大众救国的教育，乃是亡国的教育，而不是救国的教育。

3. 它是联系的

解决国难的教育方案，应该注重三种联系。一是内容的联系。一切科目活动都以解决国难为中心而取得联系。二是组织的联系。各界各团体都以救亡工作为中心而取得联系。三是历史的联系。把现在中国民族解放运动与历史的教训密切的联系起来。这样整个的中华民国是成了我们的伟大的大学校。中山大学教育研究所所拟之战时教育工作计划，很详细具体，但是单以学校为组织之中心是不够的。至于有些人想把国难教育像只小鸟儿关在课堂的小笼里，那更是自欺欺人了。

4. 它是对流的

比如烧水，冷水重而往下沉，热水轻而往上浮，这叫做对流。经过一些时候的对流，水就自然的沸起来了。解决国难教育的方案是必须允许上层下层的对流。领导的人总想由上而下。但是纯粹由上而下的教育，只能造成被动的群众。被动的群众是发挥不出力量来担负救亡的责任。我们必须愿意被群众领导才能领导群众。故群众对于教育必须有由下而上的自动的机会，才能把自己和领导者造成救亡的战士，而完成救亡的使命。我们应当打通领导者与被领导者中间的隔板，使他们可以对流而互相教育。若把教育分成两部分，一部分专门培养领导者，另一部分专门培养被领导者，结果必定是教领导的人脱离群众的要求，致使国难教育变成一个麻木不仁的东西。

5. 它是行动的

高谈阔论不能救国。只有实际的救国的行动才能把将亡的国救回来，但不能盲行盲动。我们所需要的是有理论的行动、有组织的行动、有计划的行动、有纪律的行动。所谓理论、组织、计划、纪律，又不是校长、训育主任为行政便利弄出来的那一套，乃是民族解放运动所决定的必要条件。我们要在行动上接受民族解放的理论、组织、计划、纪律。为教育而教育，不许行动的教育，乃是加重国难的教育，而不是解决国难的教育。

四　新大学——大众的大学①

新大学是什么？新大学是大众的学府。

《大学》里面说："大学之道在明明德，在新民，在止于至善。"这是从前的"大学之道"。新的"大学之道"就不同了。依照新的眼光看来，它是变成了"大学之道在明大德，在新大众，在止于大众之幸福。"

什么是"大德"？"大德"是大众之德。大众之德有三：一是觉悟；二是联合；三是争取解放。"明"即明白，要教大众自己明白大众之德是这样。

"新大众"是教大众自新，钻进大众的队伍里去跟大众学而后教大众自新。大众本来是可以明白"大众之德"，但为天命之说和别的迷信所麻醉，把自己弄得糊里糊涂。新大学之任务是要教大众在真理的大海里洗个澡，天天洗，一世洗到老，使得自己的头脑常常是清清楚楚的，认识痛苦之来源和克服痛苦之路线。

"止"是瞄准的意思。新大学的一切课程设施都要对着大众的幸福瞄准。为大众争取幸福所必需的就拿来教人，所不需的就不拿来教人。

从前大学里所造就出来的人才有两种。一种是不肯为大众做事，我曾经为这种人写了一幅小照：

> 滴大众的汗，
> 吃大众的饭，
> 大众的事不肯干，

---

① 此题在 1936 年 6 月 1 日《生活教育》第 3 卷第 7 期上发表时为《新大学》。

　　　　　架子摆成老爷样，

　　　　　不算是好汉。

　　第二种人是代替大众做事，但野心勃勃，想要一手包办，甚至不许大众自己动手来干。这样的人我们也是反对的：

　　　　　大众滴了汗，

　　　　　大众得吃饭，

　　　　　大众的事大众干，

　　　　　若想一个人包办，

　　　　　不算是好汉。

　　新大学所要培养的不是这种人。它要培养和大众共同做事的人才。如果它也免不了要培养领导人才的话，它是要培养愿意接受大众领导而又能领导大众的人才。说得正确些，它是要培养大众做大事。

　　还有一种时髦大学，好像是我所说的新大学，而实在是和我所说的正相反。它们的作风，一动手就是圈它几千亩地皮，花它几百万块钱，盖它几座皇宫式的学院。我参观了珞珈山武汉大学之后有人问我作何感想。我说如果我有这笔款，我用款的步骤是有一些不同。第一步，这笔款用来开办大众大学，足够培养五百万大众帮助收复东北；第二步，东北收回之后，假如还有这样多的款子，我想用来发展一些适合国民经济的工业；第三步，工业稍有发展，又积下这么多的款子，我还不能建造皇宫的学府，是必须盖些大众住宅，使无家可归的人可以进来避避风、躲躲雨；第四步，等到一切穷苦无告的人都可以安居乐业了，那时大众一定要勉强我盖几座皇宫式的学府，我大概是可以马马虎虎的答应了。

　　那么，新大学就不要校舍吗？要是要的，没有也无妨。茅草棚虽小，足够办大学。

　　新大学是大众大学，新大学是茅草棚大学，新大学是露天大学。

五　怎样做大众的教师①

　　现在中华民国已经到了生死关头，我们做大众教师的人应当怎样做才能帮助

---

　　①　此题在 1936 年 4 月 1 日《生活教育》第 3 卷第 3 期上发表时为《儿童节对全国教师谈话》，文字内容略有不同。

解决国难而不致加重国难？我常以这个问题问人，现在人也常以这个问题问我了。这里是我的答复：

第一，追求真理　大众是长进得很快，教师必须不断地长进，才能教大众。一个不长进的人是不配教人，不能教人，也不高兴教人。大众快赶上你了！你快要落伍了！"后生可畏"不是一句客气话，而是一位教师受了大众蓬蓬勃勃的长进的压迫之后，对于自己及一切教师所提出来的警告。只有不断地追求真理才能免掉这样的恐怖。也只有免掉这种恐怖才能教大众，否则便要因为怕大众而摧残大众了。我得声明，真理离开行动好比是交际花手上的金刚钻戒指。我们所要追求的是行动的真理，真理的行动（Truth in Action）。这种真理不是坐在沙发上衔着雪茄烟所能喷得出来的。行动的真理必须在真理的行动中才能追求得到。你不钻进老虎洞，怎能捉得小老虎。

第二，讲真话　让真理赤裸裸的出来和大众见面。不要给他穿上天使的衣服，也不要给他戴上魔鬼的假面具。你不可以为着饭碗、为着美人、为着生命，而把"真理"监禁起来或者把他枪毙掉。教师只能说真话。说假话便是骗子，怎么能做教师呢？

第三，驳假话　说假话的人太多了。教师要有勇气站起来驳假话。真理是太阳，歪曲的理论是黑云。教师要吹一口气把这些黑云吹掉，那真理的太阳就自然而然的给人看见了。

第四，跟学生学　你要教你的学生教你怎样去教他。如果你不肯向你的学生虚心请教，你便不知道他的环境，不知道他的能力，不知道他的需要；那么，你就有天大的本事也不能教导他。他要吃白米饭，你老是弄些面条给他吃，事情是会两不讨好。不但为着学生而且为着你自己，你也得跟你的学生学。你只须承认小孩有教你的能力，你不久就会发现小孩能教你的事情多着咧。只须你甘心情愿跟你的学生做学生，他们便能把你的"思想的青春"留住；他们能为你保险，使你永远不落伍。

第五，教你的学生做先生　你跟学生学，是教学生做你的先生。如果停止在这里，结果怕要弄到师生合做守知奴，于大众毫无关系。你必得进一步教你的学生去教别人。你必须教你的学生把真理公开给大众。你得教你的学生拿着真理的火把指点大众前进。

第六，和学生、大众站在一条战线上　教师不和学生站在一条战线上便不成为教师。这是怎样说呢？因为他要到西方去，你却教他往东走；反过来，他要到东方去，你却教他往西走。这种牛头不对马嘴的教育怎能行得通呢？有些教师不恤使用强迫的手段要学生朝着教师指定的路线走，结果是造成师生对垒，变成势

陶行知 教育名篇

不两立。在势不两立的局面下还能叫学生接受你的指导吗？不但如此，先生学生虽是打成一片，如果他们联合行动的目标与大众所希望的不符，还只是小众的勾结，将为时代所不容。因此做教师的人必须和学生、大众站在一条战线上为真理作战，才算是前进的教育。现在中国第一件大事是保障中华民国领土主权之完整，与争取中华民族劳苦大众之自由平等。教师和学生、大众都要针对着这个大目标，才能站在一条战线上来。教师和学生、大众站在这一条战线上来奋斗，才算是实行着真正解决国难的教育。你若把你的生命放在学生的生命里，把你和你的学生的生命放在大众的生命里，这才算是尽了教师的天职。

我们如果能把上面这六点做到，便不愧为现代的教师了。这样的教师，我相信，对于民族解放，大众解放，人类解放是有贡献了。

六　怎样才可以做一个前进的青年大众①

什么是前进？

我是今年五月十日到平南。平南是邕江旁边的一个小村庄。村里有一个女学校，学生个个是赤脚大仙。我对于她们的认识是：

> 一群野姑娘，
> 好像没规矩；
> 教她穿袜子，
> 嘴许心不许。
>
> 粉碎烂规矩，
> 创造新规矩；
> 无须人干涉，
> 万事自作主。
>
> 有弛也有张，
> 不是自由乡；
> 令人留恋处，
> 仿佛在晓庄。

---

① 此题在《生活日报·星期增刊》第1卷第5期（1936年7月5日）上发表时为《树下谈话记——怎样才可以做一个前进的青年》。

这里的同学是天真烂漫，对于世界国家的大事是要打破沙锅问（纹）到底。他们围着我，盯着我问东问西，问个不歇。我说，找一个风凉的地方来畅谈一下更好。

那是现成的。门外就是六七株很大的榕树，像撑着大伞，排起队来，站在江边侍候着。好得很，还有几块古碑睡在地上让我们坐。这些树阴底下简直能坐好几百人。我们将近一百人在两棵树的中间坐了下来，已经是觉得够宽敞了。正是：

> 大树挡太阳，
> 清风来邕江；
> 坐在古碑上，
> 大事共商量。

这真是别有天地非人间。我们的有意义的讨论就这样的开幕了。

先是有人说了几句介绍词，接着就是我的简短的开场白，忽然间，一位同学像爆蚕豆样爆出一个问题来：

"怎样才可以做成一个前进的青年？"

"跟前进的人做朋友。"

"前进的朋友到哪儿去找呢？他又没有招牌挂在脸上。"

"听他讲的是什么话。看他干的是什么事。"

"在我们近边的人，固然可以这样办。不幸近边的前进的人不可多得又怎样办？幸而有，我们还想多得几位前进的朋友又怎么办？"

"像蚂蚁寻蜜糖一样去找。"

"我们又不是蚂蚁，怎么去找？"

"跟着气味去找，那气味是在前进的文章里。看前进的杂志，要不断地看。"

"提起这我想到一点，就是前进的书也要看。"

"对！前进的书是比较更有系统，更能帮助你前进，可是前进的杂志可以帮助你找到它们的线索。我素来不欢喜看广告，但前进的杂志上新书出版的广告不可不看。"

"前进的朋友也能把前进的书介绍给我们。他们还能介绍我们知道一些没有广告的书。除了找朋友、看杂志、读新书之外还有什么别的办法呢！"

"钻进大众的生活里去。"

"大众拜菩萨，先生也叫我们陪他们烧香读经吗？"

"那可不是呀。那样钻进去，是跟着他们落伍，何能帮助我们前进？你要钻进大众的生活里去免不了要穿上一套潜水衣。潜水衣能叫你钻进水里去感受水的压力并在水里做工作而不致给水淹死。你要钻到大众的生活里去感受大众的痛苦，了解大众的问题，明白大众的力量。你不但要避掉他们的迷信和落后思想，并且要帮助他们克服这一切。"

"那件潜水衣是什么？"

"前进的意识钻进大众的生活里去，等你钻出来的时候，你的意识是更前进了。大众的意识也跟着你所接触而一起前进了。"

"有些人从前是前进的，过不得多少时候就会落伍到几千里外去。这是什么道理？最明显的是'五四'时代所谓前进分子，到如今多数是反动颓废得太厉害，我们眼面前也有些人是如此。有什么法子可以叫我们继续不断地前进？"

"你的意思是要有个保险，要保你一世到老的前进吗？"

"是的。怎样可以为前进保险？这个保险公司哪里有？"

"办法就在'公司'两个字里面。公是公共；司是看管又有司理的意思，例如司机是开机器的人。前进的人联合起来过着前进生活，大家彼此看管好了，不使一个人落伍，那么前进就得到保证了。个人的前进是最靠不住。他高兴就前进，灰心就落伍，谁也不能为他保险。惟有集体的前进行动才能帮助我们一世到老的前进。"

"这是很对的了。但是加入这个集体的分子是不是需要年龄的区别，是不是一定要整整齐齐的青年。我看有些小孩倒很前进的，似乎也能加入。"

"严格的限制是有害的。有些小孩是的确很前进。这些年来，不但是青年教我前进，小孩也教我前进。有时青年对老师说话要客气些，不便逼人过甚，而小孩倒天真烂漫，心里有什么说什么。我个人的经验是得着小孩的指教多于青年的指教。我并且亲眼看见前进的小孩督促几位落伍的青年简直如同赶驴子一样的认真。如果把小孩子开除，那是一个大损失。我们成年人应该跟青年学，青年人是无疑的应该跟小孩学。集体的行动里面倘若能够加入前进的小孩那是更能保险大家前进了。……我们怎样才可以做成一个前进的青年？我得加重的补说一句：最重要的方法是集体的前进行动，是前进的集体行动，它不但是为'前进'保证，并且它本身便是培养'前进'的主要方法。"

讨论到这里，我正想休息一会儿，忽然又来了一个大炮：

"什么是前进？"

"你们大家想想看。这是个根本问题，我们倘使不能明明白白地答复这个问题，前面的讨论就会落空。什么是前进？"

"反日是前进。"

"反封建是前进。"

"反个人主义是前进。"

"为大众谋幸福是前进。"

"教大众觉悟是前进。"

"教大众联合起来是前进。"

"和大众站在一条战线上争取解放是前进。"

"追求真理是前进；固执成见是落伍。"

"行动是前进；空谈是落伍。"

"斗争是前进；妥协是落伍。"

"创造是前进；改良是落伍。"

"把握现实是前进；幻想是落伍。"

"世界观的（改造）是前进；狭隘的国家主义是落伍。"

"运用矛盾以发展的是前进；坐待高潮之来到的是落伍。"

"唱义勇军进行曲的是前进；唱妹妹我爱你是落伍。"

"你们所说的，我大致满意，有几条似应该归并，恐怕也还有遗漏，这个整理的工作，以后再干。今天我们至少对于'什么是前进'是有了一个比较清楚的系统的了解了。我却有两点意见贡献。比如，反帝这个口号在一年前是无论哪一个前进的人都认为无可怀疑。但最近这几个月来，情形是大变了。我们觉得危害中华民族生存的最大敌人是日本帝国主义。我们应当把我们的战线缩短。所以反抗日本帝国主义是成了当前最前进的口号。这口号是与把握现实一条更为符合了。其次，单单行动两个字不限定是前进。开倒车也是行动，反动也是行动。因此，我们是需要修改一下，有真理指导的行动才是前进。我高兴得很，自从经过这次讨论之后，我对于这个问题是更加明了了。我很感激诸位同学的指教。"

"你对于不前进的青年有何感想呢？"

"老了，病了。一个人老了是几乎没有药医。病了，如果他愿意医，还有办法。"

"一个十七八岁的青年会得老吗？"

"他会，他会变成一个十七八岁的老翁。她会，她会变成一个十七八岁的老太婆。"

"他们害什么病呢？"

"爱病！一个不前进的青年是会害爱病，病死在爱里，这些恋爱至上主义者是多么的可怜啊。"

"有什么药医呢？"

"只有一种药。用革命来指挥恋爱，用革命至上论来克服恋爱至上论。这样一来，他是变成了一个前进的青年了。他必须变成一个前进的青年才能医好这种青年病。"

"前进的青年就不会害病吗？"

"有些也害病。害的是幼稚病。他们把四周围的朋友都造成敌人。他们帮助敌人造成联合战线攻打他们自己，他们像蚕一样，造茧自缚。他们拼命的'前进'，结果是一步也不得进，甚而至于退到几千里外去。他们在敌人的面前张挂自己营盘的军用地图，他们把自己造成自己的敌人。前进的青年只怕害这种病。"

"有药可医吗？"

"自我批判，追求真理。"

"哈哈，有了药方，我们不怕生病了。"

"药方不能担保你们不生病。你们要依着药方去配药来打预防针，才不会害病，就是病了，也不致把老命送掉。这种预防针是像种牛痘一样，隔一些时候就要打一次才能保险的。"

"晓得了。"……

太阳下山了，天快黑了。赤脚大仙累了。我也坐着一只小船儿回来了。

七　文化解放①

1. 什么是文化？

文化是什么？初看起来是一个很容易答复的问题，但是仔细想一下，却有些困难。我们看到一本书，大家都可以承认它是属于文化方面的东西，但是遇着一把"石斧"的时候，我们的意见就要分歧了。有的人承认它是古代文化的遗产；有的人就不免要把它划进别的部门里面去。如果我们承认它是文化的遗产；那么一切生产工具都可以包括在文化的范围里面去了。石斧既是属于文化，那么，锄头，乃至机器都可以算为文化了。这样一来，文化范围可就广大了。除了大自然之外，凡是人类所创造的一切都是文化了。凡是可以用来生产、战斗、交通、享乐、治理、思想的工具以及这些工具所引起的变化都可以当作文化看待了。这是

---

①　这部分曾以同一标题在《生活日报·星期增刊》第 1 卷第 2 期（1936 年 6 月 14 日）上发表过。

一个顶宽的看法，也是一种顶简单的看法。照这样看法，文化是与大自然相对起来。世界上的一切可以分成两大类：一类是没有加上人工的，叫做自然；另一类是人工所创造的，叫做文化。但是在这个广大的定义之下，研究讨论的工作是不易进行。因此我们要从这广大的事物里抽出一部分来，特别叫它为"文化"。这部分便是记录思想、传达思想、发展思想、改变思想的符号、工具和行动。照这样看法，在文化里是包含了书籍、报纸、戏剧、电影、学校教育、社会教育、民众运动、高深学术研究等等。在本质方面看，文化工作是反映着人类经济政治的思想。这个定义是与一般人普通所想的接近。

2. 对谁解放？

大众是文化的创造者。最初连语言文字都是从劳动中产生出来的。从哼呀哼呀的呼声里发现了语言，这是不可否认的事实。在树皮上面游猎的路线是文字起源之一。石斧、石刀、种地、造房子不是什么圣人发明的，乃是许多劳苦大众一点一点的积起来的贡献。近代工人对于发明上千千万万的贡献都给科学家偷了去写在自己的账上。文化是大众所创造的。文化是被小众所独占。现在应该将文化从小众的手里解放出来。创造文化的大众应该享受创造的结果。文化是无疑的要对大众解放，使整个文化成为大众的文化。现在的文化解放运动可以说是大众文化运动。

3. 认识上的解放

文化有什么功用，我们必得把它认识清楚，才能谈它的解放。有些人把文化当作装饰品看待，以为大众用不着这个东西。我承认现在所谓"文化"当中有一部分是好比金刚钻戒指。但是有一部分是思想斗争的武器，这武器必定要解放出来，给大众抓住，然后民族大众的解放才有很快的发展。其次，有些人以为大众文化是要等到大众政治实现以后才有可能。我承认大众文化的普及是要等到整个政治变成大众的政治。但是，大众的政治绝不是凭空从天上掉下来的，它是要靠着大众继续不断的奋斗才能实现。这奋斗是要运用文化的武器以转变大众的思想才能保证胜利。另外，特别从事文化工作的人，太夸大文化的工作者或把文化看作一个孤立的东西。他们相信文化万能，或者是为文化而文化。这样会叫文化工作脱离了现实而变成一个没有作用的东西。殊不知文化所要记录、传达、发展、改变的思想乃是人类生活中心的思想，即是政治经济的思想。文化脱离了政治经济便成了不可思议。我们认识了文化是政治经济斗争的武器就没有这个毛病了。最后，还有一种人以为文化的工作是纯粹的头脑工作。他们把它看成一个静的东西，可以静坐而得，静坐而传。他们忽略了行动与思想的关系。他们没有认识文化运动作用。我们如果认识文

陶行知 教育名篇

化是民族大众解放的斗争的武器,这个静止文化的错解也就消灭了。我们对于文化的功用至少要有这点认识,然后才能把它从错误歪曲的观念里解放出来。也惟有把文化从错误歪曲的观念里解放出来,文化才能发生真正的作用。

4. 工具的解放

中国的思想符号主要的是汉字。读书人要花一两千块钱,学它十年二十年,才可以读点古书,平常的人花它百把块钱一两年只是一撇一直的像稻草一样吃到肚里去不能消化,俗语叫做不通,读书没有读通。这难写难认的汉字只好留给那少数有钱有闲的少爷小姐去学,无钱无闲的大众和苦孩子必得另找出路。这出路就是近年提倡的易写易认的新文字,大众只需一个月每天费一小时就会写新文字的信,看新文字的报,读新文字的书,那是多么便利啊!大众文字的解放是大众文化的解放的钥匙。

5. 方法的解放

传达文化之方法,依我看来,有三点最要解放。第一点,灌注的教授法最要不得。他把接受文化的人当作天津鸭儿填。民族大众解放运动最需要的不是灌注的演讲而是对于时事之讨论。这种相互之自由讨论,如果有前进书籍杂志作参考最能启发人的思想。学生和大众应该普遍的从灌注的教授法里解放出来,跑到这种自由讨论的空场上呼吸些新鲜空气,晒一晒太阳光。第二点,是知识封锁也要不得。从前的观念是学问自己受用,学校变成守知奴的制造厂。我们应该把自己从这知识私有卑鄙习惯里解放出来,我们对于真理应该即知即传,不肯教人的人不配受教育。从前写文章的人,是写得愈深愈觉得意。现在呢,连白话文都得解放成大众文,使得大众易于了解。这的确对于传播文化是有很大的作用。觉悟的知识分子都得把自己的作风解放出来使得大众易懂。第三点,要不得的是教而不做,学而不做。我们要在行动上来推进大众文化。我们要从静的方法解放出来,使大众加入真理的行动以追求行动的真理。

6. 组织上的解放

文化的组织是被小众捏得死死的。学校里的训育管理变成官僚化。学生只是被治而失去了自治。我们要把文化从模范监牢里解放出来,使它跑进大社会里去。社会即学校。文化的场所多着哩。茶馆、酒楼、戏院、破庙、茅棚、灶披、晒台,甚至于茅厕在今日都成了大众的课堂。整个民族解放运动成了大众的课程。平常的课程如果是和民族解放运动配合起来就不得不起质的变化,例如算学吧,那是看作一门纯粹的学科,然而把整个中国失掉的领土富源算一算,便立刻从平常的课程跳入非常的课程里面来了。在新的组织里教师学生和大众是站在一条民族自救的大路上，从前教师与学生间、学生与大众间的围墙都要打通，这样大众的文化才能充分传达发展。

7. 时间的解放

有些传统的学校，名为认真，实际是再坏无比。他们把无所谓的功课排得满满的，把时间挤得滴水不漏，使得学生对于民族前途和别的大问题一点也不能想，并且周考、月考、学期考、毕业考、会考弄得大家忙个不了，再也没有一点空闲去传达文化、唤起大众。说得不客气些，这就是汉奸教育、奴化教育、亡国教育。另一方面，大众一天做十二小时工，甚至于有的要做十六小时的工。他们是没有空闲接受文化。时间是文化战的最大关键。我们必须争取时间来推进大众文化。时间解放是大众文化解放的焦点。

8. 新文化创造的解放

新文化之创造是社会进步之特征，同时，也是帮助社会更进一步的一种推动力。新兴的文化多少总是于大众有益的文化。所以新文化的创造是受着前进者之欢呼，同时是遭着落伍者之妒忌。前进的书籍、杂志、戏剧、电影种种是在热烈的欢迎里遇着最残酷的虐待。明明是一套最好的电影，他会给你东剪一条，西剪一条，剪得使你失去了原来的生命。好比人家生了一个小孩，假如管户口册的人要批评你这孩子那里生得对，那里生得不对，你一定是要觉得他做得太过分了；又假如他不但是随嘴乱说，并且手里还拿了一把剪子看到孩子耳朵长得太长便毫不客气的剪掉一点，看到孩子鼻子长得太高又毫不客气的剪掉一点，你该觉得这是个什么人啊！你能忍心地坐在旁边让他剪吗？这样的刽子手是等在文化界的门口一看见新的作品出来就给他几剪。从这把剪子的虎口里把新文化解放出来，是整个文化界不可推诿的责任。

9. 怎样取得文化解放

中国从前有一样东西叫裹脚布，把姑娘们的脚紧紧地裹，裹得肉烂骨头断，裹成一只三寸金莲，好嫁一个好人家。我想和这裹脚布相配的还有一件东西，叫做裹头布，把中国的小孩、青年、大众的头脑壳，紧紧地裹，裹得呆头呆脑的，裹成一个三寸金头，好做一个文化奴隶。这裹头布便是加在大众头上的一切文化的压迫。不愿做文化奴隶的人联合起来，争取大众文化之解放！前进的知识分子在推进大众文化上固然能起重要的作用，但是大众文化运动决不能由少数知识分子代办。大众文化是大众的文化，是大众为自己推动的文化，是大众为自己谋幸福除痛苦而推动的文化。大众文化的解放是要大众运用集体的力量来争取的。它绝不是小众可以送来的礼物。并且民族解放、大众解放、文化解放是一个分不开的运动。必

陶行知 教育名篇

得要联起来看，联起来想，联起来干，才会看得清楚，想得透彻，干得成功。

八　大众歌曲与大众唱歌团①

1. 什么是大众歌曲?

大众的歌曲是大众的心灵的呼声。它是用深刻的节奏喊出大众最迫切之内心的要求。少数天才之创作必定是符合了这个条件，才为大众所欢迎而成为大众的音乐和大众的诗歌。大众的歌曲是要唱出大众的心中事，从大众的心里唱出来再唱进大众的心里去。它来，是从大众的心里来；它去，是到大众的心里去。

那少数的音乐和文学天才怎么会知道大众的心事呢？他们如果老是坐在沙发椅上享现成福，那是永久不会知道的。可是，他们也无须学孙悟空要钻进人家肚皮里才知道人家肚皮里的事。他们只须站在大众的战线上来做斗士，便能感觉大众的艰难，了解大众的需要，说大众要说的话语，唱大众要唱的歌曲。一个脱离了大众生活的天才绝写不出大众的歌曲来。因此，大众的歌曲可以说是大众运用天才写起来的。简直可以说，是大众共同创造起来的。

2. 民众歌咏团之伟大

刘良模先生所创的民众歌咏团是大众音乐以最正确的形式表现出来的。这种歌咏团现在在中国各大都会里都有了组织。最初在上海我曾经听过一次二三百人的合唱，他们是预备到高桥去唱给乡下人听。近来看《永生》又知道他们一团七百人，于六月七日在上海西门公共体育场合唱给五千人听。会场中曾有警察来干涉，但是听啊"中国人连中国歌都不能唱了吗?"这个五千人的吼声是使警察不好再说话。最近六月二十日夜里，香港民众歌咏团团员四百人在青年会体育场上对三千民众合唱，把民族自救的声浪打到每一个听众的心里去。我这次也是听众之一，亲自感觉到这个运动的前途的伟大。

3. 为什么在这个时候产生?

民众歌咏团为什么在这个时候出现？从前为什么没有这样活动？我可以说像民众歌咏团这种组织，不是偶然可以产生的。比如一种花，它是原来有生命，但是气候未到，它是开不出花来；气候已到，它便自然而然地开出美丽的花了。音乐是大众心灵的呼声。大众欢喜唱歌，那是无可怀疑的。每一个大众的心灵里都潜伏着音乐的种子。但是在那伟大的音乐气候未到以前，他们只能唱几套小调儿

---

① 此题在《生活教育·星期增刊》第 1 卷第 4 期（1936 年 6 月 28 日）上发表时为《从大众歌曲讲到民众歌咏团》，其内容只包括本篇的前半部分。

过过瘾，表现不出很大的力量。这好比是一种子在地下吸收一些潮湿时所发出的低微的声音。现在是伟大的时代的前夜，大众是预备开口了。春天到了，你能叫桃花不开吗？夏天到了，你能叫荷花不开吗？秋天到了，你能叫菊花不开吗？冬天到了，你能叫梅花不开吗？大众的时代到了，你能叫大众的口不开吗？

因为日本帝国主义不断的侵略，中国是遇了空前的大灾难。中国大众不肯亡国做奴隶。中国大众要追求自由，追求平等，追求生存。中国大众要为自由而战，为平等而战，为生存而战。

世界上最伟大的音乐是战斗的音乐，最伟大的文学是战斗的诗歌。中国是在发动一个空前的民族解放的伟大战斗，在这个时候，是自然而然地会跑出最伟大的战斗的音乐与战斗的诗歌。

战斗的音乐与战斗的诗歌之外，次有力而也含有普遍性的是恋爱的音乐与恋爱的诗歌。恋爱的音乐与恋爱的诗歌在古时与野蛮社会里也是大众的集体活动。在择配结婚的时候，一群一群的青年男女奏着恋爱的乐，唱着恋爱的歌，跳着恋爱的舞。但是在开化的国度里，这种集体的欢会是失掉了，恋爱变作个人的事，恋乐恋歌都变成靡靡之音而为大众集体生活所丢弃。但是仔细考察起来，恋爱是性之战斗也是战斗的一种。恋歌恋乐未尝不可以和战歌战乐相通。假使把革命与恋爱打成一片，使恋爱受着革命的领导，那么武装的恋歌恋乐也可以成为伟大的作品而为大众所欣赏。

其次就是工歌。工歌也是战歌的一种。它是与自然界和剥削者战斗之呼声。武装的工歌当然是有它的伟大，也当然是大众欢喜吃的家常便饭。

受着时代的伟大的感动，音乐的天才自然会创作大众高兴唱高兴听的音乐，文学的天才自然会写出大众高兴听高兴唱的歌词。从前有人写一首歌要找人做个谱很难，有人做一个谱要找人填一首词也很难，勉强配合起来，好比旧式结婚，总难中意。有时弄出绝大的笑话，开学歌配上出丧的音乐。其实，它们不但是不相配，而且是音乐不成音乐，歌词不成歌词。现在却不同了。一首前进的歌，要一位前进的音乐家做个谱，他的谱就恰到好处。一个前进的谱要一位前进的文学家填一首词，他一填就填到天衣无缝。而且唱起来，大众都兴奋。这是因为什么缘故呢？因为制谱者、作歌者、唱者、听者都是遇着同一的大灾难，发生同一的大觉悟，参加同一的大战斗，是必须的唱出同一的大和声。

我所说的音乐天才和文学天才并不是超人的天才。有音乐的天才而实际上不是一个与大众站在一条战线上和大灾难拼命的斗士，他写不出感动大众的乐谱。有文学的天才而实际上不是与大众站在一条战线上和大灾难拼命的斗士，也写不出感动大众的歌词。现在能写大众的歌词的人是比较的多，能写大众的乐谱的人还很少。聂耳先生之死是中国大众音乐的损失，几乎是等于音乐之国里失掉一个东北，东北可以收回，聂耳不能复活，这是一件令人伤心的事啊！中国有音乐天才的人数本来也有一些，多数到现在还是站在大众战线之外，享受个人的自由幸福。这些朋友到现在还写不出一件为大众欢迎的作品，这不是很可惜吗？但是我相信，只要他们一加入大众的队伍和民族的大灾难开始拼命，就不啻是聂耳先生一个又一个的复活了。

然而聂耳先生给我们的音乐遗产已经是很可宝贵了。我们的劳苦大众自己创造的山歌也不错。还有好些前进的文学家所写给大众的词也值得感谢：这些人都是把他自己的生命放在大众的战斗里，才把他们的天才发挥出来，写成大众的音乐，大众的诗歌，使大众有东西唱，兴高采烈地唱了又要唱。

4. 大众唱歌之前途

民众歌咏团已往的成绩是值得赞美，以后的前途是更加伟大。现在就我所想到的提出几点意见，供这运动的同志做参考，同时，希望大家指教：

（一）改个名字　名字要符合大众语。歌咏的咏字不很通俗。我提议把它改为大众唱歌团。

（二）越多越好　从前韩信用兵多多益善，大众唱歌团的团员和大众是越多越好，少则要做到一千人唱，一万人学；多也不妨一万人唱，十万人学。旧世界只有小巧之美。那大量之美是一个新的观念。我希望大众唱歌能给这"大量之美"或"集体之美"一个深刻而具体的印象。

（三）大众开口　大众到会场上来不是听，乃是学；不是学，乃是学唱。我们只有唱众，没有听众；起首虽是听众，当场变做唱众。这样才能更充分地发挥大众的力量。一群哑巴的大众有甚么精神呢？

（四）选歌标准　大众唱歌团所选的歌是要有标准。一要意识前进；二要歌谱有精神；三要歌词不违背大众语。香港民众歌咏团所选的歌曲里就有一两首用文言歌的，大众唱着调子而不懂得里面的意思，效用是未免要减少些。

（五）到源头上去找　有些不懂事的人把人家的歌曲乱改或是不小心地抄错印错。所以选歌要在源头上去找材料。比如锄头歌的第四段是"革命的成功靠锄头，锄头锄头要奋斗"。香港的选本是根据一个改错的本子成了"肩着了锄头要奋斗"。这歌的原意是以锄头代表农人，它是招呼农人要奋斗，并不是叫农人拿着锄头去奋斗。这个选本又把最重要的一首丢掉。这首歌末尾还有一段："光棍的锄头不中用，联合机器来革命。"锄头歌之所以赶得上时代的精神，最要紧的还是后头这一段。这如何可以把它丢掉呢？再么，香港唱的调子是改得与原来的不一样。词不可乱改，谱是多年民众精神的结晶，更不可以乱改。百代公司出了一张小先生唱的锄头舞歌唱片，是根据原来的山歌的调子收音的，可以做参考。我的主要的意思只是希望大家要谨慎地去找材料，不要轻易地改人家的作品。如果要改，也得先和作者商量，倘若真正青出于蓝而胜于蓝，那是谁也愿意接受的。

（六）追求歌调的意义　在小组练习的时候，每首歌的意思都要讨论清楚。这种讨论会自然的联系到时事的讨论，并引起人家去看前进杂志报章之兴趣。

（七）引起识字的趣味　因为欢喜唱歌就对于歌里的文字发生趣味。我们如果抓住这种机会运用传递先生或小先生的法子教人识字读书，再使认字读书与民族解放联系起来，也是很有益处的。

（八）继续不断的办　照民众歌咏团的办法，每一工厂，每一店铺，每一家庭，每一学校或每一集团，只要有十人以上就可派人去教。这是一个顶好的办法。这种组织应当成为永久的自求长进的组织。因为新的歌曲是川流不息的出来，我们怎么可以中途而废呢？我们要继续地唱，唱到中国独立、平等、自由了才许它告一段落。

（九）军歌要换　我们二百万军队是需要前进的歌曲。不幸得很，他们还是唱着没有多大意思而很难听的老军歌。一个个的军队都应该成为一个大众唱歌团。至少要采用大众唱歌之集体合唱方法，去唱民族解放之战歌。

（十）大众唱歌团下乡　乡下人是欢喜唱歌。暑假、寒假、星期假，大众唱歌团团员应当下乡训练农民大众唱歌并组织乡村大众唱歌团。乡下的教师如有会音乐的，应当即刻着手提倡乡村大众唱歌团，随时来它一个联村大合唱。

（十一）告音乐天才　有音乐天才的朋友不要把自己的天才在靡靡之音上浪费掉。你们要站在民族的联合战线上来，替大众写乐谱。

（十二）告文学天才　有文学天才的朋友再不要为文学而写文学，也应该加入大众的队伍里来为大众写歌词。

（十三）别抄袭　不要梦想把欧、美现成的歌谱拿来填词。我们现在所需要的是半殖民地反抗日本帝国主义的调子，这个调子在欧、美的音谱里是没有的。它是要我们大众队伍里的天才在中国的土壤气候里扶养出来。

（十四）防止麻醉　唱歌是最能启发人的心灵也是最厉害的迷魂汤。从前的宗教家和现在的法西斯都用唱歌来麻醉人。那个德国的福井范格勒便是用音乐代替纳粹党去麻醉大众的所谓音乐家。美国大众上月听说他要到纽约来做乐队总指挥，大家都起来抵制，不听他所指挥的音乐，乐队里的队员也表示不愿接受他的指挥。一个麻醉人的音乐家是这样受大众的鄙弃，我们看了这件事，是格外明白大众音乐所

陶行知　教育名篇

应该走的路。在我们提倡用大众歌曲来唤起大众的时候，说不定有人也想用假的大众歌曲来叫大众再睡睡，睡到亡国再起来。我们要一致留心这种麻醉的策略，先给它打一支预防针。大众的时代快来到。小众的靡靡之音应该走开，麻醉大众的歌曲是格外应该走开。但空言是无济于事。只要真正的大众歌曲，继续不断地创造起来，便如白日中天，什么微生物都要消灭了，让我们努力创造吧！

九　大众的文字①

中国已经到了生死关头，我们必须教育大众组织起来解决国难。但是这教育大众的工作，一开始就遇着一个绝大的难关。这个难关，就是方块汉字。方块汉字难认难写难学。每一个人必得花费几年功夫几十几百块钱才能学得一点皮毛。一个每天做十二三点钟苦工的大众是没有这些空闲时间，也花不起这许多钱来玩这套把戏。手头字、简字是方块汉字的化身不是根本的解决。注音字母是为方块汉字注音的工具，不过是方块汉字的附属品。国语罗马字崇奉北平话为国语，名为提倡国语统一，实际上是来它一个北平话独裁。在有闲有钱的人看来，学了一口北平话再用罗马字读读写写，是不费什么事。但是叫一个上海的、福州的或广州的苦人同时学北平话又学罗马字，那几乎是和学外国话一样的难。国语罗马字又注重声调的符号，把初学的人弄得头昏脑黑。简单地说，中国大众所需要的新文字是拼音的新文字，是没有四声符号麻烦的新文字，是解脱一个地方言的独裁的新文字，这种新文字，现在是已经出现了。当初是在海参崴的华侨制造了拉丁化新文字，实验结果很好。他们的经验学理的结晶便是北方话新文字方案。但是我们不要误会，海参崴的华侨也是中国人。所以这个方案虽是在外国产生，但还是中国人的作品，是和别的中国留学生华侨的作品一样的不容歧视。现在上海话新文字方案也已经由上海的专家造成发表出来，征求大家批评。厦门和客话方案已经编成正在这儿审查。广州、福州、徽州各处方案也正在编制。这些工作是由中国新文字研究会主持进行。

根据上海话新文字方案实验结果，平常人每天费一小时只需半个月功夫，即可写新文字的信，看新文字的报，读新文字的书。聪明些的人两个星期就行；笨一点的人，只需一个月，成绩也不错了。每人所花的，只要三分钱。义务教育培养一个小孩每年平均要花八块九毛钱。民众教育培养一个成人要花一块八毛钱。

---

① 此题在《生活教育》第3卷第5期（1936年5月1日）上发表时为《我们对于推行新文字的意见》，文末还附有蔡元培等人的签名。

上海一带运用小先生教汉字每人也要花三毛钱；三万万人的普及最粗浅的初步汉字教育至少就得九千万元。去年教育部筹款办义务教育，努尽了力只筹得三百多万，相差是太大了。倘若推行新文字，每人三分钱，连黄包车夫也出得起。所以就时间金钱两方面来看，新文字是普及大众教育的最经济的文字工具。

有人怕各地方言新文字起来之后会阻碍中国统一。我们详细的把它考察一下，知道这是一种过虑。第一，中国各地方言之不同，不像我们平常所想的那样厉害。因为国内各地方言是汉话与各处土话互相同化克服的结果。它们的不同是有规律的。我们只须把它们彼此不同的规律指出来，大部分是很容易相通的。第二，汉字在名义上是中国统一的文字，但是认得汉字的只是少数人，而多数人是没有文字的。多数人没有文字，除了谈话之外，便不能彼此相通也不能与认识汉字的小众相通。如果各区的方言新文字传给了各该区的大众，那么区以内的大众便可以彼此相通；该区的知识分子精通几区新文字甚至于几国文字的总能找出好几位来，搭一个桥，使各区的大众彼此相通并与全国的知识分子相通，与现代世界文化相通。各区的小事只用本区的新文字记载，至于关系国家的大事都可以由知识分子翻译广播出去。所谓知识分子并不限定是高等华人。大众得了新文字的培养，也必然的会在自己的队伍里产生出知识分子，并且运用各区新文字对照的读物也可以把自己造成沟通各区文化的铁桥。这样一来，新文字不但不至于阻碍中国的统一，而且有力量促进文化的沟通，帮助中国的统一。第三，我们所需要的统一不是抽象的统一，不是幻想的统一，不是制造的统一，而是从实际生活酝酿出来的统一。我们所要的是各区不同生活的血脉流通，而不是勉强各区过同一的生活，说同一的话语，写同一的文字。同一文字的范围是跟着同一生活需要而扩大，绝不可以心急。提倡国语的先生们往往幻想出一个公共的需要来推进北平话。他们说："到了需要的公共场合就自然非学国语不可。"我们知道这个公共场合是幻想起来的。在上海大众的公共场合是要用上海话才来得有效。同样，福州大众的公共场合要用福州话，广州大众的公共场合要用广州话，否则，你就得请人翻译，或者是听众听不懂，等于没有说。可见这"公共场合"四个字只适用于少数的知识分子，只适用于有钱有闲学它几年北平话的小众。要想把小众的公共场合的需要当作大众的公共场合的需要，勉强的要把它们赶快统一起来，并且把这种统一看成天经地义，这只是提倡者的偏爱的幻想。拥护汉字的统一的先生们对于这同样的幻想更是强烈得很。这种幻想，自然用不着新文字来阻碍它，就会叫他们失望。第四，现在中国是遇着空前的国难，只有大家一齐起来抵抗，才有生路。中国文化界现阶段最重要的工作是普及民族自救的教育，我们要动员一切工具来进行这个工作。但是在选择工具的时候，我们是必得指出新文字的特大效力。文字好比是交通媒介，汉字好比是独轮车，国语罗马字好比是火轮船，新文字好比是飞机。坐上新文字的飞机里传播民族自救的教育的时候，就可以知道新文字是不但不阻碍中国统一，而且确有力量帮助唤起大众挽救我们的垂危的祖国。

照以上观点看来，我们觉得这种新文字是值得向全国介绍了，我们深望大家一齐来研究它，推行它，使它成为大众文化和民族解放运动的重要工具。以下是我们所要建议的具体办法。

（一）每一个方言的新文字方案成立后，我们首先要根据这方案编辑最廉价的课文、指导书。

（二）课本编成后即着手运用各级学校：民众学校、识字学校、夜学校、补习学校、讲习会培养新文字教师，凡学会新文字的人都有教人的义务。

（三）为着要使学过新文字的人继续学习起见，我们要出版：高级课本、报纸、杂志、小说、诗歌、各科小丛书、新文字连环画、新文字字典、北方话与其他方言对照读物。

（四）根据新文字方案创制新文字速写并创制新文字打字机。

（五）对于用汉字编印的书报，我们主张：

1. 文字大众化。

2. 横排。

3. 采用新文字报头。

4. 新文字汉字对照的读物另开一栏。

（六）除了现在已经发表的北方话与上海话新文字方案之外，我们要继续进行其他各区及少数民族方言的调查，以着手其他各区及少数民族方案之建立。

十　怎样写大众文①

我们要知道怎样写大众文，先要知道白话文的毛病在哪儿。

> 白话文，
>
> 教人聋；
>
> 读起来，
>
> 听不懂。

---

① 这部分曾在《生活教育》第2卷第18期刊出，当时分成两篇：《怎样写大众文》和《再谈怎样写作大众文》。

谁听不懂？大众听不懂。它写的不是大众的事，所以听不懂。它写的句语不合大众说话的口气，所以听不懂。因为听不懂，也就看不懂。白话文不但大众听不懂，就是读书人也很难听得懂。

我们知道了白话文失败的原因，就可以明白大众文应该怎样的写法。大众文应该写大众需要知道的事。大众文应当照大众说话的口气写。

我们的眼睛看惯了古文、白话文，容易引我们走错路，比较起来，还是耳朵靠得住。我们的耳朵是和大众接近些。所以写大众文的一个好方法是请我们的耳朵出来指导我们。凡是耳朵听得懂，高兴听的才把它写下来。

> 根据大众语，
>
> 来写大众文。
>
> 文章和说话，
>
> 不能随便分。
>
> 一面动笔写，
>
> 一面用嘴哼。
>
> 好听不好听，
>
> 耳朵做先生。

这位先生，人人随身带着，很方便。只要我们肯虚心问它，它总是愿意指教我们的。大家还要记着，它是一个钱学费也不要。

从前有一个人家床上生臭虫，懒得捉，愈弄愈多，正愁着没得办法，看见报上广告说到一家药材铺有臭虫药出卖，他欢喜极了，连忙去买。花了三个铜板，得了一个白纸包。回家打开一看，没有药，只有一小块纸上面写着一个字："捉！"

有些人看见商务印书馆的《出版周刊》，说我编的《老少通千字课》是根据大众语写的，就来问我大众文是怎样写法。我也学那药材铺的榜样送他一个纸包，里面写的是："请你的耳朵教你。"

我们的耳朵虽是顶方便的先生，但不是顶靠得住的先生。因为我们听得懂的文章，大众有时听不懂，所以顶靠得住的先生是大众的耳朵。工人、农人、车夫、老妈子、小孩子的耳朵都靠得住。你做好一篇文章，读给他们听听，如果他们听不懂，你要努力的修改，改到他们听懂了，才能写成大众文。小众听得懂，而大众听不懂的文章，决不能冒充大众文。好的大众文还要大众高兴听。如果小众高兴听而大众不高兴听，决不能算为好的大众文。

陶行知
教育名篇

文章好不好，
要问老妈子。
老妈高兴听，
可以卖稿子。
老妈听不懂，
就算是废纸。
废纸哪个要？
送给书呆子。

我们要想写大众文，把大众文写得好，必定要请大众的耳朵做我们的先生。上面的两首诗是一位工人学生张妹给我改的。在《耳朵先生》的一篇里，中间一段原来的稿子写的是：

语文要合一，
不能随便分；
笔儿没有动，
先用嘴儿哼。

我自己的耳朵是给它及格了，但是大众的耳朵听不懂。我得到张妹的帮助才改成：

文章和说话，
不能随便分；
一面动笔写，
一面用嘴哼。

《老妈子先生》一首的末尾两句，原来写的是：

废纸有谁要，
只有书呆子。

也是因为张妹的耳朵的帮助，我才改成：废纸哪个要，送给书呆子。看了上面所举的两个例子，我们对于大众的耳朵纠正我们写文章的力量是无可怀疑了。

当然，一般大众对于新名词也是听不懂。这里我们是要解释明白，使他们能懂，才算是对大众的解释。有些知识分子是越解释越叫人糊涂。要教大众前进，新名词是不得不用，但是大众所需要的新名词，是必须努力在可能范围内根据大众语来创造或改造，例如科学上的"草履虫"为什么不改作草鞋虫呢？

十一　大众画报①

识字运动展开了，普及教育的呼声是得到全国的响应了，读完《千字课》的成人儿童是一天比一天多了，"我们再读什么？""我们有什么报可以看？"这是大众时常问的两个问题。第一个问题是比较容易答复，因为几家大书局里都出了高级民众用读本及民众用丛书，尽可选择介绍；但是第二个问题就把我们难倒了，有什么报可以给粗识字义的大众看？大报写的是文言，又无标点符号，依大众看来，真是漆黑一团，除了知识分子及中等以上的商人谁也不懂。小报、周刊、半月刊多数是用白话文写，也有标点符号，但因西化语法太多，大众也不能看得十分明白。画报是有资格受大众欢迎的，但是有些画报，编排复杂，说明难寻，有时也是文绉绉的，使得大众只是看画而不知道画中的意义，并且价钱太贵，一般大众决不能把两天的饭钱省下来买一份画报看。大家要看报，而中国现在是没有一个报能给大众看得懂。因此我想向作家及出版界提出一个建议：

"编辑出版一种真正的大众画报。"

这种大众画报性质采取日报、三日报、周报、半月报、月报，都有需要，但应当符合下列五种条件：

（一）灌输现代知识，培养前进思想；

（二）用大众语写，要趣味胜过正经；

（三）用连环图画写，要图画多于文字；

（四）编排清楚；

（五）价钱便宜。

如果能合上面所说的五种条件，这种画报必可成为普及教育的一种最重要的工具。大众得了它必是如同大旱得了大雨一样的快乐。我是天天望着这样有意义的画报出现啊！

十二　大众的流通图书馆②

流通图书馆的意义，只要看一看它的名字就能明白一个大概。从藏书到看

---

①　这部分在《生活教育》第2卷第19期（1935年12月1日）上发表时题为《大众画报——一个需要，一个建议》。

②　这部分在《生活教育》第2卷第19期（1935年12月1日）上发表时题为《流通图书馆与普及教育》。

陶行知 教育名篇

书，从看书到借书出去看，这过程是代表了图书馆发展之三阶段，也就代表了普及教育发展之三步骤。让人借书出去看是流通图书馆的特性。但是借给谁看，怎么借法是成了问题。这些问题如果不弄明白，则流通图书馆不免要做成知识分子及有暇阶级的高等听差，负不起普及教育之使命。

（一）借给谁看？对于这个问题，我毫不迟疑地说："借给大众看。"识字的借深一点的给他们看。不识字的借图画书给他们看。图画书不够用，就赶紧的要求作者和书店赶紧的编。流通图书馆的对象是大众，它必须为劳苦大众充分地服务，才算是一个真正的流通图书馆。

（二）怎样借法？现在穷人借书最大的困难有两点：一是没有钱，一是空闲少。我们必须根据这两点来修改借书手续。平常流通图书馆要保证金，少则五毛，多则一元二元，只是这个条件，已经把穷光蛋赶到门外去了。我提议只要介绍人，不要保证金。有些图书馆还要借书人亲自来借，这在有闲的少爷小姐看来并没有多大困难，但一天忙到晚的大众就觉得为难，这当然要允许别人代借。干这件事最觉得便利的那是无过于小先生了。小先生代替学生借书是一件应当鼓励的事。

现在各省市提倡识字运动，成千成万的大众继续不断的加入到读书的队伍里来。"哪里找书看"是成了一个迫切的问题。若不赶紧提倡流通图书馆，这些人将因没有继续读书的机会而把从前读过的书都荒疏了。我心目中的流通图书馆是小规模的，它在拯救文化饥荒的地位看来是一个小饭馆。这种文化小饭馆要普遍的设起来：一镇一个，一村一个，一街一个，一弄堂一个！当然，一县、一市、一乡设一较大规模之流通图书馆，更能收指导、沟通之效。但我所怕的是有了高级的流通图书网，就忘了低级的流通图书馆，最合理的办法是敷设流通图书馆。但与其等待大规模的敷设，不如从小做起。花一二十块钱办一个弄堂或乡村流通图书馆是轻而易举。这是每一位热心提高大众文化水准的人都能做得到的一件事。这样的小小流通图书馆，大众自己就能约几个人凑几块钱办它一个。如果有这样的流通图书馆产生，那是更有意义了。

一九三六年

每天四问①

　　这是陶校长在育才学校三周年纪念的晚会上的演讲词。我当时坐在台下听讲，把它默记着，第二天即把它默写下来，送给陶校长改正。他一直忙着，搁置了四年还没动笔修改。去年七月，七周年校庆后五日，陶校长在沪病逝的消息传来，全校震悼。我刚出医院不久，即奉派来上海，继续筹备迁校事宜。临行时，在陶校长房内看见这篇记录原稿，顺便带在手边。现在八周年校庆来到，不能再听到陶校长的殷勤致词了，这是一个难以形容的怆痛！但是温习遗教，发扬遗教，是我们大家的责任。"每天四问"，是我们每天做人做事的警钟，也是一切有血性有志气有正义感的人，做人做事的宝筏，能把我们的人生渡上更高境界的宝筏！将以此来纪念育才学校八周年的成长，以及将来之发扬光大，并以此来祝颂中华民族共同登上光辉灿烂的历史更高境界。

方与严记

一九四七年七月二十五日

　　今天②是本校三周纪念，我有一些意见提出来和大家谈谈，作为先生同学和工友们的参考。

　　本校从去年的二周纪念到今年的三周纪念，能在这样艰难困苦中支持了一年，几乎是一个奇迹。这一个奇迹，不是一个人的力量所能够做得出来的，而是全体先生同学工友共同坚持，共同进步，共同创造；以及社会关心我们人士的尽力赞助所得来的。

---

① 本篇原载于 1951 年 4 月《育才学校》。

② 今天：指 1942 年 7 月 20 日，是育才学校三周年纪念日。

陶行知 教育名篇

本校在这一年中，好像是我们先生同学工友二百人坐在一只船上，放在嘉陵江中漂流，大的漏洞危险虽然没有，但是小的漏洞是出了一些，这些小漏洞也可能变成大漏洞，使我们的船沉没下去的！然而我们的船没有因为这些小漏洞沉没，竟因为我们这些同船的人，一见有小漏洞，即想尽方法用力去堵塞，有时用手去堵，有时用脚去堵，甚至有时用头用全身的力量去堵，终于把这只船上这些小漏洞堵塞住，而平稳地渡过这一年，而达到了目的地，这是一个奇迹，一个共同努力，共同创造的奇迹。

"一切为纪念"，刚才主席说的这一个口号，当然提出的意义是有他的作用的，大家用力对着这一个目的来创造，是很好的。但是我对于这一个口号有点骇怕，骇怕费钱太多，骇怕费力太多，以致精疲力尽，恐怕得不偿失，所以我主张明年四周纪念，要改变方针，我们的成绩，要从明天起，即开始筹备，日积月累，"水到渠成"的成绩。不要再在短期内来多费钱和多费力量，只要到了明年七月一日，开始把平日的成绩装潢一下，便有很丰富的成绩，再不像今年和去年这样忙了。大家也可以很从容很清闲而有余裕的过着四周年纪念。

现在我提出四个问题，叫做"每天四问"。

第一问：我的身体有没有进步？

第二问：我的学问有没有进步？

第三问：我的工作有没有进步？

第四问：我的道德有没有进步？

第一问："我的身体有没有进步？"

首先，我们每天应该要问的，是"自己的身体有没有进步？有，进步了多少？"为什么要这样问？因为"健康第一"。没有了身体，一切都完了！不禁使我想到了去年二周纪念前九日邹秉权同学之死！与今年三周纪念前九日魏国光同学之死！二人之死的日子是恰恰一周年，不过时间上相差八九个钟点罢了。因这两位同学的死，使我联想到，我们必须继续建立"健康堡垒"。要建立健康堡垒，必须注意几点：（一）"科学的观察与诊断"。……科学是教我们仔细观察与分析，譬如邹秉权、魏国光两同学之死，尤其是魏国光同学这一次的死，不能不说是我们先生同学的科学的观察力不够。魏国光同学患的是"蛔虫"症候，他在学校寝室内吐过蛔虫，有同房的同学见到没有报告，先生也没有仔细查看，到了医院又在痰盂中吐过蛔虫，又没有留心注意到，这就是科学重证据的"敏感"，而成为一种不科学的"钝感"了！而医生又复大意，则在这种钝感之下据之而误断为"盲肠炎"。虽然他腹痛的部位是盲肠炎的部位，但既称为"炎"，就必得发"热"；今

196

既无热，就可以断定不是盲肠炎了。何以需要开刀割治?! 其实魏国光同学的病症是蛔虫积结在肠胃内作怪，不能下达，而向上冲吐了出来! 如果，把这吐过蛔虫的证据提出来，医生一定不致遽断为盲肠炎，而开刀，而发炎，而致命! 因为魏国光同学之死，我们必须提高"科学的警觉性"。以后遇病，必要拿出科学上铁一般的证据来，才不致有错误的诊断，而损害了身体。否则，都有追踪邹秉权、魏国光两同学之死的危险! 所以提高科学的警觉性，是保卫生命的起码条件。最重要还是要用科学的卫生方法，好好的调节自己的身体，不使生病! 科学能教我们好好的生活，生存! 我们今后应该多提高科学的知能，向着科学努力，努力建立科学的健康堡垒，以保证我们大家的健康和生命。(二)"饮食的调节与改进"。……我这次去重庆，因事到南岸，会到杨耿光(杰)① 先生，杨先生是我们这一年来，经济助力最多最出力的一位热心赞助者。顺便谈到儿童和青年的营养问题，杨先生提到德国对于儿童和青年的营养问题，是无微不至的。德国有一位大学教授，对于自己儿子的营养，说过这样一段话:"我为什么有这样好的身体，可以担任这样繁重的事情? 就是我的父母把我从小起的营养就调节配备得好，所以身体建筑得像钢骨水泥做的一样。身体建筑最好的材料是牛肉，所以我决定每天要给我的儿子吃半斤牛肉，一直到二十五岁，就能够把他的身体建筑成为钢骨水泥做成的一样，可以和我一样担任繁重的大事了。"纳粹德国政府，对于全国儿童及青年身体健康的营养，是无微不至，我们今天关于营养的问题提到德国，并不是要像纳粹德国一样，把儿童和青年的身体培养得坚实强健，然后逼送他们到前线上去当侵略者的炮灰! 但是这种注重新生一代的儿童和青年营养问题的办法，是值得注意的。就是苏联是社会主义的国家，对于儿童和青年的营养问题，也是无微不至的，所以它在一切建设上，在抵抗侵略上，到处都表现着活跃的民族青春的活力。其他许多国家政令中亦多注意到儿童和青年的营养问题。我们在今天提出营养问题来，就是为着现在和将来人人能够出任艰巨。悬此为的，以备改进我们的膳食，为国家民族而珍重着每一个人的身体的健康。(三)"预防疲劳的休息"。……饱食终日，无所用心，固然不对，但是过分的用功，过分的紧张劳苦工作，也于一个人身体的健康有妨害。妨害着脑力的贫弱，妨害着体力的匮乏，甚至于大病，不但耽误了学习和工作，而且减损及于全生命

---

① 杨耿光(1889—1949):名杰，字耿光，军事理论家，云南大理人。早年留学日本，参加同盟会。辛亥革命后，参加讨袁"护国运动"。北伐后曾任总司令部总参谋长、陆军大学校长等职。1938年5月，任驻苏大使。曾给予陶行知所办教育事业极大资助。1949年9月离开昆明赴北平出席第一届中国人民政治协商会议途中，于9月19日在香港寓所遭国民党特务杀害。

陶行知 教育名篇

的期限！所以我在去年早已提出"预防疲劳的休息"问题，今天重新提出，希望大家时时提示警觉，预防疲劳，不致使身体过分疲劳。天天能在兴致勃勃中工作学习，健康必然在愉快中进步了。至于已经有人过分疲劳了，要快快作"恢复疲劳的休息"。适当的休息，是健身的主要秘诀之一，万不可忽略。忽略健康的人，就是等于在与自己的生命开玩笑。（四）"用卫生教育代替医生"。……卫生的首要在预防疾病。卫生教育就在于教人预防疾病，减少疾病。卫生教育做得好，虽不能说可以做到百分之百不生病的效果，但至少是可以减少百分之九十的病痛。其余在预防意料之外而发生的只有百分之十的病痛，可是已经是占着很少成分，足以见出卫生教育效力之大了。以现在学校的经济状况说来，是难以支出两三千块钱来请一个医生。我们的学校是穷学校，中国的村庄是穷村庄。我们学校是二百人，若以五口之家计算，是等于一个四十户人家的村庄。若以这个比例来计算，全中国约有一百万个村庄，每村需要请一个医生，便需要一百万个医生。现在中国的人力和经济力都不允许这样做，不能够这样做，所以我们学校也就决定不这样做，决定不请医生。我们要以决心推进卫生教育的效力来代替医生，以保证健康的胜利。以卫生教育代替医生，在两月前，我已有信来学校，提出十几条具体事实来，希望照行，现在想来，还是不够，需要补充。待补充之后，提交校务会议商决进行。但是今天在此先提出来告诉大家，希望大家多多准备意见，贡献意见。在建立"科学的健康堡垒"上多尽一份力量，便是在卫生教育施行上多一份力量，卫生教育胜利上多一份保证。大家都成为建立"科学的健康堡垒"的主要的成员之一，健将之一，共同来保证"健康第一"的胜利。

第二问："我的学问有没有进步？"

其次，我们每天应该问的，是"自己的学问有没有进步？有，进步了多少？"为什么要这样问？因为"学问是一切前进的活力的源泉"。学问怎样能够进步？重要在有方法研究。现在我想到有五个字，可以帮助我们学问易于进步。哪五个字呢？

第一个，是"一"字。一是"专一"的一。荀子说："好一则博"，这句话是很有精义的。因为有了一个专一问题做中心，从事研究，便可旁搜广引，自然而然的广博起来了。我看世界名人学者对于治学的解释，尚少如此精约的，治学必须"专一"的"一"，这是天经地义的了。"专一"在英文为 Concentration，我们对于一件事物能够专心一意的研究下去，必然能够有一旦豁然贯通之时。所以我希望有能力研究的先生和同学，必须择定一个题目从事研究，即使是一个很小的问题，也可以研究出很深刻很渊博的大道理来。于人于己都可得到切实的益处，而且可能有大的贡献。

　　第二个，是"集"字。集是"搜集"的集。"集"照篆字的写法，是这样 **集**，好像许多钩钩一样。我们研究学问有了中心题目，便要多多搜集材料。我们便像 **集** 的篆写一样，用许多钩钩到处去钩，上下古今、左右中外的钩，前前后后、四面八方的钩，钩集在一起来，好细细研究。集字在英文为 Collection，我们有了丰富的材料，便可以源源本本的彻头彻尾的来研究它一个明明白白，才能够真正理解这个问题的症结所在，才能够"迎刃而解"，才能够收得"水到渠成"的效力。所以我希望大家对于每一个问题，都必须多多搜集材料，以便精深的精益求精的研究。在研究上发生力量，在研究上加强创造力量，集体创造，共同创造，在创造上建立起我们事业的新生命，树立起我们事业的新生机，稳定我们事业的新基础。

　　第三个，是"钻"字。钻是钻进去的钻，就是深入的意思。钻是要费很大的力量，才能够钻得进去，深入到里面去，看得清清楚楚，取得了最宝贵的宝贝。做学问虽不能像钻东西那么钻，但是能够用最好的方法，也可以很快钻进去。我在×国，参观一个金矿，他们开采的机器，是运用大气的压力来发生动力的。我见到他们开采的速度，是比现代所称的"电化"的电力，还不知要增加若干倍咧。我们做学问也是一样，如果我们能够在学术气氛中的大气压力下，发生动力去钻，一定能够深入到里面去，探获学问的根源奥妙与诀窍，而必有很好的收获。"钻"字在英文为 Penetration，所以我希望大家对于一个问题拿定了，便要尽力向里面钻，钻出一大套道理来，使我们学术气氛有着飞跃的进步。

　　第四个，是"剖"字。剖是"解剖"的剖，就是"分析"的意思。有些材料钻进去还不够，必须解剖出来看它的真伪，是有用的还是有毒素的？以便取舍，消化运用。"剖"字在英文为 Analyzation，所以我希望大家对于每一个问题搜集得来的材料，除了钻进深入之外，必须更加着意做一番解剖的功夫，分析入微，如同在解剖刀下，在显微镜下，看得明明白白，分析得清清楚楚，真的有用的没有毒素的就拿来运用；如果是假的有毒素的就舍去抛掉不用。如此，鉴别材料，慎选材料，自然因应适宜了。

　　第五个，是"韧"字。韧是坚韧，即是鲁迅先生所主张的"韧性战斗"的韧。做学问是一种长期的战斗工作，所以必须有韧性战斗的精神，才能够在长期战斗中，战胜许许多多困难，化除种种障碍，开辟出一条新的道路，走入新的境界。"韧"字在英文中尚难找得一个适当的字来翻译，勉强可以译为 Toughness，所以我希望大家在做学问上，要用韧性战斗的精神，历久不衰的，始终不懈的，坚持下去，终可达到"柳暗花明又一村"的境界。

我想我们每一个人，能把"一""集""钻""剖""韧"五个字做到了，在做学问上一定有豁然贯通之日，于己于人于社会都有贡献。

第三问："我的工作有没有进步？"

再次，我们每天要问，是"自己担任的工作有没有进步？有，进步了多少？"为什么要这样问？因为工作的好坏影响我们的生活学习都是很大的。我对于工作也提出几点意见，以供大家参考。

第一点最要紧的，是要"站岗位"。各人所负的责任不同，各人有各人的岗位，各人应该站在各人自己的岗位上，守牢自己的岗位，在本岗位上努力，把本岗位的职务做得好，这是尽责任的第一步。我最近在想，人人应该有"站岗位"的教育。站牢在自己的工作岗位上，教育自己知责任，明责任，负责任——教育着自己进步。

第二点最要紧的，是要"敏捷正确"。人常说，做事要"敏捷"，这是对的。但我觉得做事只是做到敏捷还不够，敏捷是敏捷了，因敏捷而做错了怎么办？所以敏捷之下必须加上"正确"二字，工作敏捷而正确才有效力。一件工作在别人做起来需要四小时，你只要二小时或三小时就做好了，而且做得很正确，这才算是工作的效力。工作怎样能够做得敏捷正确呢？这就是靠熟练与精细。粗心大意，是最易弄错弄坏事情的。做事要像做算术的演算草一样，要演得快演得正确。

第三点最要紧的，是要"做好为止"。有些人做事，有起头无煞尾，做东丢西，做西丢东，忙过不了，不是一事无成，就是半途而废。我们做事要按照计划，依限完成，就必须毅力坚持，一直到做好为止。

第四问："我的道德有没有进步？"

最后，我们每天要问的，是"自己的道德有没有进步？有，进步了多少？"为什么要这样问？因为道德是做人的根本。根本一坏，纵然使你有一些学问和本领，也无甚用处。否则，没有道德的人，学问和本领愈大，就能为非作恶愈大，所以我在不久以前，就提出"人格防"来，要我们大家"建筑人格长城"。建筑人格长城的基础，就是道德。现在分"公德"和"私德"两方面来说。

先说"公德"。一个集体能不能稳固，是否可以兴盛起来？就要看每一个集体的组成分子，能不能顾到公德，卫护公德，来衡量它。如果一个集体的组成分子，人人以公德为前提，注意着每一个行动，则这一个集体，必然是日益稳固，日益兴盛起来。否则，多数人只顾个人私利，不顾集体利益，则这个集体的基础必然动摇，并且一定是要衰败下去！要不然，就只有把这些不顾公德的分子清除出这个集体；这个集体才有转向新生机的希望。所以我们在每一个行动上，都要问一问是否妨碍了公德？是否有助于公德？妨碍公德的，没有做的即打定决心不做，已经开始做的，立刻停止不做。若是有助于公德的，大家齐心全力来助他成功。

再说"私德"。私德不讲究的人，每每就是成为妨害公德的人，所以一个人私德更是要紧，私德更是公德的根本，私德最重要的是"廉洁"。一切坏心术坏行为，都由不廉洁而起。所以我在讲"建筑人格长城"的时候，提到了杨震的"四知"①，甘地的漏夜"还金"，华盛顿的勇敢承认错误，和冯焕章②先生所讲的平老静③"还金镯"的故事，这些，都是我们大家私德上的好榜样。我们每一个人都可以效法这些榜样，把自己的私德建立起来，建筑起"人格长城"来。由私德的健全，而扩大公德的效用，来为集体谋利益，则我们的学校必然的到了四周年，是有一种高贵的品德成绩表现出来。

我今天所讲的"每天四问"，提供大家作为进德修业的参考。如果灵活运用的行到做到，明年今日四周纪念的时候，必然可以见出每一个人身体健康上有着大的进步，学问进修上有着大的进步，工作效能上有着大的进步，道德品格上有着大的进步，显出"水到渠成"的进步，而有着大大的进步。

---

① "四知"：杨震当大官时，昌邑令王密黑夜怀金10斤送他。杨不受。王说："暮夜无知者。"杨说："天知，神知，我知，子知。何谓无知？"

② 冯焕章：即冯玉祥（1882—1948），安徽巢县人，著名的军事家、"丘八诗人"、爱国将领。

③ 平老静：河北保定人，肉包铺老板。为人正直忠厚，拾金不昧，远近闻名。冯玉祥曾是他肉包铺的主顾。

致育才之友书[①]

育才学校敬爱的朋友赐鉴：

育才学校承诸位朋友指导，加以厚助，才能在艰难中逐渐长大，高谊如云，最为铭感。现为发展起见，特将经过情形最近计划，扼要报告，尚希指正。育才学校之创办由五种动机结晶而成。

第一，是爱迪生幼年生活 他在十二岁的时候，就开始干科学的试验，他常把化学药品带到学校去，而且是欢喜动手，对于先生上的功课，觉得枯燥无味，不大注意，所注重的只是他自己愿意玩的化学把戏，那时美国的教师也像今日中国教师一样的古板，过不了三个月，便以"坏蛋"之罪名，把爱迪生开除了。爱迪生幸亏有一位好的母亲。她说我的蛋并不坏，指定家中之地下室给爱迪生做实验，只吩咐他不要把毒药放在厨房饭厅里去。她自己教他英文、历史、地理，化学实验则让爱迪生自习，爱迪生因为得到一位了解自己的贤母，所以仅仅受了三个月的学校教育，也能成为一位现代的大发明家。爱迪生幼年的故事，给了我两个深刻的印象：一是科学要从小孩学起，二是科学的幼苗要像爱迪生的母亲一样爱护才能保全。

第二，是法拉第之幼年生活 法拉第是发电机原理的发明者，他幼年是在一个书店里做徒弟，他订书订得慢，别的徒弟到利波老板那里去告状。利波对众徒弟说："你们有所不知，法拉第是一面订书，一面吃书。书订好了，头脑也吃饱了。你们当中如果有人像他这样用功，我也就马马虎虎。"当法拉第装订一部百科全书，翻到电气一章，只有两面，他看完觉得不够味。说我将来要写一本《电气》。法拉第的科学生活虽得力于进了皇家学院以后，但当他做徒弟的时候，倘使遇不着利波老板的识拔、宽容，这根科学的幼苗早已被人摧残了。没有法拉第，没有爱迪生，便没有普照世界的电光。我们感谢法拉第、爱迪生的时候，不能不想念利波啊。

---

① 本篇原载于 1951 年 4 月《育才学校》。

第三，是法国邮船上之所见　一九三八年我从埃及坐了一只法国邮船回国，出了红海，看见一位四岁光景的外国小孩在甲板上跳舞，细看才知道他是配着所开放的留声机片跳舞，他是很快乐的在甲板上活跃，因为留声机是开放着一支快乐的曲。我异想天开，竟要求换一张悲哀的片子，看这孩子表情有何变动。当这悲哀的片子一响，孩子立刻变容，如泣如诉，好像是失掉亲爱的人一般的舞去。我再问有革命的片子否？开留声机的朋友说，《马赛曲》^①如何？我说甚佳，《马赛曲》一开，小孩立即拿着拳头冲锋，作种种战斗表演，甚至做出向客人攻击之姿势。我看了之后，下一判断，小孩之音乐天才，四岁后可测验，测验确定，便应及时培养。

第四，是湖北临时保育院之所见　汉口沦陷前二十天光景，我们看见一位害癫痫的小朋友^②在那儿指挥许多小朋友唱歌，我请了一位音乐家教给他音符和拍子，他三天竟能将一支不曾听过的歌用音符记录下来。一个没有音乐才干的人是三年也不见得能学会。

第五，是在重庆临时保育院所受之感触　一九三八年十一月参观临时保育院，院长告诉我常有达官贵人大学教授来院选择干儿子，当着难童说，这个秃子不要，这个麻子不要，这个嘴唇缺的不要，那个长得好我要。这些失掉父母的难童于今还要受这难受的刺激，听了令人愤慨。当时我表示我若来选，只问他有无才干。倘使有才干，虽是秃子、麻子、缺嘴都要。我不要他们做干儿子，只是为民族培养人才之幼苗。

这五个印象，当我第二次回到香港的时候，联合起来了，在一九三九年一月的一天晚上正一时，我就草拟育才学校创校计划与预算，次日即拿去和赈济委员会许静仁先生协商，承许先生批准由该会担任全部经费，我则用全部时间办学。三月入川，即物色教师，派遣测验团，用智力及特科测验分赴各地选择难童，为时四月，费钱五千元，用现在物价计算，几乎是用了一百万元来选拔学生，这开始的工作是认真的做了。

全校学生一百五十余人，系从十五省流亡之难童中选拔而来。教育方针除依部章指导其一般功课外，从小便注意发现其特殊才能与兴趣而加以适当之培养。在这四年半中普修课已从小学办到初中程度；特修科已建立自然、社会、文学、音乐、绘画、戏剧六组。但自一九四〇年春季以来，物价逐渐高涨，赈济委员会所担任经费虽有增加，但在总数之比例则以全数降至半数，三分之一，现在则降

---

① 《马赛曲》：法国资产阶级革命时期的歌曲，1879 年定为法国国歌。
② 小朋友指陈贻鑫。

陶行知
教育名篇

至十四分之一了。到一九四一年四月初已是山穷水尽，难以维持，朋友们劝我停办。并且说小学太小，缓不济急，如此成就困难，不如改行。但在四月六日早晨五时，我把这三个问题统统想通了。我第一个答案是小中有大。倘使我们能够保存一个爱迪生，则我们的心血就不算白花了。我第二个答案是虽缓而急。从秧苗看到黄金谷之收获虽是迂缓的过程，但秧苗已长，必得分栽，十天不雨，尽成枯槁，岂不是当今之急务么？我第三个答案是中华民族有的是钱，无论怎样穷，只要认清人才的幼苗，应该从小培养，总是有钱来维持这个学校。那时我脑中有山东武训先生画像出现，我对自己说武训先生以一个乞丐而创办柳林、临清、馆陶三个义塾。我和我的朋友的社会关系都比他好，连一个学校也不能维持，将何以对得起小朋友，又何以对得起中华民族。当时就下决心坚持到底，除非我自己，我的朋友，整个中华民族都没有饭吃了，那时也只有大家饿死，而没有自动停办。下了决心之后，就立刻写信给朋友说明这个道理，就有好多朋友热心赞助，连当初劝我停办的，也劝我再干了。特别是菲律宾的朋友，每月差不多接济我们一万元，学校不但能维持而且还有了一些小发展。我在这里想补说一句：一九四一年四月六日以后，育才学校是在朋友们博爱精神下长进着。

但是香港失守以后，继之以新加坡、马尼拉之沦陷，南洋接济完全断绝。经济断绝不是绝望。我们二十几个月以来是在造浮桥，要想渡过难关。现在为纪念这一可纪念的日子，就又下了决心要建立一个更稳固更进展的经济基础。

（甲）筹足学校基金	一，〇〇〇，〇〇〇元
（乙）扩充音乐组增加钢琴二架	三〇〇，〇〇〇元
（丙）建立自然科学馆	三〇〇，〇〇〇元
（丁）建立图书馆	四〇〇，〇〇〇元
总计	二，〇〇〇，〇〇〇元

我们想从今年兴学节起，于最短期间内筹足这二百万元的款子，奠定育才学校经济基础。我们不预备向社会做广泛的募捐，只希望个人的少数朋友，而给育才学校以大力之赞助。我们所以提出这个请求，一半也是由于武训先生精神在后面推动，一半也是由于小孩们努力向上，可以造就，还有许多埋藏在一般小孩中之人才幼苗，急待培养，不忍不为他们请命。倘蒙慨允赐助，则我们可以用十年树木之方法，完成百年树人之大计。本校对于民族人类倘有少许之贡献，实在是诸位友好爱护之赐了。

育才学校校长陶行知再拜

一九四二年八月十八日

育才十字诀①

一次在报上看见一首木偶十字诀，把一个木头菩萨描写得惟妙惟肖，可算是民众或通俗文艺的杰作。记得第一个字写的是"一窍不通"，的确是精彩得很。当时我就想给育才学校之创学旨趣，披上一件"民族形式"之外套，几经修改，完成了这育才十字诀：

一个大脑。	二只壮手。	三圈连环。
四把钥匙。	五路探讨。	六组学习。
七（集）体创造。	八位顾问。	九九难关。
十（誓）必克服。		

因为这个十字诀稍微有点新内容。又因为措辞不够通俗，还需要简单的解释才可以显出里面精彩。

一个大脑 人类的头脑在动物中并不算最大，但他的脑髓与脊髓之比例是超过一切动物。这是思想之物质基础。孙中山先生说："大凡人类对于一件事，研究当中的道理，最先发生思想，思想贯通以后便起信仰，有了信仰就生出力量。"思想贯通是信仰与力量之泉源；研究又是思想贯通之泉源；都是要顺应这大脑之天然条理进行，才能奏效。

二只壮手 人类自脊梁骨硬了起来，前脚便被解放而成为一双可以自由活动的手。手执行头脑的命令，打猎、捉鱼、务农、做工、战斗而健壮起来，同时是改造着发展着那对他发号施令的头脑，我们要重生原始健壮的双手来向前创造。

三圈连环 这是我们的校徽，圈有三种德性：一是虚心，代表学习；二是不断，代表工作；三是精诚团结，代表最后胜利。第一个圈表示全校一体；第二个圈表示全国一体；第三个圈表示宇宙一体。而且学校，国家，宇宙是互相联系，

---

① 本篇原载于 1951 年 4 月《育才学校》。

陶行知 教育名篇

息息相关，绝不可能把它们彼此孤立起来意识。

四把钥匙 文化钥匙要使学生得到最重要的四把：一是国文；二是一个外国语；三是数学；四是科学方法——治学治事之科学方法。与其把学生当作天津鸭儿填入一些零碎知识，不如给他们几把钥匙，使他们可以自动的去开发文化的金库和宇宙之宝藏。

五路探讨 探讨真理，我们提出五条路：（一）体验；（二）看书；（三）求师；（四）访友；（五）思考。这与中庸上所讲的博学、审问、慎思、明辨、笃行可以比起来看。体验相当于笃行；看书、求师、访友相当于博学；思考相当于审问、慎思、明辨。我们的治学次序是依据"行是知之始"及自动的原则排列，可以说是把传统的道理颠倒过来。

六组学习 育才除普通功课依照通常进行外，用四分之一的时间让学生各依性之所近学习一门特修课。特修课分为下列六组：（一）文学组；（二）音乐组；（三）戏剧组；（四）绘画组；（五）自然组；（六）社会组。

七（集）体创造 我们希望以集体力量纠正个人主义，以创造的工作来纠正空话与幻想。在共同努力创造学校上来学习共同努力创造新中国新世界。

八位顾问 吉辅灵有一首小诗题为《六个裁缝》：即（一）什么事，（二）什么人，（三）什么缘故，（四）什么方法，（五）什么时间，（六）什么地方。我们为着要改造一般书生的笼统的静止的头脑，加了两位，（七）什么数目，（八）什么动向。这八贤是我们治学治事不用报酬的常年顾问。

九九难关 人生是患难与欢乐所织成。追求真理的人以与患难搏斗为乐，唐僧向西天取经，遭遇八十一难，不知者以为他是自寻苦吃，其实他是抱着一个宏愿要完成，看破生死，乐而忘苦。总之，人生与患难有不解之缘。患难给有志者以战斗之情绪与战胜之智慧。

十（誓）必克服 有了战斗之情绪与战胜之智慧，还必须有战到底之意志，才能克服大难，以至于成。一个人到了"富贵不能淫，贫贱不能移，威武不能屈"的境界是永远不会被患难压倒，那他成亦成，败亦成，而不是世俗所谓之成败了。

一九四二年十二月四日

育才二十三常能[①]

初级十六常能

（一）**会当书记**：包括写小楷，管卷宗，写社交信，做会议记录等。（在国语课和社交活动时及集体活动中学习。）

（二）**会说国语**：包括会话，讲解，演说等。（在国语课、演说会、讨论会、早会、晚会、一切集会与人接谈时，随时留心细听，学习善国语的先生同学的发音、语调。如需要时，可请善国语者进行集体指导，或个别指导。）

（三）**会参加开会**：包括发言，提议，选举，做主席等。（在公民课或社会课及一切集会中学习。）

（四）**会应对进退**：包括招待宾客——谈话，引导参观，招待茶饭，——送信接洽事情等。（在平时须留心学校情形，熟悉学校行政组织大概，当会宾客时，才能应对合度，彬彬有礼。在任招待前有准备，在别人应对进退时可以观摩，在自己实践时，必须在慎重其事中学习。）

（五）**会做小先生**：包括帮助工友、同学以及学校附近农友等。（在"文化为公"，"知识为公"，"即知即传"的号召下，自动的以一技一艺之长去帮助人长进中学习。）

（六）**会管账目**：包括个人账目、集体账目，会记账，会报账，会管现金出纳等。（抱着有账即记，公私分明的原则，在记载个人日用账目及集体账目中学习。）

（七）**会管图书**：包括编目，晒书，修补，陈列，借书等。（在每个人自己桌屉中的图书，必须日常整理，不得散乱。在各小组的图书架上，在图书库里观摩和工作中学习。）

（八）**会查字典**：包括中文字典和外文字典等。（在小学四年级以上，在国语

---

① 本篇出自 1944 年 1 月时代印刷出版社版《育才学校手册》。

课、外语课，课前准备工作中学习。）

（九）**会烧饭菜**：包括小锅饭、小锅面、小锅菜十味以上。并会做泡菜、咸菜、糖果、果子酱、腊肉等。（在聚餐、野餐、助厨时学习。）

（十）**会洗补衣服**：包括洗衣补衣等。（在十二岁以上，必须学会洗补衣服、晒晾、折浆。规定每星期洗衣一次。衣服破了即须缝补，会者教不会者；不会者必须跟会者学。）

（十一）**会种园**：包括种菜，种花，种树等。（规定小学生每人至少种菜半分；中学生至少种一分。在生产活动中学习。）

（十二）**会布置**：包括装饰，陈列，粉刷，洒扫等。（在美术课、手工课，参加布置生活室、会客室、课室、寝室、会场中学习。）

（十三）**会修理**：包括简单木工、竹工、泥水工、油漆工工具等。（在修理中学习。）

（十四）**会游泳**：包括仰游俯游等。（在夏令必须参加游泳学习，在平时可定期去温泉学习。）

（十五）**会急救**：包括医治小毛病，救溺，救触电，救中煤毒等。（请卫生室及校外医工指导，在分配卫生工作及旅行、急救中学习。）

（十六）**会唱歌**：包括独唱，合唱等。（在唱歌课、参加合唱团中学习。）

高级七常能

（一）**会开汽车**：（检查目力及手腕灵敏，懂得汽车构造，请专家指教。）

（二）**会打字**：（学毕高中英文，请专家指教。）

（三）**会速记**：（文字通顺，并请专家指教。）

（四）**会接电**：（学毕电学，并请专家指教。）

（五）**会担任翻译**：（在实习外国语课，极力争取会话练习，外宾至时，及与外宾做朋友中学习，交谈中学习。）

（六）**会临时讲演**：（在平时各种演说会、欢迎会、送别会及指定代表出席参加各社团纪念会中学习。）

（七）**会领导工作**：（在指定集体工作中负责领导，在集团选举出负责领导工作中学习，以完成上级或集团付托之使命。）

创造宣言[①]

创造主未完成之工作，让我们接过来，继续创造。

宗教家创造出神来供自己崇拜。最高的造出上帝，其次造出英雄之神，再其次造出财神、土地公、土地婆来供自己崇拜，省事者把别人创造现成之神来崇拜。

恋爱无上主义者造出爱人来崇拜。笨人借恋爱之名把爱人造成丑恶无耻的荡妇来糟踏，糟踏爱人者不是奉行恋爱无上主义，而是奉行万恶无底主义的魔鬼，因为他把爱人造成魔鬼婆。

美术家如罗丹[②]，是一面造石像，一面崇拜自己的创造。

教育者不是造神，不是造石像，不是造爱人。他们所要创造的是真善美的活人。真善美的活人是我们的神，是我们的石像，是我们的爱人。教师的成功是创造出值得自己崇拜的人。先生之最大的快乐，是创造出值得自己崇拜的学生。说得正确些，先生创造学生，学生也创造先生，学生先生合作而创造出值得彼此崇拜之活人。倘若创造出丑恶的活人，不但是所塑之像失败，亦是合作塑像者之失败。倘若活人之塑像是由于集体的创造，而不是个人的创造，那么这成功失败也是属于集体而不是仅仅属于个人。在一个集体当中，每一个活人之塑像，是这个人来一刀，那个人来一刀，有时是万刀齐发。倘使刀法不合于交响曲之节奏，那便处处是伤痕，而难以成为真善美之活塑像。在刀法之交响中，投入一丝一毫的杂声，都是中伤整个的和谐。

教育者也要创造值得自己崇拜之创造理论和创造技术。活人的塑像和大理石的塑像有一点不同，刀法如果用得不对，可以万像同毁，刀法如果用得对，则一笔下去，万龙点睛。

---

① 本篇原载于 1951 年 4 月《育才学校》。
② 罗丹（Anguste Rodin，1840—1917）：法国雕刻家。

陶行知 教育名篇

有人说：环境太平凡了，不能创造。平凡无过于一张白纸，八大山人①挥毫画他几笔，便成为一幅名贵的杰作。平凡也无过于一块石头，到了飞帝亚斯，米开朗基罗②的手里可以成为不朽的塑像。

有人说：生活太单调了，不能创造。单调无过于坐监牢，但是就在监牢中，产生了正气歌③，产生了苏联的国歌④，产生了尼赫鲁自传⑤。单调又无过于沙漠了，而雷塞布（Lesseps）⑥竟能在沙漠中造成苏彝士运河，把地中海与红海贯通起来。单调又无过于开肉包铺子，而竟在这里面，产生了平凡而伟大的平老静。

可见平凡单调，只是懒惰者之遁辞。既已不平凡不单调了，又毋需乎创造。我们是要在平凡上造出不平凡；在单调上造出不单调。

有人说：年纪太小，不能创造，见着幼年研究生之名而哈哈大笑。但是当你把莫扎尔特⑦、爱迪生及冲破父亲数学层层封锁之帕斯加尔（Pascal）⑧的幼年研究生活翻给他看，他又只好哑口无言了。

有人说：我是太无能了，不能创造，但是鲁钝的曾参⑨传了孔子的道统。不识字的慧能⑩，传了黄梅⑪的教义。慧能说："下下人有上上智。"我们岂可以自暴自弃呀！可见无能也是借口。蚕吃桑叶，尚能吐丝，难道我们天天吃白米饭，除造粪之外，便一无贡献吗？

有人说：山穷水尽，走投无路，陷入绝境，等死而已，不能创造。但是遭遇八十一难之玄奘，毕竟取得佛经；粮水断绝，众叛亲离之哥仑布，毕竟发

---

① 八大山人：姓朱名耷，明之宗室。明亡为僧，工书善画。

② 飞帝亚斯（Phidias，生活于公元前 5 世纪）：今译菲狄亚斯，古希腊雕塑家；米开朗基罗（Buonarroti Michelangelo，1475—1564）：意大利的画家、雕刻家。

③ 正气歌：宋文天祥所做。

④ 苏联的国歌：即国际歌。

⑤ 尼赫鲁（1889—1964）：印度政治家、独立后的首任总理，著《印度的发现》《尼赫鲁自传》等。

⑥ 雷塞布（Ferdinand Marie Lesseps，1805—1894）：通译雷赛，法国人。1854 年创议开凿苏伊士运河，得埃及政府之助，于 1859 年开工，十年而成。

⑦ 莫扎尔特（Wolfgang Amadeus Mozart，1756—1791）：今译莫扎特，奥地利伟大作曲家。5 岁开始作曲，6 岁起在奥、德、英、法、荷等国学习、游历和演出。

⑧ 帕斯加尔（Pascal，1623—1662）：今译帕斯卡，法国人，幼敏慧，家人不许学习数学，于游戏时学几何学，数周内发现三角形内角之和等于二直角。14 岁入法国几何学者组织之每周会。16 岁做圆锥曲线之论文，18 岁做算术器械。

⑨ 曾参：孔子弟子，以其学传子思。

⑩ 慧能：禅宗六世祖。俗姓卢。少孤贫，采薪贩卖养母。后入黄梅山学佛。

⑪ 黄梅：佛家禅宗五世祖弘忍，居黄梅山东禅院，因以黄梅称之。

现了美洲，冻饿病三重压迫下之莫扎尔特，毕竟写出了安魂曲。绝望是懦夫的幻想。歌德说：没有勇气一切都完。是的，生路是要勇气探出来，走出来，造出来的。这只是一半真理；当英雄无用武之地，他除了大无畏之斧，还得有智慧之剑，金刚之信念与意志，才能开出一条生路。古语说，穷则变，变则通，要有智慧才知道怎样变得通，要有大无畏之精神及金刚之信念与意志才变得过来。

所以：处处是创造之地，天天是创造之时，人人是创造之人，让我们至少走两步退一步，向着创造之路迈进吧。

像屋檐水一样，一点一滴，滴穿阶沿石。点滴的创造固不如整体的创造，但不要轻视点滴的创造而不为，呆望着大创造从天而降。

东山的樵夫把东山的茅草割光了，上泰山割茅草，泰山给他的第一印象是：茅草没有东山多，泰山上的"经石峪"、"无字碑"；"六贤祠"、"玉皇顶"；大自然雕刻的奇峰、怪石、瀑布，豢养的飞禽、走兽、小虫，和几千年来农人为后代种植的大树，于他无用，都等于没有看见。至于那种登泰山而小天下之境界，也因急于割茅草看不出来。他每次上山拉一堆屎，下山撒一泡尿，挑一担茅草回家。尿与屎是他对泰山的贡献，茅草是他从泰山上得到的收获。茅草是平凡之草，而泰山所可给他的又只有这平凡之草，而且没有东山多，所以他断定泰山是一座平凡之山，而且从割草的观点看，比东山还平凡，便说了一声："泰山没有东山好。"被泰山树苗听见，想到自己老是站在寸土之中，终年被茅草包围着，徒然觉得平凡、单调、烦闷、动摇，幻想换换环境。一根树苗如此想，二根树苗如此想，三根树苗如此想，久而久之成趋向，便接二连三的，一天一天的，听到树苗对樵夫说："老人家，你愿意带我到东山去玩一玩么？"樵夫总是随手一拔，把它们一根一根的和茅草捆在一起，挑到东山给他的老太婆烧锅去了。我们只能在樵夫的茅草房的烟囱里偶尔看见冒出几缕黑烟，谁能分得出那一缕是树苗的，那一缕是茅草的化身？

割草的也可以一变而成为种树的老农，如果他肯迎接创造之神住在他的心里。我承认就是东山樵夫也有些微的创造作用——为泰山剃头理发，只是我们希望不要把我们的鼻子或眉毛剃掉。

创造之神！你回来呀！你所栽培的幼苗是有了幻想，樵夫拿着雪亮亮的镰刀天天来，甚至常常来到幼苗的美梦里。你不能放弃你的责任。只要你肯回来，我们愿意把一切——我们的汗，我们的血，我们的心，我们的生命——都献给你，当你看见满山的幼苗在你监护之下，得到我们的汗、血、心、生命的灌溉，一根一根的都长成参天的大树，你不高兴吗？创造之神！你回来呀！只有你回来，才能保证参天大树之长成。

罗丹说："恶是枯干。"汗干了，血干了，热情干了，僵了，死了，死人才无意于创造。只要有一滴汗，一滴血，一滴热情，便是创造之神所爱住的行宫，就能开创造之花，结创造之果，繁殖创造之森林。

一九四三年十月十三日　写于凤凰山

民主的儿童节[①]

儿童的生活，是一面社会的镜子。

一个国家的政治经济，是否是民主，用不着争论，只须拿这一面镜子照一照，就明白了。因为儿童真是人微言轻，政治经济在儿童身上反映，是最彻底而难以隐藏的。如果"月到中秋分外明"这句话是正确的，那么您在儿童节的儿童生活的反映上更可以看得清清楚楚。幸运的儿童，是一年三百六十五天，天天过儿童节，四月四日不过是加强的儿童节罢了。不幸的儿童，就连四月四日也与他们无关，他们在儿童节仍旧是擦皮鞋、耙狗屎、做苦工，挨饿、挨冻、挨打。饿、冻、打，便是他们所受的礼物。听戏，看电影，吃糖果，参加游艺会，没有他们的份。

民主没有深奥的意思，通俗点说：就是"大家有份"。在倒霉的时候是"有祸同当"，在幸运的时候是"有福大家享"，在平常的时候是"大家的事大家做，大家谈，大家想"。儿童节是全国儿童节日，儿童节绝不是少数儿童的儿童节。我们对于儿童幸福要做到全体儿童人人有份，才算是民主的儿童节。所谓儿童的幸福究竟是些什么？这可以拿老百姓所爱好的"福禄寿喜"四个字来说明。

（一）福，有母爱，有书读，有东西玩，有六大解放。有学当其材之培养，有小小创作的机会，有广大的爱护后代的同情。

（二）禄，吃得饱，穿得暖。

（三）寿，不受恐怖，不被剥削，不受伤，不害病，不夭折。

（四）喜，过年过节，皆大欢喜。

若想实现这四大幸福，我觉得要使小孩子们得到四种东西：

（一）玩具　团体娱乐的玩具。

---

① 本篇原载于 1947 年 3 月《陶行知教育论文选辑》。

（二）学具　进修学问之工具。

（三）用具　日常生活之用具。

（四）工具　手脑双挥之工具。

儿童节，是觉悟大人为全体儿童争取幸福的节日。我们不但是要为儿童争取一日之快乐，而且要为儿童争取长期之幸福。至少从今年儿童节起，要为不幸的儿童争取一年之学习材料，假使每一个学校或团体为其附近之不幸儿童，发动这样一种运动，使他们在儿童节能过一天快乐而有意义的生活，并得到一年之长进之资料，总是有益处的。但是要知道民主的儿童节之先决条件，是政治经济的民主。倘使政治经济不民主，小孩子的幸福是必然限于很少数的少爷小姐，但是如果政治经济一民主，那自由必定是立刻飞到他所关心的最不幸的小孩子当中，而把他们抱在温暖的怀抱，故真正爱护小孩子的朋友，必须是民主的战士，让我们促成民主的政治经济，以实现民主的儿童节吧。

1944 年 4 月

实施民主教育的提纲^①

今天只是提出一些问题作为日后讨论的提纲，希望大家予以修正补充和指教。

一　旧民主与新民主

旧民主，是少数资产阶级作主，为少数人服务。新民主，是人民大众作主，为人民大众服务。

二　创造的民主与庸俗的民主

庸俗的民主是形式主义、平均主义，只是在形式上做到如投票，等等。创造的民主是动员全体的创造力，使每个人的创造力得到均等的机会，充分的发挥，并且发挥到最高峰，所以创造的民主必然与我以前所讲的民主的创造有关联。民主的创造，是要使多数人的创造力能够发挥。在专制时代，少数人也能创造，但多数人的创造的天才被埋没，或因穷困忙碌而不能发挥，即使发挥也会受千磨万折，受到极大的阻碍。民主的创造为大多数人的创造，承认每一个人都得到创造的机会，这是与专制的创造不同的地方。

三　民主运用到教育方面来

民主运用到教育方面，有双重意义：第一，民主的教育是民有、民治、民享的教育。"民有"的意义，是教育属于老百姓自己的。"民治"的意义，是教育由老百姓自己办的。例如从前山海工学团时代，宜兴有一个西桥工学团，是老百姓自己办的，农民自己的孩子把附近几个村子的教育办起来，校董是老百姓，校长

---

①　本篇原载于 1945 年 5 月《战时教育》第 9 卷第 2 期。

也是老百姓。又如晓庄学校封闭后，晓庄学生不能回晓庄办教育，而老百姓又不要私塾，所以小孩子自己办了一个佘儿岗自动小学。又如陕北方面是提倡的民办教育，也都是这意思。"民享"的意义，是教育为老百姓的需要而办的，并非如统治者为了使老百姓能看布告，便于管理，就使老百姓认识几个字。由此可见有民有、民治、民享的政治，才有民有、民治、民享的教育。

第二，民主的教育必须办到各尽所能，各学所需，各教所知，各尽所能，就是使老百姓的能力都能发挥。各学所需，因为经济条件没有具备，所以办不到。但各教所知是可以做到的。在民主政治下：特别是中国有许多人民没有受教育，需要多少教员才能把各地教育办起来？如一人能教四十人，二百万教师才能教八千万小孩。这些教师是师范所不能训练出来的，所以还必须每人各教所知。各尽所能，各学所需，各教所知三点都办到了，民有、民治、民享的教育也就成功了。

四　教育的对象或教育的目的

"文化为公"，"教育为公"是教育的目的，但又不妨因材施教。国民教育，与人才教育略有不同。国民教育，是人人应当免费受教育，但如有特殊才能的，也应加以特殊的教育，使其才能能充分发挥，这就是人才教育。但人才教育并不是教他们升官发财，而是要他们将学得的东西贡献给大众，所以这也是"文化为公"。

男女也应有平等受教育的机会。目前有些地方，例如南充男女界限分得很严，男女学生不能互相说话，这种地方，女子教育一定不发达。

无论贫富，也应该有均等受教育的机会。前次社会组在草街乡调查失学儿童，占学龄儿童的百分之七十四。能来中心小学读书的儿童，大多是小地主的孩子，佃农恐怕很少。民主教育要使穷人也有受教育的机会。

无论老少，也应该受教育。生活教育很早就提出活到老，学到老。最近听说西北也是如此。生活教育运动中最老的学生为八十三岁之王老太太，她说："我也快进棺材了，还读什么书？"但经她的孙儿曾孙的鼓舞，她的热情也烧炽起来了。因为她的缘故，她的媳妇也得读书了。

还有资格的问题：现在是有资格就能上进，没有资格就该赶出大门外。但民主教育是只问能力，不问资格的。本来资格是有能力的证明，既有直接的证明，又何须资格。只要证明是有能力的就可上进。

民族教育现在也成一个问题。过去把少数民族取名为边民，不承认他们为民族。我们对于苗族等小民族的教育，强迫他们学汉文，还要用汉人教师去教他们。但民主教育是让他们学习他们自己的文字，没有文字的，就帮助他们制造文字，让他们自己办学训练各民族的人才来教育他们自己的人民。过去蒙古人受教育时，是雇人来上课的。这种教育又有什么用？

还有一点，无论什么阶级，都要有受教育的机会。受教育的机会被剥夺最多的是农工及子弟。农工阶级忙碌一天，还陷入吃不饱饿不死的状态，当然再谈不到受教育。民主教育是要力求农工劳苦阶级有机会受教育。

总结起来，"教育为公"就是机会均等：入学时求学的机会均等，长进的机会均等，离校时复学的机会均等，失学时补习机会均等，而且老百姓有办学管教育的机会。

五　民主教育的方法

民主的教育方法，要使学生自动，而且要启发学生使能自觉，要客观，要科学，不限于一种，要多种多样，因材施教，要生活与教育联系起来，并且在中国要会用穷办法，没钱买教科书，用尽种种办法来找代用品，招牌可以作课本，树枝可以作笔，桌面可以当纸张。八路军行军时，带着一套文化工具，即是一支木笔，行军停下来时，就在地面上画字认字。新民主主义既是农工领导，就必须用穷办法使老百姓受教育。单是草街子如每人买一支铅笔，就要花去四十万元，因此只有不用铅笔另想穷办法，才能做到教育为公。

另外还有一个办法，学生不能来上课的可以送去教，"来者不拒，不能来者送上门去"，看牛的送到牛背上去，这样"教育为公"才有办法。最后，我们必须重提要着重创造，让学生自动的时候，不是让他们乱动，而是要他们走上创造之路，手脑并用，劳力上劳心。这需要六大解放：（一）解放眼睛——不要带上封建的有色眼镜，使眼睛能看事实。（二）解放双手。（三）解放头脑——使头脑从迷信、成见、命定、法西斯细菌中解放出来。（四）解放嘴——儿童应当有言论自由，有话直接和先生说，并且高兴心甘情愿和先生说。首先让先生知道儿童们一切的痛苦。（五）解放空间——不要把学生关在笼中，在民主教育中的学校应当大得多，要把大自然、大社会作他们的世界。空间放大了，才能各学所需；扩大了空间，才能各教所知；扩大了空间，才能各尽所能。（六）解放时间——不是以此标榜，然而并未完全做到。师生工友都应当有一点空闲的时间，可以从容消化所学，从容思考所学，并且干较有意义的工作。

陶行知
教育名篇

六　民主的教师

民主的教师，必须要有：（一）虚心；（二）宽容；（三）与学生共甘苦；（四）跟民众学习；（五）跟小孩子学习——这听来是很奇怪的，其实先生必须跟小孩子共甘苦，并不是说完全跟小孩子学，而是说只有跟小孩子学，才能完成做民主教师的资格，否则即是专制教师。现在民主国家的领袖，都是跟老百姓学，否则即成专制魔王；（六）消极方面：肃清形式、先生架子、师生的严格界限。

七　民主教育的教材

民主教育的教材应从丰富中求精华，教科书以外求课外的东西，并且要从学校以外到大自然、大社会中求得活的教材。

八　民主教育的课程

（一）内容。现在人民所以大部分在贫穷中过生活，因为贫富不均，所以了解社会是很重要的。另外科学不发达，不能造富，所以应该有科学的生产，科学的劳动。抗战如不能胜利，整个中国就完了！因此教育要拿出一切力量来争取胜利，要启发民众，用一切力量来为抗战为反攻而努力。

（二）课程组织。组织应敷成多轨，即普及与提高并重，使老百姓都能受教育，并且有特殊才干也能发挥。

（三）课程要有系统，但也要有弹性，要在课程上争取时间的解放。

九　民主教育的学制

民主教育的学制，包含三原则：单轨出发。学制在世界上各国分成几种，如德国的学制是双轨制，穷苦的人民受国民教育，再受职业教育。有钱的人，则由中学而直升大学。民主教育开始是单轨，不分贫富从单轨出发，以后依才能分成多轨，各人所走路线虽不同，但都将力量贡献给抗战，贡献给国家，这叫多轨同归。并且还要换轨便利，让他们在才干改变时有调换轨道的便利。

旧时的学校，学生忙于赶考。赶考是缩小学生时间的一原因，并且使学生没有时间思考。民主教育也是要考的，但不要赶考，而是考成。也不鼓励个人的等第，只注意集团的成绩。而成绩也不以分数定高下。

民主也不是绝对的自由。民主有民主的纪律，与专制纪律不同。专制纪律是盲从。民主纪律是自觉的集体的，不但要人服从纪律，还要人懂得为什么。

218

此外应当广泛地设立托儿所，农村的，工厂的，公务员的，可以将妇女从家庭中解放出来。在大学，要做到下列几点：（一）入学考试不应过分着重文凭，应增加同等学力的录取比例；（二）研究学术自由，读书自由，讨论自由；（三）增设补习大学及夜大学。这应该跟日本学，在日本夜大学很多。我们要帮助工厂里的技术工人，合作农场中的技术农人，得到受大学教育的机会。至于留学政策，凡是在中国可以学到的应在中国学，请外国教授来中国教。如设备不可能在中国设置的学科，`才能派大学毕业有研究能力的研究生出外留学。

十　民主教育的行政

（一）鼓励人民办学校，当然人民自己所办的，并不能像美国私立学校那样宣传某种宗教的偏见，而是为民主服务。

（二）鼓励学生自己管自己的事。

（三）肃清官僚气的查案，以及资格的作风，视察员及督学有三个作用：（1）鼓励老百姓办学；（2）考察学校是否合乎民主道理；（3）不是去查案，是积极指导学校如何办得好。老百姓的学校，大概粗糙简陋，所以视察员到时，不是带来恐怖，而是带来春风。

民主的校长，也有四种任务：（1）培养在职的教师，教师是从各处来的，校长应负有责任使教师进步；（2）通过教员使学生进步并且丰富的进步；（3）在学校中提拔为老百姓服务的人，如小先生之类；（4）应当将校门打开，运用社会的力量，使学校进步，动员学校的力量，帮助社会进步。他应当有社会即学校的观点，整个社会是学校，学校不过是一课堂，这样才能尽校长的责任。并且对于大的社会，才能有民主的贡献。而学校本身就可以成为民主的温床，培育出人才的幼苗。

十一　民主的民众教育

有人民的地方，就是民主教育到的地方。家庭、店铺、茶馆、轮船码头，都是课堂。甚至防空洞中，也可以进行教育。博物馆，电影院，图书馆，都是进行有系统教育的地方。应当请专家讲演，深入浅出。没有专家的地方，也应有好的办法，使老百姓无师自通。

十二　民主教育的文字

要老百姓认二千个字，好比要他们画二千幅画。有人说汉字太难，应当打

陶行知 教育名篇

倒，有人主张，不用拉丁化，而用注音字母。我主张汉字、新文字、注音字母三管齐下。（一）认得汉字的人，照估计有八千万人，假使最低估计有五百万人可能教汉字，这是一股很大的力量，我们不但不用推倒他，而要运用他。（二）运用新文字教老百姓，我们在上海试过，教起来非常方便。一个月就可以使老百姓看懂信件，学过英文的人，三个钟头就可以学会。（三）醉心注音字母也好，就用注音字母来帮助老百姓。我希望文字也像政党似的来一个民主联合，汉字好比是板车木车，注音字母好比是汽车，新文字好比是飞机。各种文字的提倡人联合起来，做到多样的统一。

创造的儿童教育[①]

　　创造的儿童教育，不是说教育可以创造儿童，儿童的创造力是千千万万祖先，至少经过五十万年与环境适应斗争所获得而传下来之才能之精华，发挥或阻碍，加强或削弱，培养或摧残这创造力的是环境。教育是要在儿童自身的基础上，过滤并运用环境的影响，以培养加强发挥这创造力，使他长得更有力量，以贡献于民族与人类。教育不能创造什么，但它能启发解放儿童创造力以从事于创造之工作。

　　我们晓得特别是中国小孩，是在苦海中成长。我们应该把儿童苦海创造成一个儿童乐园。这个乐园不是由成人创造出来交给小孩子，也不是要小孩子自己单身匹马去创造，我们造一个乐园交给小孩子，也许不久就会变为苦海，单由小孩子自己去创造，也许就创造出一个苦海，所以应该成人加入小孩子的队伍里去，陪着小孩子一起创造。

　　一、把我们摆在儿童队伍里，成为孩子当中的一员　　我们加入到儿童队伍里去成为一员，不是敷衍的，不是假冒的，而是要真诚的，在情感方面和小孩子站在一条战线上。我曾经写过一首小诗，描写过我们在小孩队中应有和不应有的态度。

儿童园内无老翁，

老翁个个变儿童，

变儿童，

莫学孙悟空！

他在狮驼洞，

也曾变过小钻风，

---

　　①　本篇原载于 1944 年 12 月 16 日《大公报》。

小钻风，

脸儿模样般般像，

拖着一条尾巴两股红。

我们要加入儿童队伍里，第一步要做到不失其赤子之心。做成小孩子队伍里的一分子。

二、认识小孩子有力量 我们加入儿童生活中，便发现小孩子有力量；不但有力量，而且有创造力。我们要钻进小孩子队伍里才能有这个新认识与新发现。

从前当晓庄学校停办的时候，晓庄的教师和师范生不能回晓庄小学任职，私塾先生又被小孩拒绝，农人不好勉强聘请，不得已，小孩自己组织起来，推举同学做校长当教员，自己教，自己学，自己办，并自称自动学校。这是中国破天荒的创造。我听见了这个消息以后，就写了一首诗去恭贺他们：

有个学校真奇怪：

大孩自动教小孩。

七十二行皆先生，

先生不在学如在。

写好之后，交给几位大学生，请他们指教，他们说尽善尽美，于是用快信寄去。

第三天，他们回一封信，向我道谢之外，说这首诗有一个字要改。大孩教小孩，难道小孩不能教小孩吗？大孩能够自动，难道小孩不能自动吗？而且大孩教小孩有什么奇怪呀？这一串炸弹把个大字炸得粉碎，我马上把他改为"小孩自动教大孩"，这样一来，是更好了。黄泥腿的农村小孩改留学生的诗，又是破天荒的证明，证明小孩有创造力。

又有一次我到南通州去推广"小先生"，写了一篇一分钟演讲词，内中有一段："读了书，不教人，甚么人？不是人。"我讲过后有一个小孩子马上来说，陶先生，你的演讲最好把"不是人"改为"木头人"，"木头人"比"不是人"更好了。因为"不是人"三个字不具体，桌子不是人，椅子也不是人，而"木头人"是给了我们一个具体的印象。这也证明小孩子有创造力。我们要真正承认小孩子有创造力，才可以不被成见所蒙蔽。小孩子多少都有其创造的能力。

三、解放儿童的创造力 我们发现了儿童有创造力，认识了儿童有创造力，就须进一步把儿童的创造力解放出来。

（一）解放小孩子的头脑。儿童的创造力被固有的迷信、成见、曲解、幻想层层裹头布包缠了起来。我们要发展儿童的创造力，先要把儿童的头脑从迷信、成见、曲解、幻想中解放出来。迷信要不得，成见要不得，曲解要不得，幻想更要不得，幻想是反对现实的。这种种要不得的包头布，要把他一块一块撕下来，如同中国女子勇敢地撕下了裹脚布一样。

自从有了裹脚布，从前中国妇女是被人今天裹、明天裹、今年裹、明年裹，骨髓裹断，肉裹烂，裹成一双三寸金莲。

自从有了裹头布，中国的儿童，青年成人也是被人今天裹、明天裹、今年裹、明年裹，似乎非把个个人都裹成一个三寸金头不可。如果中华民族不想以三寸金头出现于国际舞台，唱三花脸，就要把裹头布一齐解开，使中华民族的创造力可以突围而出。三民主义开宗明义就说：大凡人类对于一件事，研究其中的道理，首先发生思想，思想贯通，以后才生信仰，有了信仰，才生力量。思想贯通，便等于头脑解放。惟独从头脑里解放出来的创造力，才能打退日本鬼，建立新中国。

（二）解放小孩子的双手。人类自从腰骨竖起，前脚变成一双可以自由活动的手，进步便一天千里，超越一切动物。自从这个划时代的解放以后，人类乃能创造工具武器文字，并用以从事于更高之创造。假使人类把双手束缚起来，就不能执行头脑的命令。我们要在头脑指挥之下用手使用机器制造，使用武器打仗，使用仪器从事发明。中国对于小孩子一直是不许动手，动手要打手心，往往因此摧残了儿童的创造力。一个朋友的太太，因为小孩子把她的一个新买来的金表拆坏了，在大怒之下，把小孩子结结实实打了一顿。后来她到我家里来说："今天我做了一件极痛快的事，我的小孩子把金表拆坏了，我给了他一顿打。"我对她说恐怕中国的爱迪生被你枪毙掉了。我和她仔细一谈，她方恍然大悟，她的小孩子这种行动原是有出息的可能，就向我们请教补救的办法。我说："你可以把孩子和金表一块送到钟表铺，请钟表师傅修理，他要多少钱，你就给多少钱，但附带的条件是要你的小孩子在旁边看他如何修理。这样修表铺成了课堂，修表匠成了先生，令郎成了速成学生，修理费成了学费，你的孩子好奇心就可得到满足，或者他还可以学会修理咧。"小孩子的双手是要这样解放出来。中国在这方面最为落后，直到现在才开始讨论解放双手。在爱迪生时代，美国学校的先生也是非常的顽固，因为爱迪生喜欢玩化学药品，不到三个月就把他开除！幸而他有一位贤明的母亲，了解他，把家里的地下室让给他做实验。爱迪生得到了母亲的了

陶行知 教育名篇

解，才一步步的把自己造成发明之王。那时美国小学的先生不免也阻碍学生的创造力。我们希望保育员或先生跟爱迪生的母亲学，让小孩子有动手的机会。

（三）解放小孩子的嘴。小孩子有问题要准许他们问。从问题的解答里，可以增进他们的知识。孔子入太庙，每事问。我从前写过一首诗，是发挥这个道理："发明千千万，起点是一问。禽兽不如人，过在不会问。智者问得巧，愚者问得笨。人力胜天工，只在每事问。"但中国一般习惯是不许多说话，小孩子得到言论自由，特别是问的自由，才能充分发挥他的创造力。

（四）解放小孩子的空间。从前的学校完全是一只鸟笼，改良的学校是放大的鸟笼。要把小孩子从鸟笼中解放出来，放大的鸟笼比鸟笼大些，有一棵树，有假山，有猴子陪着玩，但仍然是个放大的模范鸟笼，不是鸟的家乡，不是鸟的世界。鸟的世界是森林，是海阔天空。现在鸟笼式的学校，培养小孩用的是干腌菜的教科书。我们小孩子的精神营养非常贫乏，这还不如填鸭，填鸭用的还是滋养料让鸭儿长得肥胖的。我们要解放小孩子的空间，让他们去接触大自然中的花草、树木、青山、绿水、日月、星辰以及大社会中之士、农、工、商、三教九流，自由的对宇宙发问，与万物为友，并且向中外古今三百六十行学习。创造需要广博的基础。解放了空间，才能搜集丰富的资料，扩大认识的眼界，以发挥其内在之创造力。

（五）解放儿童的时间。现在一般学校把儿童的时间排得太紧。一个茶杯要有空位方可盛水。现在中学校有月考、学期考、毕业考、会考、升学考，一连考几个学校。有的只好在鬼门关去看榜。连小学的儿童都要受着双重夹攻。日间由先生督课，晚上由家长督课，为的都是准备赶考，拼命赶考，还有多少时间去接受大自然和大社会的宝贵知识呢？赶考和赶路一样。赶路的人把路旁风景赶掉了，把一路应该做的有意义的事赶掉了。除非请医生，救人，路是不宜赶的。考试没有这样的重要，更不宜赶，赶考首先赶走了脸上的血色，赶走了健康，赶走了对父母之关怀，赶走了对民族人类的责任，甚至于连抗战之本身责任都赶走了。最要不得的，还是赶考把时间赶跑了。我个人反对过分的考试制度的存在。一般学校把儿童全部时间占据，使儿童失去学习人生的机会，养成无意创造的倾向，到成人时，即有时间，也不知道怎样下手去发挥他的创造力了。创造的儿童教育，首先要为儿童争取时间之解放。

四、培养创造力 把小孩子的头脑、双手、嘴、空间、时间都解放出来，我们就要对小孩子的创造力予以适当之培养。

（一）需要充分的营养。小孩的体力与心理都需要适当的营养。有了适当的营养，才能发生高度的创造力，否则创造力就会被削弱，甚而至于夭折。

（二）需要建立下层的良好习惯，以解放上层的性能，俾能从事于高级的思虑追求。否则必定要困于日用破碎，而不能够向上飞跃。

（三）需要因材施教。松树和牡丹花所需要的肥料不同，你用松树的肥料培养牡丹，牡丹会瘦死，反之，你用牡丹的肥料培养松树，松树受不了，会被烧死。培养儿童的创造力要同园丁一样，首先要认识他们，发现他们的特点，而予以适宜之肥料、水分、太阳光，并须除害虫，这样，他们才能欣欣向荣，否则不能免于枯萎。

最后，我要提醒大家注意创造力最能发挥的条件是民主。当然在不民主的环境下，创造力也有表现。那仅是限于少数，而且不能充分发挥其天才。但如果要大量开发创造力，大量开发人矿中之创造力，只有民主才能办到，只有民主的目的，民主的方法才能完成这样的大事。民主应用在教育上有三个最要点：

（一）教育机会均等，即是教育为公，文化为公。我们要求贫富的机会均等，男女的机会均等，老幼的机会均等，各民族各阶层的机会均等。

（二）宽容和了解。教育者要像爱迪生母亲那样宽容爱迪生，在爱迪生被开除回家的时候，把地下室让给他去做实验。我们要像利波老板那样宽容法拉第，法拉第在利波的铺子里做徒弟，订书订得最慢，但是利波了解他是一面订书一面读书，终于让法拉第在电学上造成辉煌的功绩。

（三）在民主生活中学民主。专制生活中可以培养奴才和奴隶，但不能培养人民做主人。民主生活并非乱杂没有纪律。民主要有自觉的纪律，人民只可以在民主的自觉纪律中学习做主人翁。在民主动员号召之下，每一个人之创造力都得到机会出头，而且每一个人的创造力都能充分解放出来。只有民主才能解放最大多数人的创造力，而且使最大多数人之创造力发挥到最高峰。

❯❯ 敲碎儿童的地狱，创造儿童的乐园①

儿童是应该快乐的，而现在中国的儿童是非常痛苦。固然有许多人才是从痛苦中长大起来，但是成人的责任是应该把社会改造得好一点，使未成熟的儿童少吃点苦，多享点福。我们应该负起责任来，敲碎儿童的地狱，建立儿童的乐园。不够，我们应该引导儿童把地狱敲碎，让他们自己创造出乐园来。

要怎么样除苦造福

第一，我们应该承认儿童的人权。儿童的人权从怀胎的时候开始。打胎虽有法律禁止，但是社会上还是流行着。为着恐怕私生子为人轻视，便从源头上取消了他的生存权。也有因为贫穷而不能教养而出此残忍手段，使已得生命之胎儿不能见天日。我们只须读一读孔子、耶稣的故事，便知道剥削儿童生存权是何等的罪恶。每逢饥荒便听得见"易子而食"，这虽然说是被迫无法才出此下策，但也是把小孩的生命当作次一等所致。我们要解除儿童痛苦增进儿童福利，首先要尊重儿童的人权。

第二，我们应该了解儿童的能力需要。儿童有许多痛苦是由于父兄师长之不了解。不了解则有力无处用，有苦无处说。我们要知道儿童的能力需要，必须走进小孩的队伍里去体验而后才能为小孩除苦造福。我们必须重生为小孩，不失其赤子之心，才能为儿童谋福利。

第三，承认了儿童的人权并了解了儿童的能力需要，才有可能谈儿童福利，否则难免隔靴搔痒，劳而无功，我们在尊重儿童人权及了解儿童能力和需要两条原则下，来提出几件具体的建议。

提出十点具体建议

（一）解除儿童的恐怖。中国的儿童在心理上是处在一个恐怖的世界里。老

---

① 本篇原载于 1944 年 12 月 16 日《时事新报》。

婆婆，老妈子一到夜晚没有事便讲鬼说怪，小孩们连在梦里都要惊醒。我们应该使小孩与这些鬼怪故事隔绝，以保持精神之安宁。

（二）打破重男轻女之风尚。这重男轻女的风尚连在文化界还是难免。男的受过分栽培，女的受偏枯的待遇；表面虽然似乎是一乐一苦，但在长大的过程中两者都难免受伤。

（三）提倡儿童卫生。儿童卫生是民族健康之基础，这基础必须用水泥钢骨打得稳固。但是平常做父母的多不注意。儿童卫生有一百件具体的事要做，我只举一件，把食物嚼碎给小孩吃，是害了许多儿童，使家庭的肺病一代代地传下去。革除这一坏习惯，是使许多儿童得到终身的幸福，至于营养要充足，环境要卫生，那是不消说了。

（四）拯救文化饥荒。成千成万的孩子对于学校是不得其门而入，那些已经进学校的是在吃干腌菜的课文。我们一方面要求教育之普及，一方面还要改造学校教育，使教育与生活密切地联系起来，使每一个人都能享受文化的精华。并且要革除体罚，改良赶考，注意启发，使小孩接受教育的时候，有求学之乐趣，而无不必要之恐怖与烦恼。

（五）培养人才幼苗。人才的幼苗当从小培养，如果家庭里、学校里、铺子里的孩子，在小的时候，已被发现有特殊的才干，那么，立刻就应该给他以适当之肥料、水分、阳光，使他欣欣向荣。十二岁的爱迪生因为醉心于科学把戏，三个月便被冬烘先生开除了，那对于爱迪生的小心灵是多么大的打击。爱迪生的母亲却了解他，给他在地下室做实验。那对于爱迪生又是多么大的幸福啊。

（六）提倡儿童娱乐。现在流行的戏剧电影，有好些是给了儿童不好的影响。许多父母因为影响不好便因噎废食，绝对不许子女看书看电影。假使我们有好的儿童剧，儿童电影，可以寓教于娱乐，那儿童又是多么的高兴啊！

（七）开展托儿所运动。女工农妇及职业妇女要顾到工作便顾不得小孩，顾到小孩便顾不到工作！其实她们是必得双方兼顾，不顾工作便没有饭吃，小孩是自己的亲血肉，哪能不顾。于是她们为着两样都舍不下的工作和小孩，是一面牺牲了自己，又一面使小孩吃了许多苦。惟一的办法是多设工厂托儿所农村托儿所和一般的托儿所。

（八）建立儿童工学团。流浪儿、低能儿、聋盲儿、社会问题儿童等特殊儿童，一概用工学团方式培养，不冠以流浪儿教养院或低能儿训练所一类违反心理之名称。每种使小孩就其性之所近，依"工以养生，学以明生，团以保生"之原则，把他们培养成自助长进有用之人。

陶行知 教育名篇

（九）培养合理之教师父母。儿童痛苦之完全消灭及儿童福利之完全实现，是有待于天下为公。在这过渡时代与儿童幸福痛苦息息相关的，是父母与教师（包括艺徒之师傅）。我们要培养新父母和新教师，以培养更有福的后一代。旧父母和旧教师，凭主观以责儿童之服从；新父母和新教师，客观的根据他们的需要能力以宣导他们的欲望而启发他们的自觉的活动。新父母与新教师，要跟儿童学，教儿童启示自己如何把儿童教得更合理。这种对儿童有了解有办法的新父母、新教师不是从天上落下来，我们需要新的普通学校，新的师范学校和新的父母学校，来培养后一代之新教师与新父母，这是过渡时代之儿童福利之泉源。

（十）抢救战区儿童。抢救难童，在武汉失守前后达到了最高峰。许多英勇青年投身抢救工作及保育事业，当我回国之初，到处所见的，几乎尽是救苦救难的观音大士。以后，随着团结之松懈，民主之退隐，战区难童就好像没有人管了。自湘桂战①起，全国儿童福利工作人员开代表大会于陪都②，提出紧急动议，组织急救战区儿童联合委员会，加紧抢救工作，这是值得庆幸的好消息，当千千万万难童伸出手来等待援助的时候，在陪都是举行着中国儿童福利协会之成立大会。我希望以后协会的任务是抢救抢教双管齐下，才对得起后一代之期望与整个民族之付托。我曾经听过两种被救的难童的经验谈：一种是官僚化的抢救，领队者刚愎自用，剥削难童，先难童之乐而乐，后难童之忧而忧，弄成乌合之众，害得许多小孩死于饿，死于冻，死于病，死于非命！一种是民主式的抢救，领队者虚心听取民意，与难童共休戚，共甘苦，有组织，有计划，有纪律，分工合作，一路学习玩耍奋斗而来，使得大家有远征之乐，没有逃难之苦。为难童服务的人们，是应当革除官僚的习气而采取民主的精神。

两种心理有害儿童

我们对于儿童有两种极端的心理，都于儿童有害。一是忽视；二是期望太切。忽视则任其像茅草样自生自灭，期望太切不免揠苗助长，反而促其夭折。所以合理的教导是解除儿童痛苦增进儿童幸福之正确路线。我们必须沿这路线进行，才能使儿童脱离苦海进入乐园。

---

① 湘桂战：1944 年日本侵略军为打通从中国东北到越南的大陆交通线而发动的战争，于 6 月 18 日攻占长沙，8 月 7 日占领衡阳，沿湘桂线南下，继而攻占桂林、柳州、南宁。这是国民党军队第二次大溃败，丧失国土 20 余万平方公里，城市 146 座。

② 陪都：指重庆市。

民　　主①

　　民主的意义还是在发展，因为它的内容还是在发展。照我看来，真正的民主必须包涵：一、政治民主；二、经济民主；三、文化民主；四、社会民主；五、国际民主。林肯总统在葛梯斯堡②所说的"民有民治民享之政府不致从大地上消灭掉"一语，是指政治民主。中山先生所说之民生主义，罗斯福总统③所说之无不足之自由，是指经济民主。山海工学团所主张之教育为公，和陕甘宁边区所实行之民办学校，是指文化民主。中国"五四"运动在社会关系上所发动之种种改革，例如男女平等，是走向社会民主。威尔逊总统④所提出之民族自决，中山先生所倡导之民族主义，是走向国际民主；然而从英国对印度，对希腊，对安南，对南洋，和美国对日本管制，对原子弹管制的态度行动看来，我们离国际民主之实现简直是十万八千里之远。从总的方面说：古人所讲的话而现在还起引导作用的，莫过于"大道之行也，天下为公"；近人毛泽东先生写的新民主主义，和中国民主同盟临时全国代表大会所通过的纲领，都系实现真正民主的路线。民主是中国之起命仙丹。民主能叫四万万五千万老百姓团结成一个巨人。民主能给我们和平，永远消除内战之危机。民主好比是政治的盘尼西林，肃清一切中国病。民主又好比是精神的维他命，给我们新的力量，来创造一个自由独立进步的新中国和一个富足平等幸福的新世界。民主第一！人民万岁！

---

　　① 本篇原载于 1945 年 11 月 1 日《民主教育》创刊号。

　　② 葛梯斯堡：今译葛底斯堡。美国宾夕法尼亚南部的一个自治村镇，是美国南北战争中葛底斯堡战役（1863 年 7 月 1 日—3 日）的战场。当时美国总统林肯在该地发表具有历史意义的演说，提出"民有、民治、民享"的口号。

　　③ 罗斯福（Franklin Roosevelt，1882—1945）：美国第 32 任总统，连任四届（1933—1945）。

　　④ 威尔逊（Thomas Woodrow Wilson，1856—1924）：美国第 28 任总统（1913—1921）。

陶行知 教育名篇

民主教育[①]

民主教育是教人做主人，做自己的主人，做国家的主人，做世界的主人。把林肯总统的话引申到教育方面来说：民主教育是民有、民治、民享之教育。说得通俗些：民主教育是人民的教育，人民办的教育，为人民自己的幸福而办的教育。现在把这样教育的内容和方法，扼要的提出几点，供给从事举办民主教育的朋友参考。

（一）教育为公以达到天下为公。全民教育以实现全民政治。积极方面我们要求教育机会均等。对人说，无论男、女、老、少、贫、富、阶级、信仰，以地方说，无论远近城乡都应有同等机会享受教育之权利。消极方面我们反对党化教育[②]，反对党有党办党享的教育，因此党化教育是把国家的公器变做一党一派的工具。

（二）教人民肃清法西斯细菌，以实现真正的民主。

（三）启发觉悟性。教人民进行自觉的学习，遵守自觉的纪律，从事自觉的工作与奋斗。

（四）培养创造力以实现创造的民主和民主的创造。解放眼睛，敲碎有色眼镜，教大家看事实。解放头脑，撕掉精神的裹头布，使大家想得通。解放双手，剪去指甲，摔掉无形的手套，使大家可以执行头脑的命令，动手向前开辟。解放嘴，使大家可以享受言论自由，摆龙门阵[③]，谈天、谈心、谈出真理来。解放空间，把人民与小孩从文化鸟笼里解放出来，飞进大自然、大社会去寻觅丰富的食粮。解放时间，把人民与小孩从劳碌中解放出来，使大家有点空闲，想想问题，

---

① 本篇原载于 1945 年 11 月 1 日《民主教育》创刊号。

② 党化教育：指 1927 年"四一二"反革命事变后到解放前以蒋介石为首的国民政府，为培养替自己服务的"忠臣"和"顺民"而进行的封建法西斯教育。

③ 摆龙门阵：四川方言，即谈心、交谈、聊天之意。

谈谈国事，看看书，干点与老百姓有益的事，还要有空玩玩，才算是有点做人的味道。有了这六大解放，创造力才可以尽量发挥出来。

（五）各尽所能，各学所需，各教所知，使大家各得其所。

（六）在民主的生活中学习民主。在争取民主的生活中学习争取民主。在创造民主的新中国的生活中学习创造民主的新中国。

（七）尽量采用简笔汉字、拉丁字母，双管齐下，以减少识字困难，使人民特别是边民易于接受教育。

（八）充分运用无线电及其他近代交通工具，以缩短距离，使边远地方之人民、小孩，可以加速的享受教育。

（九）民主教育应该是整个生活的教育。它应该要工以养生，学以明生，团以保生。它应该是健康、科学、艺术、劳动与民主织成之和谐的生活，即和谐的教育。

（十）承认中国是从农业文明开始渡到工业文明，经济是极端贫穷。我们必须发现穷办法，看重穷办法，运用穷办法，以办成丰富的教育。开始的时候，惟独这样办才能使绝大多数之劳苦大众及其小孩得以享受教育；否则只有少数少爷小姐享受教育，不能算是真正的民主教育。

陶行知　教育名篇

民主教育之普及[①]

　　民主教育一方面是教人争取民主，一方面是教人发展民主。在反民主的时代或是民主不够的时代，民主教育的任务是教人争取民主；到了政治走上民主之路，民主教育的任务是配合整个国家之创造计划，教人依着民主的原则，发挥各人及集体的创造力，以为全民造幸福。

　　无论是争取民主或是发展民主，都要靠广大人民的群策群力才会成功。这广大人民在数量上是愈广大愈有力量，在认识上是认识得愈深刻愈有力量。因此民主教育需要普及。我们所要普及的是救命的民主教育，要全国老百姓无论男女老少贫富都能很快的得到救命的民主教育。

　　但是中国现在还是一个农业国，大家靠着一双手和锄头斧头生产，所以生活是穷苦的很；尤其是经过一百年的帝国主义侵略，三十多年的内战和八年的抗战弄得万分穷苦。我们要在穷社会里找出穷办法来教一切穷人都得到教育，得到丰富的教育，得到民主的教育，才算是达到了我们普及教育的目的。

　　大概是六年前，我在成渝公路上的来凤驿住了一晚。吃晚饭的时候，有一群苦孩子来到前面讨饭，我们就把吃不完的饭菜统统给了他们。他们高兴地吃完之后，还是站在门口玩耍闲谈。我乘这个机会，点着他们好学的火焰。我问"你们如果愿意读书，我很愿意帮你们的忙"。"愿意，我们没有书。"我指着对门一块招牌"中华餐馆"说"这就是书"；又指着另一块招牌"民国饭店"说："那也是书。"我便引导他们开始读书。

　　"中华餐馆，民国饭店；

　　中华民国，中华国民；

　　中国，国民；

---

　　①　本篇原载于 1945 年 12 月 1 日《民主教育》第 2 期。

（我是）中华国民。"

读完，我看见一个标语，"有力出力，有钱出钱。"于是又开始引导他们读第二课。

"有力出力，有钱出钱。"

"有力出力（又）出钱，有钱（不）出钱（又）（不）出力。"

读完了，我问："要不要学写字?"一个小孩子说："没有笔。"我拿出我的右手的第二个指头说："这就是笔。"又一个小孩子说："没有纸。"我拿出左手的手掌说："这就是纸。"于是我就教大家学写字。对着招牌和标语学写，写了四五次，我又叫他们围在一张八仙桌的周围，看我在桌上写字，然后让他们自己在桌上学写。每人都用指头，沾点清水在桌上写，读的字都会写了。后来，我想把这工作继续下去，就教他们组织起来，推举了一个聪明而能干的小孩做队长，带领着别的小孩每天在街上学习，并公请我住的旅馆老板做先生，这组织与推举也可算是一点民主教育。这办法算是顶穷的办法了。但是来凤驿的十几位苦孩子便因此而受了民主教育的洗礼，并因此而立下继续求学的原始组织。只要知识分子念头一转，肯帮助人好学，不需花费一个钱，便可以帮助老百姓识字受到民主的教育。如果全国八千万识字的人都肯这样做，都肯即知即传，而且跟他们学的人也即知即传，那四万万五千万人的普及民主教育不是有了办法吗？因此动员这八千万识字的人来进行普及民主教育是一件顶大的事，也是一件可能做到的事。教人，好学，都是传染的，等到大家都传染了教人、好学的习惯，便教人、好学成了瘾，整个中华民族便成了一个教人、好学的民族，万万年的进步是得到了保证。古人云：学然后知不足。一个人感到不足，他便要向高处追，向深处追，是不会有止境了。因此民主教育不但可能做到全民普及，并且可能做到立体的普及。

陶行知 教育名篇

》小学教师与民主运动①

我这次到上海，在一个小宴会上，听了几句令人深思的话。我的朋友说：抗战八年来，五位教师之中，有一位逃难去了，一位做生意去了，一位变节了，一位死了，只剩了一位仍旧还在这里做教师，我们是多么寂寞啊！我说剩下的这一位，头上是裹着裹头布，嘴上是上了封条，肚子是饿凶了，被迫得只有干腌菜喂后一代。我们接着谈论胜利后的他们：逃难的难得回乡；做生意的倒胜利霉；变节的无法戴罪立功；死者不可复生；站在岗位上的，头上的裹头布仍旧裹着，嘴上的封条仍旧封得很紧，肚子饿得更凶了，除了干腌菜还没有别的精神粮食给学生吃。这谈话指示我们，如果我们要为民主奋斗，我们得加强自己，改变自己，武装自己，而且要为教育招兵，为民主募马。

首先我们自己需要再教育，再受民主教育。中华民国虽然成立了三十五年，我们只上了很少的民主功课。细算起来，民国初立的几个月②，推翻袁世凯的几个月，五四运动后的一两年，推翻复辟后的几个月③，五卅惨案以及北伐前后的一二年④，"一二·九"到抗战开始后一年⑤，算是断断续续地上了几课，但是一曝一寒，胜不过二千年传下来的专制毒，和这十余年来的有系统的，反民主的，变相的法西斯蒂训政⑥。特别是我们做教师的人，需要再教育来肃清一切不民主，

---

① 本篇原载于 1947 年 3 月《陶行知教育论文选集》。

② 民国初立的几个月：指 1911 年 10 月 10 日武昌起义胜利后，17 省推选孙中山就任临时大总统，到 1912 年 2 月 13 日在军阀袁世凯的暴力压迫下，孙中山被迫辞职为止。

③ 推翻复辟后的几个月：指 1917 年军阀张勋为清室复辟被击败后的几个月。

④ 五卅惨案以及北伐前后的一二年：指 1924 年初到 1927 年蒋介石发动"四一二"政变前这段时期内。

⑤ "一二·九"到抗战开始后一年：指从 1935 年 12 月 9 日，由中国共产党领导的"一二·九"运动掀起全国抗日救亡运动新高潮开始，到 1938 年 10 月武汉沦陷。

⑥ 训政：孙中山《建国大纲》一书，把建国程序分为军政、训政、宪政三个时期。训政（原意为教育人民运用民主）原定头两个时期很短，但蒋介石却把训政时期延长到十余年，并实行专制独裁。

甚至反民主的习惯与态度，并且积极的树立真正的民主作风。校长对于我们，我们对于学生，多少都存在着一些要不得的独裁作风。中国现在，自主席以至于校长教师，有意无意的，难免是一个独裁，因为大家都是在专制的气氛中长大，为独裁作风所熏陶，没有学习过民主作风。我们所要学习的民主作风，至少应该包含这些：

（一）民为贵。人民第一。一切为人民。

（二）天下为公。文化为公。不存心包办，或征为私有。

（三）虚心学习，集思广益，以建立自己的主张。

（四）自己要说话，也让别人说话，最好是大家商量。自己要做事，也让别人做事，最好是大家合作。自己要吃饭，也让别人吃饭，最好是大家有饭吃。自己要安全，也让别人安全，最好是大家平安。自己要长进，也让别人长进，最好是大家共同长进。

（五）民主未得到之前，联合起来以争取民主为己任，人民基本自由得到之后，依据民主原则共同创造，创造新自己，创造新家庭、新学校、新中国、新世界。

这是一种全新的生活、方式，我们必须天天在实际的生活中学习，学习再学习，才能习惯成自然，造成民主的作风。

个人学习不如集体学习，偶尔学习不如经常学习。为着进行经常的集体学习，最好是联合起来组织社会大学、星期研究会以实施共同之进修。这些新的学习组织，在重庆已经施行有效，应该在各地举办起来；以应好学的教师与好学的青年的需要。孔子说："学而不厌，诲人不倦。"我看出这两句话有因果的关系。惟其学而不厌才能诲人不倦；如果天天卖旧货，索然无味，要想教师生活不感觉到疲倦是很困难了。所以我们做教师的人，必须天天学习，天天进行再教育，才能有教学之乐而无教学之苦。自己在民主作风上精进不已，才能以身作则，宏收教化流行之效。我们在民主作风之外，要学习的东西很多，应该按着自己的兴趣，才能和工作岗位的需要继续不断地学习，活到老，学到老。但是最重要的不能忘了社会科学。每一位现代的教师，必须把基本的政治问题，经济问题，世界大势，社会的历史的发展和正确思想方法弄清楚，最好是要参加教师进修的组织，如社会大学，星期研究会，凭着集体的力量督促自己长进，在没有社会大学或星期研究会的地方，小学教师们应该主动发起创办。这是如同吃饭一样的急不容缓，不可等待。

我们进行自我再教育，不能没有先生，我们要三顾茅庐请出第一流的教授来帮助我们进行各项学习。第一流的教授具有两种要素：一、有真知灼见；二、肯说真话，敢驳假话，不说谎话。我们必须拿着这两个尺度来衡量我们的先生。合于此者是吾师，立志求之，终身敬之。

在各位大师之中，我要介绍两位最伟大的老师。

一位就是老百姓。我们要跟老百姓学习，学习人民的语言，人民的情感，人民的美德，努力发现老百姓的问题，困苦，和他们心中所希望达到的目的，并认识他们就是中华民国真正的主人，要他们告诉我们怎样为他们服务才算满意。我愿把我写的一首小诗献给每一位小学教师，共同勉励：

　　　　　民之所好好之。民之所恶恶之。

　　　　　教人民进步者，拜人民为老师。

还有一位最伟大的先生要介绍，那就是小孩子——我们所教的小学生。我们要跟小孩子学习，不愿向小孩学习的人，不配做小孩的先生。一个人不懂小孩的心理，小孩的问题，小孩的困难，小孩的愿望，小孩的脾气，如何能教小孩？如何能知道小孩的力量？而让他们发挥出小小的创造力？

惟独肯拜人民与小孩为老师的人，才能把自己造成民主的教师，也只有肯拜人民与小孩为老师的，那民主作风才自然而然的获得了。

其次，就是运用民主作风教学生，并与同事共同过民主生活，以造成民主的学校。教育方法要采用自动的方法，启发的方法，手脑并用的方法，教学做合一的方法，并且要使学生注重全面教育以克服片面教育；注重养成终身好学之习惯以克服短命教育。在现状下，尤须进行六大解放，把学习的基本自由还给学生：一、解放他的头脑，使他能想；二、解放他的双手，使他能干；三、解放他的眼睛，使他能看；四、解放他的嘴，使他能谈；五、解放他的空间，使他能到大自然大社会里去取得更丰富的学问；六、解放他的时间，不把他的功课表填满，不逼迫他赶考，不和家长联合起来在功课上夹攻，要给他一些空闲时间消化所学，并且学一点他自己渴望要学的学问，干一点他自己高兴干的事情，还要把工友当作平等的人和他们平等合作。只有校长教师学生工友团结起来共同努力，才能造成一个民主的学校。

再其次，要教学生为民主的小先生。我们不把小孩单单当作学生教。最重要的教育是"给的教育"，教小孩拿出小小的力量来为社会服务。人生以服务为目的，不是毕业后才服务。在校时，就要在服务上学习服务。学生最好的服务是做小先生，拿学得的知识教给人。中华民国是一个公司；四万万五千万人联合起来做老板。男人是男老板；女人是女老板；大人是大老板；小孩是小老板；大家都是中华民国的老板；大家都是中华民国的主人。拿这种浅显而重要的意思由学生一面学，一面教给不能进学校的老百姓，他们变成了民主的小先生。一位先生教四十位学生，照老法子，他只是四十个学生的先生。如今把这四十个学生变成小先生，每位小先生平均帮助五个人，便能帮助二百人，连原来的四十人，便是一位二百四十人的先生，力量与贡献大得多了。这样，学校变成了发电机，学生变成了四十根电线，通到每一个家庭里去，使四十家，乃至二百四十家都发出民主的光辉来，这不能算是小学教师的重要任务吗？

再其次，要教民众自己成为民主的干部。小学教师应该是民主的酵母，使凡与他接触的人都发起酵来，发起民主的酵来。农人，工人，商人，军人，官吏，学生家属，只要一接触便或多或少，起一点变化，顶少要对民主运动减少一点阻碍，顶好是一经提醒便成了民主的斗士；乃至成为民主的干部，大家起来创造一个名符其实的中华民国。去年中秋，当我亲眼在四川看见一位老农拿出插在腰背后的旱烟管来，指挥他的七位学生，一连合唱了八个歌曲，我好像是看见了新中国的前途。这样可贵的，从人民中产生出来的民主干部，将来是要几十万几百万地产生出来。发现他们，培养他们，是小学教师不可放弃的天职。

最后争取民主以保障生存权利与教学自由。《小学教师值得几文钱？》是我这次到上海来看见从前乃英先生写的一首感动人的歌曲：

"小学教师值几钱？五元钱一天，教一天，算一天。请假一天扣工钱。不管你喊哑喉咙，不管你绞尽脑汁，不管你坐弯背腰，不管你饿凶肚皮，预支不可以。小学教师值几钱？要求提高待遇，还没有这种福气。"

这首歌的末一句，我提议修改为"争民主奋斗到底"。提高待遇，只有民主才有保障。现在的尊师运动，必须包含争取民主，才能将一时救急的办法，变成经常安定的办法。如不争取民主，使真正的民主政治，民主经济，民主文化全盘兑现，我们必定是一辈子陷在"吃不饱来饿不死"的地狱里。所以为着提高生活的待遇，我们必须参加在整个国家民主斗争里面去，实现天下为公，有我们自己的一份在内。

教师的职务是"千教万教，教人求真"。学生的职务是"千学万学，学做真人"。这教人求真和学做真人的教学自由，也只有真正的民主实现了才有可能。在不民主的政治下，说真话做真事的人是会打破饭碗，关进集中营，甚至于失掉生命。因此这教学自由，也是要在整个的人民基本自由中全盘解决。让我们和人民站在一条战线上，争取真正民主的实现，共同创造一个独立、自由、平等、进步、幸福的新中国。

1946 年

生活教育的创立与成长①

一　晓庄师范之成长

"生活教育"第一次的发现，是民国七年在南京高等师范演讲。中国的教育太重书本，和生活没有联系。教育不通过生活是没有用的，需要生活的教育，用生活来教育，为生活而教育。为生活需要而办教育，教育与生活是分不开的。我们应以前进的生活提高落后的生活，以合理的生活提高不合理的生活，以有计划的生活，克服无秩序的生活。民国八年是生活教育思想上的萌芽。民国十五年，有五六个教师下了决心，丢掉了传统教育下乡去。民国十六年三月十五日在南京的一角，才出现生活教育的具体机构——晓庄师范，也就是生活教育从理论到实践开始的一天。

二　阳光下的诗意生活

民国十六年三月十四日晚上到乡下去筹备开学，一个狭小的房子，住五个人，还有第六个是一匹老牛，它却占了一半多地方。第二天早晨，江苏教育厅厅长江问渔来了，我们也在那屋子里欢迎他。后来，我们到会场上去布置了，没有人招待江厅长，以劳苦功高的老牛陪他。

开学礼是生活教育的开学礼。到的人数据陈鹤琴先生说有一千多。

没有房子而开学校，这是首创。我们以青天为顶，地球为地，日光照着工作，月光下休息和唱歌，过着富有诗意的生活。

学生男的以开荒挑粪、女的倒马桶作为考试，洗菜、烧饭、打杂都得学生自己动手。因此，有一首："书呆子烧饭，一锅烧四样：生、焦、硬、烂。"挑水挑

---

① 本篇系陶行知 1946 年 5 月初在生活教育社上海分社筹备会上的讲话。摘自 1946 年 8 月 2 日上海《文汇报》辉子的报道《永远留在人间的声音——陶先生讲〈生活教育创造史〉》。

粪的比赛作为运动。学校没有围墙，农民随时可到学校里去。每家农家住有一二个学生，帮着扫地抹桌等操作，跟农民生活在一起，相互学习。学习和农民熟悉交流后，学生重新发现自己也有一双手，农民发现自己还有一个头脑。

后来，晓庄被封，封条没处贴，贴在黑板上。

三　普及教育的小先锋

我从日本回国后，在大场孟家木桥建立了山海工学团。学生来一个收一个，来两个收一双……来者不拒。学生人数由二三十人，而七八十人，而一二百人，不断的迅速的增加着。四个先生教得累死了，还坚持做到不来读书的要送上门去。

在客观情势的要求下，发明了"小先生制"。读书的小学生回去后做小先生，去教自己的姊妹和母亲等读书。

宝山县教育局长冯国华先生，他也是生活教育社的社员，打算普及宝山县的教育，请我作了一个计划。呈到省政府里去，受了撤职查办的处分。山海工学团为了普及教育，也要查封？终于因查无实据而打消。

四　培养老百姓做主人

之后，成立了国难教育社，流浪儿童工学团、报童、女工工学团相继产生，运用生活教育的力量，号召全国人民起来抗日。

当前最大的任务，是普及民主教育，培养老百姓做主人，造成自由平等幸福的新中国。我们必须同心合力来展开，为推动普及民主教育的工作而努力。

陶行知
教育名篇

》 试验主义与新教育[①]

《说文》："新，取木也。"木有取去复萌之力，故新有层出不已之义。新教育与旧教育之分，其在兹乎？夫教育之真理无穷，能发明之则常新，不能发明之则常旧。有发明之力者虽旧必新；无发明之力者虽新必旧。故新教育之所以新，旧教育之所以旧，亦视其发明能力之如何耳。发明之道奈何？曰，凡天下之物，莫不有赖于其所处之境况。境况不同，则征象有异。故欲致知穷理，必先约束其境况，而号召其象征，然后效用乃见。此试验之精神，近世一切发明所由来也。彼善试验者立假设，择方法；举凡欲格之物，尽纳之于轨范之中：远者近之，征者大之，繁者简之，杂者纯之，合者析之，分者通之，多方以试之，屡试以验之，更较其异同，审其消长，观其动静，察其变化，然后因果可明而理可穷也。例如试验甲乙二教授法之优劣，则必将试验时之一切情形，归为一致。盖必先一其教师，一其教材，一其设备，一其时间，一其地方，而所教之学生又须年龄等，男女等，家境等，程度等，然后施以各异之教法，乃可知结果之攸归；屡试而验，然后二法之优劣，乃可得而发明焉。故欲求常新之道，必先有去旧之方。试验者，去旧之方也。盖尝论之，教育之所以旧者五，革而新之，其惟试验。所谓五旧者何？

一曰，依赖天工 彼依赖天工者，待天垂象，俟物示征，成败利钝，皆委于气数。究其流弊，则以有限之时间，逐不可必得之因果，是役于物而制于天也，安得不为所困哉？困即无自新之力矣。苟其有之，或出于偶然。即有常矣，或所示者吝，吾又安能穷其极而启其新耶？荀子曰："大天而思之，孰与物畜而制之？从天而颂之，孰与制天命而用之？因物而多之，孰与骋能而化之？思物而物之，孰与理物而勿失之也？"此数语可谓中试验精神之窾要矣。盖善试验者役物而不

① 本篇原载于 1919 年 2 月《新教育》第 1 卷第 1 期。

为物所役；制天而不为天所制。惟其以人力胜天工，故能探其奥蕴，常保其新焉。

二曰，沿袭陈法 彼泥古之人以仍旧贯为能事。行一事，措一词，必求先例。有例可援，虽害不问；无例可援，虽善不行。然今昔时势不同，问题亦异。问题既异，方法当殊。故适于昔者未必适于今。徒执古人之成规，以解决今之问题，则圆枘方凿，不能相容，何能求其进步也？故欲求教育刷新进步，必先有试验，以养成其自得之能力。能自得，始能发明；能发明，则陈法自去，教育自新矣。

三曰，率任己意 教育为一种专门事业，必学焉而后成。然从事教育之人，偏欲凭一己一时之意，以定进行之趋向。故思而不学，凭空构想者有之；一知半解，武断从事者有之；甚至昧于解决，以不了了之者亦有之。空想则无新可见；武断则绝自新之路；不了了之，则直无新之希望矣。欲救斯弊，必使所思者皆有所凭，所断者皆有所据；困难之来，必设法求所以解决之，约束之，利用之：凡此皆试验之道也。

四曰，仪型他国 今之号称新人物者，辄以仪型外国制度为能事；而一般之士，见有能仪型外人者，亦辄谓为新人物。虽然，彼岂真能新哉？夫一物之发明，先多守秘密。自秘密以迄于公布，须历几何时？自公布以迄于外传，又须历几何时？况吾所仪型者，或出于误会。以误传误，为害非浅。即得其真相，而辗转传述，多需时日。恐吾人之所谓新者，他人已以为旧矣。不特此也。中外情形有同者，有不同者。同者借镜，他山之石，固可攻玉。不同者而效焉，则适于外者未必适于中。试一观今日国中之教育，应有而无，应无而有者，在在皆是。此非仪型外国之过欤？若能实心试验，则特别发明，足以自用。公共原理，足以教人。教育之进步，可操左券矣。

五曰，偶尔尝试 当一主义发生之时，必有人焉慕其美名而失其真意。其弊也，弥近似而大乱真。乃时人不察，误认试验为尝试。计划不确，方法无定，新猷未出，已中途而废矣。彼真试验者，则不然。必也有计划，有方法，视阻力为当然，失败为难免，具百折不回之气概，再接再厉之精神。成败虽未可必，然世界实由此而进步，教育亦由此而进步。此岂持尝试之见者所可能哉！

既能塞陈旧之道，复能开常新之源，试验之用，岂不大哉！推类至尽，发古人所未发，明今人所未明，皆试验之力量也。吾国数千年来相传不绝之方法，惟有致知在格物一语。然格物之法何在，晦庵①与阳明②各持一说。晦翁以"即物穷

---

① 晦庵：即朱熹。
② 阳明：即王守仁。

理"释之，近矣。然而即物穷理，又当用何法乎？无法以即物穷理，则物仍不可格，知仍不可致。阳明固尝使用即物穷理者也。其言曰，"初年与钱友同论做圣贤，要格天下之物。……因指亭前竹子令去格看。钱子①早夜去穷格竹子的道理，竭其心思，至于三日，便致劳神成疾。当初说他这时精力不足，某因自去穷格，早夜不得其理，到七日亦以劳思致疾。……及在夷中三年，颇见得此意思，乃知天下之物本无可格者；其格物之功，只在身心上做。"类此者皆坐格物不得其法之弊也。假使阳明更进一步，不责物之无可格，只责格之不得法，竞竞然以改良方法自任，则近世发明史中，吾国人何至迄今无所贡献？然亡羊补牢，未为晚也。全国学者，苟能尽刷其依赖天工，沿袭旧法，仪型外国，率任己意，偶尔尝试之旧习，一致以试验为主，则施之教育而教育新，施之万事而万事新，未始非新国新民之大计也。不然，若以应时为尽新之能事，则彼所谓旧教育者，当时亦尝为新教育也；而今之新教育，又安知他日之不或旧耶？

---

① 钱子：即钱友同。

生利主义之职业教育[①]

　　自本社[②]标解决生计问题为进行之方针，一般学者，往往以文害辞，以辞害意，误会提倡者之本旨。推其原因，多由于不明生计二字之界说所致。惟其不明乎此，故或广之而训作生活，或狭之而训作衣食；驯至彼一是非，此一是非，议论纷纭，莫衷一是。不徒反对者得所藉口，即办学者亦无所适从。其隐为职业教育前途之障碍，良非浅显。孔子曰："名不正则言不顺；言不顺则事不成。"故欲职业教育之卓著成效，必自确定一正当之主义始。

　　夫职业教育之成效既有赖于正当之主义，则问何谓正当之主义，生活乎？衣食乎？抑生活衣食之外别有正当之主义乎？

　　生活主义包含万状，凡人生一切所需皆属之。其范围之广，实与教育等。有关于职业之生活，即有关于职业之教育，有关于消闲之生活，即有关于消闲之教育；有关于社交之生活，即有关于社交之教育；有关于天然界之生活，即有关于天然界之教育。人之生活四，职业其一；人之教育四，职业教育其一。故生活为全体，职业为部分；教育为全体，职业教育为部分。以教育全体之生活目的视为职业教育之特别目的，则职业教育之目的何以示别于教育全体之目的，又何以示别于他种教育之目的乎？故生活之不能为职业教育独专之主义者，以其泛也。

　　生活主义固不适于职业教育之采用矣。衣食主义则何如？大凡衣食之来源有四；职业，祖遗，乞丐，盗窃是也。职业教育若以衣食为主义，彼之习赖子乞丐盗窃者，不亦同具一主义乎？而彼养成赖子乞丐盗窃者，亦得自命为职业教育家乎。此衣食主义之不适于职业教育者一也。不宁惟是，职业教育苟以衣食为主义，则衣食充足者不必他求，可以不受职业教育矣。此衣食主义之不适于职业教育者二也。且以衣食主义为职业教育之正的，则一切计划将趋于温饱之一途。此

---

　　① 本篇原载于 1918 年 1 月 15 日《教育与职业》第 1 卷第 3 期。

　　② 本社：指中华职业教育社。

犹施舍也。夫邑号朝歌，墨翟回车；里名胜母，曾子不入。学校以施舍为主旨，则束身自好者行将见而却步矣。此衣食主义之不适于职业教育者三也。凡主义之作用，所以指导进行之方法。若标一主义不能作方法之指针，则奚以贵？故衣食之可否为职业教育之主义，亦视其有无补助于职业方法之规定耳。夫学校必有师资，吾辈选择职业教员，能以衣食为其资格乎？学校必有设备，吾人布置职业教具，能以衣食为其标准乎？又试问职业学校收录学生，可否以衣食为去取？支配课程，可否以衣食为根据？衣食主义之于职业教育方法，实无丝毫之指导性质。有之，则吾不知也。衣食既不能为职业教育方法施行之指导，则其不宜为职业教育之主义，又明矣。此衣食主义之不适于职业教育者四也。不特此也，吾人做事之目的，有内外之分。衣食者事外之目的也；乐业者事内之目的也。足衣足食而不乐于业，则事外虽无冻馁之虞，事内不免劳碌之患。彼持衣食以为职业教育主义者，是忽乐业之道也。此衣食主义之不适于职业教育者五也。且职业教育苟以衣食主义相号召，则教师为衣食教，学生为衣食学。无声无臭之中隐然养成一副自私之精神。美国人士视职业教育与学赚钱（learning to earn）为一途，有识者如杜威（Dewey）先生辈，咸以其近于自私，尝为词辟之。吾国当兹民生穷蹙之际，国人已以衣食为口头禅，兴学者又从而助长其焰，吾深惧国人自私之念，将一发难餍矣。此衣食主义之不适于职业教育者六也。是故衣食主义为众弊之渊薮，欲职业教育之有利无弊，非革除衣食主义不为功。

衣食主义既多弊窦，生活主义又太宽泛，二者皆不适用于职业教育，然则果应以何者为正当之主义乎？曰，职业作用之所在，即职业教育主义之所在。职业以生利为作用，故职业教育应以生利为主义。生利有二种：一曰生有利之物，如农产谷，工制器是；二曰生有利之事，如商通有无，医生治病是。前者以物利群，后者以事利群，生产虽有事物之不同，然其有利于群则一。故凡生利之人，皆谓之职业界中人，不能生利之人，皆不得谓之职业界中人。凡养成生利人物之教育，皆得谓之职业教育；凡不能养成生利人物之教育，皆不得谓之职业教育。生利主义既限于职业之作用，自是职业教育之特别目的，非复如生活主义之宽泛矣，此其一。以生利主义比较衣食主义尤无弊窦之可指，故以生利主义为准绳，则不能生利之赖子乞丐盗窃与养成之者皆摈于职业教育之外矣，此其二。学校既以生利为主义，则足于衣食而不能生利者无所施其遁避，此其三。父母莫不欲其子女之能生利，职业教育苟以生利为主义，自能免于施舍之性质，自好者方将督促子女入学之不暇，又何暇反加阻力乎？此其四。职业既以生利为作用，吾人果采用生利主义以办职业教育，则生利之方法，即可为职业教育方法之指针，此其五。职业教育既以养成生利人物为主义，则其注重之点在生利时之各种手续，势必使人人于生利之时能安乐其业，故无劳碌之弊，此其六。生利主义侧重发舒内力以应群需，所呈现象正与衣食主义相反。生产一事一物时，必自审曰："吾能生产乎？吾所生产之事物于群有利乎？"教师学生于不知不觉中自具一种利群之精神，此其七。不特此也，能生利之人即能得生活上一部分之幸福；而一衣一食亦自能措置裕如。不能生利之人，则虽有安富尊荣亦难长守。故惟患不能生利，不患不得生活之幸福与温饱。然则生利主义既无生活主义之宽泛，复无衣食主义之丛弊，又几兼二者之益而有之，岂非职业教育之正当主义乎？

生利主义之职业师资　职业教育既以养成生利人物为其主要之目的，则其直接教授职业之师资，自必以能生利之人为限。盖己立而后能立人，己达而后能达人，天下未有无生利经验之人而能教育人生利者。昔樊迟请学稼，子曰："吾不如老农。"请学为圃，曰："吾不如老圃。"孔子岂故为拒绝哉？亦以业有专精，事有专习，孔子之不如农圃，亦犹老农老圃之不知六艺耳。由是以推，无治病之经验者，不可以教医；无贸易之经验者，不可以教商。百凡职业，莫不皆然。故职业教师之第一要事，即在生利之经验。无生利之经验，则以书生教书生，虽冒职业教师之名，非吾之所谓职业教师也。

然职业教师不徒负养成生利人物之责，且负有改良所产事物之责。欲求事物之改良，则非于经验之外别具生利之学识不可。无学识以为经验之指导，则势必故步自封，不求进取。吾国农业，数千年来所以少改良者，亦以徒有经验而无学识以操纵之耳。故职业教师之第二要事，是为生利之学识。

兼有生利之经验学识尚不足以尽职业教师之能事。盖教授生利之法，随业而异。有宜先理想而后实习者，有宜先实习而后理想者，有宜理想实习同时并进者。为职业教师者自宜熟悉学者之心理，教材之性质，使所教所学皆能浃洽生利之方法，而奏事半功倍之效。故职业教师之第三要事，为生利之教授法。

准如前说，则健全之职业教师，自必以经验学术教法三者皆具为标准。三者不可得兼，则宁舍教法学术而取经验。盖无学术教法而有经验，则教师尚不失为生利之人物，纵无进取良法，然学生自能仪型教师所为，以生产事物。既能生产事物，即不失职业教育之本旨。如无经验，则教授法无由精密，纵学术高尚，断不能教学生之生利。既不能生利，则失职业教育之本旨矣。是故经验学术教法三者皆为职业教师所必具之要事，然三者之中，经验尤为根本焉。

职业教师既以生利经验为根本之资格，则养成职业师资自当取材于职业界之杰出者。彼自职业中来，既富有经验，又安于其事，再加以学术教法，当可蔚为

陶行知 教育名篇

良材。概之收录普通学子，为事当较易，收效亦当较良且速也。

职业教师既以生利之经验学术教法三者为资格，则如何养成此种教师之方法，亦在吾人必须研究之列。大概养成职业师资之法有三：（一）收录普通学子教以经验学术与教法；（二）收录职业界之杰出人物教以学术与教法；（三）延聘专门学问家与职业中之有经验者同室试教，使其互相砥砺补益，蔚为职业教师。夫经验所需之多少，随职业而异；其需经验较少之职业，利用第一法。如普通师范学校之教师有二三年之经验者，即可作教授之基础，故收录普通学子而养成之，为事甚易。其次则商业学校教员，似亦可以利用此法。但农工等职业之教师，性质迥异，非富有经验，不足以教生利。舍难就易，似不如采用第二法，精选职业界之杰出者养成之。彼既从职业中来，自必有相当之经验，再教以实用之学术教法，为事自顺。然此法效力之大小，常视国中教育普及之程度为差。其在欧美教育普及之邦，职业中人，大半受过八年之公共教育，既有普通知能以植其基，则于学术教法自易领悟。中国则不然，教育未普及，农工多数不识文字；既不识文字，则欲授以学术教法，自有种种困难。然而职业界之杰出者，终不乏粗识文字之人。当事者苟能精选而罗致之，则有用之职业师资，或能济济而出也。此外则有延聘学问家与经验家同室试教一法。当今职业师资缺乏，为其备选者或有学术而无经验，或有经验而无学术，速成一计，莫如合学问家与经验家于一炉而共冶之；既可使之共同试教，又可使之互相补益，则今日之偏材，经数年磨练之后，或能蔚成相当之师资，岂非一举两得哉？然一班二师，所费实巨，况学术经验贵能合一，若分附二人之身，终难免于隔膜。故此计虽有优点，不过为过渡时代权宜之策耳。总之，职业教师最重生利之经验，则养成之法，自宜提其要领，因已有之经验而增长之，方能事半功倍也。

生利主义之职业设备 孔子曰："工欲善其事，必先利其器。"无利器而能善其事者，吾未之前闻。职业教育又何独不然？必先有种种设备，以应所攻各业之需求，然后师生乃能从事于生利；否则虽有良师贤弟子，奈巧妇不能为无米之炊何！故无农器不可以教农；无工器不可以教工。医家之教必赖刀圭。画家之教必赖丹青。易言之，有生利之设备，方可以教职业；无生利之设备，则不可以教职业。然职业学校之生利设备可分二种：一自有之设备；二利用职业界之设备。但无论设备之为己有，为利用，学生教师莫不可因以生利。故设备虽有己有利用之分，而同为学生教师生利之资则一。余尝游美之麻撒朱赛州[1]（Massachusetts）

---

① 麻撒朱赛州：今译为马萨诸塞州。

视其乡村中学校附设之农业科，多利用学生家中之田园设备，使各生在家实习，命之曰家课（Home Projects）。教员则自御汽车，循环视察，当场施教。农隙则令学生来校习通用之学术。故校中自有之设备除课堂点缀以外实属寥寥无几；校外则凡学生足迹所至，皆其所利用之设备。论其成效则不特设备之经费可省，而各家之农业皆藉学生而间接改良之。此盖利用他人生利设备以施职业教育之彰明较著者也。

生利主义之职业课程 职业学校之课程应以一事之始终为一课。例如种豆则种豆始终一切应行之手续为一课。每课有学理，有实习，二者联络无间，然后完一课，即成一事。成一事再学一事，是谓升课。自易至难，从简入繁，所定诸课，皆以次学毕，是谓毕课。定课程者必使每课为一生利单位，俾学生毕一课，即生一利；毕百课则生百利，然后方无愧于职业之课程。职业课程既以生利为主，则不得不按事施教，欲按事施教，则不得不采用小班制。故欧美之职业实习班至多不满十五人，凡以便生利课程之教授也。不特每课为然，即各课之联络亦莫不以充分生利为枢机。客有学蚕桑者，学成执蚕桑业，终岁生利之期两三月而已，余则闲居坐食，不数年而家计渐困，卒改他业。此能生利而不能充分生利之过也。故职业课程之配置，须以充分生利为标准，事之可附者附教之，事之可兼者兼教之。正业之外，苟能兼附相当之业，则年无废月，月无废日，日无废时矣。此之谓充分之生利。根据此旨以联络各课，是为充分生利之课程。

生利主义之职业学生 有生利之师资设备课程，遂足以尽职业教育之能事乎？曰，未也。学生择事不慎，则在校之时，学不能专；出校之后，行非所学。其弊也：学农者不归农；学商者不归商。吾国实业教育之所以鲜成效，固由于师资设备课程之不宜于生利，然其学生择业之法之不当，亦其一因也。大凡选择职业科目之标准，不在适与不适，而在最适与非最适。所谓最适者有二，一曰才能；二曰兴味。吾人对于一业，才能兴味皆最高，则此业为最适；因其最适而选之，则才能足以成事，兴味足以乐业，将见学当其性，用当其学，群与我皆受无穷之益矣。故能选最适之业而学者，生大利不难，岂仅生利己哉！择业不当，则虽居学习生利之名，而究其将来之生利与否，仍未可必。故欲求学业者归业，必先有精选职业之方法。方法维何？曰，职业试习科是也。职业试习科包含农工商及其他业之要事于一课程，凡学生皆使躬亲历试之。试习时期可随遇伸缩，多至半载，少至数星期皆可。但试习之种种情形，必与真职业无异，始可试验学生之真才能真兴味。一参假面具则试验科之本旨失矣。试习之后，诸生于各业之大概既已备尝，再择其最近才能最有兴味之一科专习之。彼其选择既根本于才能兴味，则学而安焉，行而乐焉，其生利之器量，安有不大者哉？

结论　职业学校：有生利之师资，设备，课程，则教之事备；学生有最适之生利才能兴味，则学之事备，前者足以教生利，后者足以学生利：教与学咸得其宜，则国家造就一生利人物，即得一生利人物之用，将见国无游民，民无废才，群需可济，个性可舒；然后辅以相当分利之法，则富可均而民自足矣。故职业教育之主义在是，职业教育之责任在是，余之希望于教育家之采择试行者亦莫不在是。谨贡一得，聊献刍荛，幸垂教焉。

南京安徽公学办学旨趣[①]

南京在前清为两江之都会，和安徽有密切的历史关系，就地理说，又和安徽十分接近。中国兴学以来，南京即为全国教育中心之一。安徽的学者和学生来此传道受业的，素来很多。前清即有上江公学之设，民国成立后，因故停办，殊为憾事。"五四"以后，安徽学潮屡起，学生不能安心肄业，投到南京求学的，源源不绝。但南京学校格于种种限制，有志有才的学生不免向隅。安徽旅宁同乡会和旅宁同学会，看此景况，深表同情，就联合起来共谋上江公学之恢复，于 12 年秋季开学，改名为南京安徽公学。所以安徽公学的设立，是迫于一种不能自已的同情心。因为安徽旅宁前一辈的人，对于后一辈的少年，发生了一种学问上的同情心，才有安徽公学的产生。

有了这种同情的基础，所以我们最注重师生接近，最注重以人教人。教职员和学生愿意共生活，共甘苦。要学生做的事，教职员躬亲共做；要学生学的知识，教职员躬亲共学；要学生守的规则，教职员躬亲共守。我们深信这种共学，共事，共修养的方法，是真正的教育。师生有了共甘苦的生活，就能渐渐的发生相亲相爱的关系。教师对学生，学生对教师，教师对教师，学生对学生，精神都要融洽，都要知无不言，言无不尽。一校之中，人与人的隔阂完全打通，才算是真正的精神交通，才算是真正的人格教育。

在共同生活中，教师必须力求长进。好的学生在学问和修养上，每每欢喜和教师赛跑。后生可畏，正是此意。我们极愿意学生能有一天跑在我们前头，这是我们对于后辈应有之希望。学术的进化在此。但我们确不能懈怠，不能放松，一定要鞭策自己努力跑在学生前头引导学生，这是我们应有的责任。师道之可敬在此。所以我们要一面教，一面学。我们要虚心尽量接受选择与本职本科及修养有

---

① 本篇原载于 1924 年 12 月 8 日申报馆《教育与人生》第 60 期。

关系之学术经验来帮助我们研究。要教学生向前进，向上进，非自己努力向前进向上进不可。

安徽公学是个贫穷的学校。办贫穷的学校如同管贫穷的家务一样。用一文钱，必问："这文钱该用吗？"费一分光阴，必问："这一分光阴该费吗？"光阴与钱都有限，该用才用，不该用必不用。用必尽其效。爱惜光阴，就是不为无益害有益。将无益的时间腾出，则从事有益的时间有余裕了。然后学生可从容问学，怡然修养，既不匆忙劳碌，那身心也就自然渐渐的有润泽了。节省经费，不是因陋就简，乃是移无用为有用。我们既不甘于简陋，来源又不易开，要想收相当的效果，自非革除浪费不为功。用最少的经费，办理相当的教育，是我们很想彻底努力的一个小试验。

现今办学的人，每存新旧宽严之见。我们只问是非好坏，不问新旧宽严。是的，好的，虽旧必存。非的，坏的，虽新必除。应宽则宽，应严则严，随时随地随人而施教育，初无丝毫之成见。我们承认欲望的力量：我们不应放纵它们，也不应闭塞它们。我们不应让它们陷溺，也不应让它们枯槁。欲望有遂达的必要，也有整理的必要。如何可以使学生的欲望在群己相益的径途上行走，是我们最关心的一个问题。总之，必使学生得学之乐而耐学之苦，才是正轨。若一任学生趋乐避苦，这是哄骗小孩子的糖果子，绝不是造就人才的教育。

最后我们要谈谈我们心中所共悬而藉以引导我们进行的目标。一，我们都是学生。教师的一部分生活也是学生，就要负学问的责任。做学问最忌的是玄想，武断，尽信书，以差不多自足，以一家言自封。我们要极力的锻炼学生，使他们得到观察，质疑，假设，试验，实证，推想，会通，分析，正确种种能力和态度，去探求真理的泉源。简单些说，我们研究学问，要有科学的精神。二，我们是物质环境当中的人。我们对于四周的环境，最忌是苟安，同流合污，听天由命，不了了之。有进取性的人，对于环境总想加以改造。但是驱着乌合之众，叫嚣乱斫，何能算得改造呢？我们应当秉着美术的精神，去运用科学发明的结果，来支配环境，使它们现出和谐的气象。我们要有欣赏性的改造，不要有恐怖性鬼脸式的改造。换句话说，我们改造环境，要有美术的精神。三，我们不但是物质环境当中的人，并且是人中人。做人中人的道理很多，最要紧的是要有富贵不能淫，贫贱不能移，威武不能屈的精神。这种精神，必须有独立的意志，独立的思想，独立的生计，和耐劳的筋骨，耐饿的体肤，耐困乏的身，去做那摇不动的基础。近今国人气节，消磨殆尽，最堪痛心。倘不赶早在本身和后辈身上培植一种不可屈挠的精神，将何以为国呢？至于今日少数具有刚性的领袖，又因缺少容量，自取失败，并以此断丧国家的元气，至为可惜。那么，推己及人的恕道，和大公无私的容量，也是做人中人的最重要的精神。把这几种精神合起来，我们找不到一个更好的名词，就称它为大丈夫的精神。我们处世应变，要有大丈夫的精神。

科学的精神，美术的精神，大丈夫的精神，都不是凭空所能得来的。我们要在"必有事焉"上下手。我们要以事为我们活动的中心。研究学问要以事为中心；改造环境要以事为中心；处世应变也要以事为中心。我们要用科学的精神在事上去求学问，用美术的精神在事上去谋改造，用大丈夫的精神在事上去锻炼应变。我们愿意一同努力朝这三个目标行走，活一天，走一天；活到老，走到老。

❰❰ 评陈著之《家庭教育》

—— 愿与天下父母共读之①

　　此书为东南大学教育科丛书之一，系近今中国出版教育专书中最有价值之著作。全书分十二章，立家庭教育原则一百零一条。前两章述儿童心理及普通教导法，为提纲挈领之讨论；后十章都是拿具体的事实来解释各项建议之涵义。在这书里，小孩子从醒到睡，从笑到哭，从吃到撒，从健康到生病，从待人到接物的种种问题，都得了很充分的讨论。这些讨论对于负家庭教育责任的，都有很具体的指导。

　　书中取材的来源不一，但有一个中心：这中心就是陈先生的儿子，一鸣。著者在《自序》中曾声明各项材料之来源，但未指明一鸣就是这本书之中心人物。倘使我们把这本书从头到尾读它一遍，就觉得这是无可怀疑的。一百多条举例当中，在一鸣那儿来的，就占了七十三条之多。其余的事实只可算为陪客。陈先生得了这个实验的中心，于是可以把别人的学说在一鸣身上印证，自己的学说在一鸣身上归纳。据他自己所说，我们晓得《佛戴之教育》（The Education of Karl Witte）一书对于他研究家庭教育这个问题是很有影响的。佛戴小时通五国方言，九岁进大学，十四岁得哲学博士，十六岁得法律博士并任柏林大学教授；都是他的父亲大佛戴的教育理想之实现。一鸣就是陈先生的佛戴。《家庭教育》② 一书就当作《一鸣之教育》看，也是可以的。

　　郑宗海氏的《序文》上说："我阅过之后，但觉珠玑满幅，美不胜收，有数处神乎其技，已臻乎艺术的范域。"这种称赞并不过分。我现在要举一两个例来证明陈先生的艺术化的家庭教育。当他讨论游戏式的教育法时，他举了下面一个例：

　　今天（13 年 4 月 18 日）下午我手里拿着一只照相机，叫我的妻子

---

　　① 本篇原载于 1925 年 12 月 11 日《新教育评论》第 1 卷第 2 期。
　　② 《家庭教育》：陈鹤琴著，1925 年商务印书馆出版。

把我们的女儿秀雅放在摇椅里，预备要替她拍照的时候，一鸣就捷足先登，爬到椅子里去，也要我替他拍照。我再三劝告他，他总不肯。后来我笑嘻嘻地对他说："一鸣！你听着！我叫一，二，三；我叫'三'的时候，你就爬出来，爬得愈快愈好。"他看见我同他玩，也很高兴地答应我。歇了一歇，我就一，二，三地叫起来，说到"二"的时候，他一只足踏在椅子的坐板上，两只手挨在椅子边上，目光闪闪的朝我看着，等到我说到"三"的时候，他就一跃而出，以显出他敏捷的样子。

（《家庭教育》，三五面）

一鸣三岁大的时候，陈先生要一鸣把东西玩好以后，整理好放在原处，一鸣不依，他就想了下面说的一个法子：

后来我对他说："我都助你一同弄。"我就"海荷""海荷"地叫着，替他整理起来，他看见我已经替他整理好，也"海荷""海荷"地叫着，把书籍搬到他的书架上去了。

（《家庭教育》，七六面）

他讨论小孩子为什么怕，为什么哭的时候举了两个例，也可以显出他神乎其技的教育法：

我同一鸣（一岁零十个月）在草地上游玩的时候，他看见一只大蟾蜍就举起手来向着后退，并且喊叫说："咬！咬！"我走过去，在地上拾了一根棒头轻轻地去刺着那只蟾蜍说："蟾蜍你好吗？"后来他拿了我的棒头也去刺刺看，但是一触就缩回，仍显出怕的样子，但比当初好得多了。

（《家庭教育》，九五面）

有一天，我带一鸣（一岁零三个月）到东大附小去看小学生做戏，做戏的小学生们共有三百多人，戏做得很好，观戏的人大家都鼓掌。在这个当儿，小孩子应当发生惧怕。但我一抱一鸣进门，就笑嘻嘻的对他说："你看这里许多小孩子。"后来看见小孩子要鼓掌的时候，我就对他说："我们也来拍掌。"他一听见小孩子拍掌，也就欢欢喜喜地鼓起掌来。

（《家庭教育》，九五面）

父母不会教养，小孩子不晓得要冤枉哭多少回。在这种家庭里面，小孩子早上醒了要哭，吃奶要哭，穿衣服要哭，换尿布要哭，洗脸要哭，拭鼻涕要哭，看见生人要哭，喊人抱要哭，讨糖吃要哭，跌了要哭，睡时脱衣服要哭。一天平均总得要哭十几回。估计起来全中国六岁以下的小孩子每年流的眼泪该有两万万斤。如果做父母的肯像陈先生这样细心教导儿童或是采用陈先生的教导方法，我敢说小孩子的眼泪是可以省掉一万万八千万斤咧。

　　陈先生写这本书有一个一贯的主张。这个主张就是做父母的对于子女的教育应有一致的措施。中国家庭教育素主刚柔并济。父亲往往失之过严；母亲往往失之过宽。父母所用的方法是不一致的。虽然有时相成，但流弊未免太大。因为父母所施方法之宽严不同，子女竟至无所适从，不能了解事理之当然。并且方法过严则易失子女之爱心；过宽则易失子女之敬意。这都是父母主张不一致的弊病。陈先生此书所述各种教育方法，或宽或严，都以事体的性质为根据，不以施教的人为转移。他和他的夫人对于一鸣的教育就是往这条路去走的。我们看他教一鸣觉得他是个母亲化的父亲，姊姊化的父亲，但他从没有失掉父亲的本色。

　　这本书出来以后，小孩子可以多发些笑声，父母也可以少受些烦恼了。这本书是儿童幸福的泉源，也是父母幸福的泉源。著者既以科学的头脑，母亲的心肠做成此书，我愿读此书者亦务须用科学的头脑和母亲的心肠去领会此书之意义。我深信此书能解决父母许多疑难问题，就说他是中国做父母的必读之书也不为过。这本书虽有许多贡献，但还是初步试验的成绩。有志儿童幸福者倘能拿此书来做个基础，再谋进一步的贡献，那就更是我们所希望的了。

创设乡村幼稚园宣言书[①]

自从福录伯[②]发明幼稚园以来，世人渐渐地觉得幼儿教育之重要；自从蒙梯梭利[③]毕生研究幼儿教育以来，世人渐渐地觉得幼稚园之效力；自从小学校注意比较家庭送来与幼稚园升来的学生性质，世人乃渐渐地觉得幼儿教育实为人生之基础，不可不乘早给它建立得稳。儿童学者告诉我们凡人生所需之重要习惯，倾向，态度多半可以在六岁以前培养成功。换句话说，六岁以前是人格陶冶最重要的时期。这个时期培养得好，以后只须顺着他继长增高的培养上去，自然成为社会优良的分子；倘使培养得不好，那么，习惯成了不易改，倾向定了不易移，态度决了不易变。这些儿童升到学校里来，教师须费尽九牛二虎之力去纠正他们已成的坏习惯，坏倾向，坏态度，真可算为事倍功半。至于不负责任的教师，那里顾得到这些。他们只一味的放任，偶然亲自看见学生做坏事，也不过给儿童一个消极的处分。于是坏习惯，坏倾向，坏态度蓬蓬勃勃的长，不到自害害人不止。这是必然的趋势。

有志儿童幸福的人和有志改良社会的人看此情形就大呼特呼的提倡广设幼稚园。但提倡的力竭声嘶而响应的寥若晨星。都市之中尚有几个点缀门面，乡村当中简直找不到它们的踪迹。这也难怪，照现在的情形来看，幼稚园倘不经根本的改革，不但是乡村里推不进去，就是都市里面也容不了多少。

依我看来，现在国内的幼稚园害了三种大病。一是外国病。试一参观今日所谓之幼稚园，耳目所接，哪样不是外国货？他们弹的是外国钢琴，唱的是外国歌，讲的是外国故事，玩的是外国玩具，甚至于吃的是外国点心。中国的幼稚园几乎成了外国货的贩卖场，先生做了外国货的贩子。可怜的儿童居然做了外国货

---

① 本篇原载于 1926 年 10 月 29 日《新教育评论》第 2 卷第 22 期。
② 福录伯：今译福禄培尔。
③ 蒙梯梭利：今译蒙台梭利。

的主顾。二是花钱病。国内幼稚园花钱太多，有时超过小学好几倍。这固然难怪，外国货哪有便宜的。既然样样仰给于外国，自然费钱很多。费钱既多，自然不易推广。三是富贵病。幼稚园既是多花钱，就得多弄钱。学费于是不得不高，学费高，只有富贵子弟可以享受它的幸福。所以幼稚园只是富贵人家的专用品，平民是没有份的。

我们现在所要创办的乡村幼稚园就要改革这三种弊病。我们下了决心要把外国的幼稚园化成中国的幼稚园，把费钱的幼稚园化成省钱的幼稚园，把富贵的幼稚园化成平民的幼稚园。

一、建设中国的幼稚园　我们在这里要力谋幼儿教育之适合国情，不采取狭义的国家主义。我们要充分运用眼面前的音乐、诗歌、故事、玩具及自然界陶冶儿童。国外材料之具有普遍性、永久性的亦当选粹使用，但必以家园所出的为中心。

二、建设省钱的幼稚园　打破外国偶像是省钱的第一个办法。我们第二个办法就是训练本乡师资教导本乡儿童。一村之中必有一二天资聪明，同情富厚之妇女。我们就希望她们经过相当训练之后，出来担任乡村幼稚园的教师。她们既可得一新职业之出路，又可使幼稚园的薪金不致超过寻常小学额数，岂不是一举两得？这些妇女中最可有贡献而应最先训练的无过于乡村教员校长之夫人姊妹及年长的女学生。她们受过训练之后，只要有人加以提倡幼稚园就可一举而成。第三个办法就是运用本村小学手工科及本村工匠仿制玩具。如此办来，一个钱可抵数钱之用。三个办法同时并进，可以实现省钱的幼稚园。

三、建设平民的幼稚园　幼稚园花钱既省，取费自廉，平民的儿童当能享受机会均等。教师取之乡间，与村儿生活气味相投，自易亲近。这两件事都可以叫幼稚园向平民方面行走。但一个制度是否真能平民化要看它是否应济平民的需要。就我们所观察，乡村幼稚园确是农民普遍的永久的需求。试一看乡村生活，当农忙之时，主妇更是要忙得天昏地暗。她要多烧茶水，多弄饭菜，多洗衣服，有时还要她在田园里工作，哪里还有空去管小孩子。那做哥哥，做姊姊的也是送饭，挑水，看牛，打草鞋，忙个不了，谁也没有工夫陪小弟弟，小妹妹玩。所以农忙之时，村中幼儿不是跟前跟后，就是没人照应，真好像是个大累，倘使乡村幼稚园办的得当，他们就可以送来照料。一方面父母又可以免去拖累，一方面儿童又能快快乐乐地玩耍，岂不是"得其所哉"！小学儿童，年龄较大，可以做事，农忙时颇能助父母一臂之力，要他上学，不啻减少农民谋生能力，所以有如登天之难。幼稚园则不然。它所招的儿童，正是农民要解脱的负担，要他们进来，正是给农民一种便利。倘使办理得当，乡村幼稚园，可以先小学而普及。幼稚园既是应济平民的需要，自有彻底平民化之可能。我们只需扫除挡路的障碍使它早日实现就是了。

　　建设一个中国的、省钱的、平民的乡村幼稚园不是一说就可以成功的。我们必须用科学方法去试验，必须用科学方法去建设，我们对于幼稚园之种种理论设施都要问它一个究竟，问它一个彻底。我们要幼稚园里样样活动都要站得住。我们要运用科学的方法来建设一个省钱的、平民的、适合国情的乡村幼稚园。将来全国同志起而提倡，使个个乡村都有这样一个幼稚园，使个个幼儿都能享受幼稚园的幸福，那更是我们所朝夕祷祝的了。

中国师范教育建设论[①]

教什么？怎样教？教谁？谁教？这是师范学校的几个基本问题。要想把师范学校办得好，必须把这些问题先弄明白。

师范学校首先要问的是：教什么？这是教材问题。施教的人不能无中生有，他必得要运用环境所已有的事物去引起学生之活动。所以遇了"教什么"这个问题，我们暂时可以下一句答语：有什么，学什么；学什么，教什么；教什么，就拿什么来训练教师。但是世界上有的东西，无计其数；所有的未必是所需要的。因此，我们姑且又要加上一句答语：要什么，学什么；学什么，教什么；教什么，就拿什么来训练教师。

所有和所要都知道了，我们立刻发生教法问题。我们要接着问一问：怎样教？教的法子要根据学的法子；学的法子要根据做的法子。教法，学法，做法是应当合一的。我们对于这个问题所建议的答语是：事怎样做就怎样学；怎样学就怎样教；怎样教就怎样训练教师。

教什么和怎样教绝不是凌空可以规定的。他们都包含"人"的问题。这问题就是：教谁？人不同则教的东西，教的方法，教的分量，教的次序都跟着不同了。我们要晓得受教的人在生长历程中之能力需要，然后才能晓得要教他什么和怎样教他；晓得了要教他什么和怎样教他，然后才晓得如何去训练那教他的先生。

预备要做先生的是哪种人？他对于教师职业的兴味，才能如何？他充当某种教师是否可以胜任愉快？现在实际在那儿当教师的是谁？师范学校所期望于他所训练的人有多少能做适当的教师？这也是师范学校要考虑的问题。我们的建议是：谁在那儿教，谁欢喜教，谁能教得好就应当训练谁。

就上面所说的，总起来看，我们知道师范学校，是要运用环境所有所需的事

---

① 本篇原载于 1926 年 12 月《新教育评论》第 3 卷第 1 期。

物，归纳于他所要传布的那种学校里面，依据做学教合一原则，实地训练有特殊兴味才干的人，使他们可以按着学生能力需要，指导学生享受环境之所有并应济环境之所需。这个定义包含三大部分：一是师范学校本身的工作，二是中心学校的工作，三是环境里的幼年人生活。这三大部分应当发生有机体的关系，使得他们的血脉可以流通，精神可以一贯。他们中间不当有丝毫的隔膜。一看这个定义，我们立刻晓得师范学校的出发点就是它所要传布的中心学校；中心学校的出发点就是环境里的幼年人生活。由此我们也就可以明白建设师范教育之历程。

环境里的幼年人生活既是中心学校的中心，我们首先就要把他弄个明白。我们要晓得幼年人在生长历程中有什么能力，有什么需要。我们虽不能完全知道，但是学者已经研究出来的，我们必须充分明了。幼年人不是孤立的，他是环境当中的一个人。环境对于幼年人的生活有两种大的力量。一是助力。自然界的光线，空气，食物，饮料在常态之下都是扶助人类生长的东西。社会里的语言，文字，真知，灼见，以及别人的互相提携也都有扶助我们生长的作用。二是阻力。例如狂风，暴雨，水患，旱灾，虫害种种都是自然界与人为难的东西。社会方面的贪官、污吏、劣绅、土棍、盗贼以及一切不良的制度风俗也是我们生长的挡路物。可是阻力倘不太大，可以化为助力。逆境令人奋斗。生长历程中发生了困难才能触动思想，引起进步。人的脑袋就是这样长大的，文明也是这样进化的。我们应当运用自然界和社会界的助力阻力去培植幼年人的生活力，使他可以做个健全分子去征服自然，改造社会。因此，我们又要问自然界与社会界对于幼年人的生长有什么助力，有什么阻力？他们对于幼年人生长的贡献是什么？他们有什么缺憾要人力补天工之不足？一个环境对于幼年人生长之助力，阻力，贡献，缺憾，要具体的分析开来才能指导教育的实施。倘使囫囵吞枣，似乎没有多大用处。分析出来的具体事实必定是整千整万学校自然不能完全采纳进去。所以进一步的工作就是估量每件事实的价值。价值估量之后再做选择的工夫，把价值最低的除开，需要可缓的除开，学校不必教不能教的除开，留下来的容纳到学校里去，编的教材，制为课程，佐以相当设备，配以相当程序，使教师指导学生脚踏实地的去做去学。这样一来，中心学校就可以办成了。这种学校是有根的；它的根安在环境里，吸收环境的肥料，阳光，化作自己的生命。所以它能长大，抽条，发叶，开花，结果。这种学校是与自然生活，社会生活联为一气的。它能适应环境的生活，也能改造环境的生活。它是本地的土壤里产生出来的，它自能在相类的环境里传布。我们可以祝它说："恭喜你多福，多寿，多儿子；儿子又生孙；孙又生儿子；子子孙孙生到无穷期，个个都像你，个个胜过你。"中心学校有了办法，再办师范学校。师范学校的使命，是要运用中心学校之精神及方法去培养师资。它与中心学校的关系也是有机体的，也是要一贯的。中心学校是它的中心而不是它的附属品。中心学校也不应以附属品看待自己。正名定义，附属学校这个名字要不得。实习学校的名字好得多，但是这个名字包含了"思想与实习分家"的意味，也不是最好的。师范学校的各门功课都有专业的中心目的，大部分都应当与中心学校联串起来。例如教育学，心理学等等功课若是附加的性质，决不能发生很大的效力。这种功课应当与实地教学熔为一炉，大部分应当采取理科实验指南的体裁以谋教学做之合一。我们进行时对于师范生本身之能力与需要当然要同时顾到。因为师范生将来出去办学的环境与中心学校的环境必定不能一模一样；要想师范生对于新环境有所贡献，必得要同时给他们一种因地制宜的本领。

师范毕业生得了中心学校的有效办法和因地制宜的本领，就能到别的环境里去办一个学校。这个学校的精神与中心学校是一贯的，但不是刻印板的，不是照样画葫芦的。它要适应它的特殊环境，也要改造它的特殊环境。

这个学校对于学生所要培植的也是生活力。它的目的是要造就有生活力的学生，使得个个人的生活力更加润泽丰富强健，更能抵御病痛，胜过困难，解决问题，担当责任，学校必须给学生一种生活力使他们可以单独或共同去征服自然，改造社会。

我们这里所建议的步骤是一气呵成的：自然社会里的生活产生活的中心学校；活的中心学校产生活的师范学校；活的师范学校产生活的教师；活的教师产生有生活力的国民。

这个建设历程，从头到尾，都是息息相通的，倘使发现不衔接，不联络，不适应的地方到处可以互相参考纠正，随改随进。所以中心学校随着自然社会生活继续不断的改进，师范学校随着中心学校继续不断的改进，地方学校随着师范学校继续不断的改进，自然社会生活又随着地方学校继续不断的改进。

上述师范教育的建设历程，倘用下图（图省略——编者）表示，更能一目了然。

说明：

自然社会里的幼年生活是中心学校之中心。

中心学校是师范学校之中心。

一，二，三，四，五，是师范毕业生办的学校。

生活力代表师范毕业生所办学校培养之学生。

训练初级师范教员之高等师范或师范大学可于师范学校外加一圈并类推。

师范学校既以中心学校为中心，那么有哪一种的中心学校就有哪一种的师范学校：有幼稚园为中心学校，就可以办幼稚师范；有小学为中心学校，就可以办初级师范；有中学或师范为中心学校，就可以办高等师范或师范大学；有各种职业机关或学校做中心学校，就可以办各种职业师范。

师范学校既以中心学校为中心就得跟着中心学校跑。凡有好的中心学校的地方都可以办个师范；凡是没有好的中心学校的地方都可以取消师范的招牌，否则就应当根本改造中心学校和各方面的关系，使它名实相符。师范学校人数也可不拘，看中心学校的容量而定。它能容几个人就是几个人，不必勉强。一个师范可以有几个中心学校；一个中心学校也可以做几个师范学校的公共中心。例如一个乡村师范可以有几个单级学校，几个复式学校，几个单式学校做它的中心学校。又例如一个好的中心小学里可以容纳初级中学，高级中学，甚至于大学程度的师范生在这里学习。初级中学程度的人在这里学习之后可以去当初小的教师，高级中学程度的人在这里学习之后可以去当高小的教师，大学程度的学生在这里学习之后可以去办初级师范或县立师范。

中心学校的成立有两种方式都可以行。一是另起炉灶来创设，二是找那虚心研究，热心任事，成绩昭著并富有普遍性之学校特约改造，立为中心学校。这两种方式可以按照情形酌量采择施行。

有了中心学校，就可以在中心学校左近建筑或租借房屋开办师范班或师范学校。收录师范生可有两种办法。一是本校招收新生始终其事，予以完全训练。这种办法规模较大，需用人才，设备，经费也较多。二是招收他校将毕业而有志充当教师之学生或有相当程度之在职之教职员加以相当时期之训练：照这种办法，师范部只须准备宿舍，图书，讨论室，指导人才及所需之其他设备，就可开办。这是比较轻而易举的。毕业后发给修业证书，俟办成有生活力之学校始发给正式毕业证书。原肄业学校如因本校没有师范训练亦得依照规定手续保送相当学生来此学习。毕业证书可由两校合发。这种种办法各级师范都可适用。

上面所说的是建设中国师范教育的根本原理与实施概要。中国师范教育前清办理失策，以致师范学校与附属学校隔阂，附属学校与实际生活隔阂。我们所以有这种隔阂，是因为我们的师范教育或是从主观的头脑里空想出来的，或是间接从外国运输进来的，不是从自己的亲切经验里长上来的。这种师范教育倘不根本改造，直接可以造成不死不活的教师，间接可以造成不死不活的国民。有生活力的国民是要靠着有生活力的教师培养的；有生活力的教师又是要靠着有生活力的师范学校训练的。中国今日教育最急切的问题是旧师范教育之如何改造，新师范教育之如何建设。国家所托命之师范教育是决不容我们轻松放过的。我们很希望全国同志聚精会神的来对付这个问题。

陶行知 教育名篇

陶行知 教育名篇

幼稚园之新大陆

——工厂与农村[①]

最需要幼稚园的地方是什么？最欢迎幼稚园的地方是什么？幼稚园应当到而没有到的是什么地方？幼稚园还有什么新大陆可以发现？

（一）女工区域是需要幼稚园的。妇女上工厂做工，小孩子留在家里，无人照应，最感痛苦。若带在身边，那么工厂里的特殊紧张之环境，便要阻碍儿童的发育。倘使工厂附近有相当之幼稚园，必能增进儿童之幸福而减少为母者精神上之痛苦。同时女工既不必心挂两头，手边又无拖累，则做工效率，自然也要增加好多。所以为儿童教育计，为女工精神计，为工业出产效率计，这种工厂附近必须开办幼稚园。这是幼稚园的第一个新大陆；我希望幼稚园同志快来探获。

（二）农村也是需要幼稚园的。农忙的时候，田家妇女们忙个不了，小孩子跟前跟后，真是麻烦。哥哥姊姊也要帮忙操作，无暇陪伴弟妹玩耍，所以农忙一到，乡村小孩子就要缺乏照料。倘使农村里有了幼稚园，就能给这些小孩子一种相当的教育，并能给农民一种最切要的帮助。幼稚园的同志们！诸君可曾想到这个新大陆？我深信如果诸君愿意下乡，采桑娘子必定是诚心诚意的欢迎诸君的。

幼稚园的下乡运动和进厂运动必须开始，实无疑义。但现在的幼稚园必须经过一番根本变化，方能到乡村和工厂里去。它第一要打破外国的面具，第二要把贵族的架子放开，第三要省钱，不当用的不必用。这里要整天整年的幼稚园。半天的幼稚园只能解决一半的困难。幼稚园放假也只能跟着女工农妇空闲的时候为转移。现在幼稚园还有一件事没有注意到，这事就是儿童的康健。儿童的康健比什么事都要紧。幼稚园教师倘没有受过严谨的卫生训

① 本篇原载于 1926 年 11 月 12 日《新教育评论》第 2 卷第 24 期。

练，则幼稚园恐怕要变成传染疾病的中心。我有一个朋友全家害过猩红热，又一个朋友的小孩儿都染着百日咳，还有好几家朋友的小孩子染着沙眼病和天花，都是因为幼稚园里不注意卫生所致。我希望大家把儿童康健当作幼稚园里面第一重要的事情。幼稚园教师应当做康健之神。工厂和农村是幼稚园可以发现的新大陆。它们只欢迎爱护康健的幼稚园，不欢迎传染疾病之幼稚园。

工厂和农村是幼稚园可以发现的新大陆。

陶行知 教育名篇

陶行知 教育名篇

平等与自由[①]

中山先生解释平等的意义，有很大的贡献。他说：世界上有真平等，假平等，不平等。什么是不平等？帝，王，公，侯，伯，子，男，民的地位是一步一步的高上去。我的脚站在你的头上；你的脚又站在他的头上。这是叫做不平等。现在要打倒这种不平等，那是应当的。但是打不平等的人，往往要把大家的头一齐压得一样平，变成平头的平等，殊不知头上虽平，立足点却是不能平了。好像拿可以长得五尺高的树，和可以长得一丈高的树一齐压得一样平，岂不是大错吗？这种叫做假平等。真平等是要大家的立脚点平等，你的脚站在什么地方，我的脚亦站在什么地方。大家在政治上要站得一样平，经济上也要站得一样平。这是大家的立脚点平等。这才是真平等。

中山先生之解自由，没有他解释平等那样清楚。但他有一点，说得很好，他说："中国人不是不知道自由；中国人的自由，实在是太过了。"所以他不用自由做口号，而用民族，民权，民生做标帜，与梁任公先生的维新，以自由为口号，是完全不相同的。外国人说："中国人不知自由。"然而外国人哪里知道他们的自由，远不如中国呢！

按中山先生的意思，说到自由是要求国家之自由。国民革命成功之后，团体能自由，个人不能自由。中国之所以弄到这地步，就是因为大家私人的自由太过，不注重国家之自由。私人的自由，既然太过，则各人有各人的主张。所以中国人大多数是无政府党。我们中国人骨髓里，都含有无政府主义。这种无政府主义的倾向，往往在不知不觉中流露出来，我们想到国家危险时，固然是要自抑私人之自由；但在不知不觉中，难免不爱享过分之自由。我们于不知不觉中，都有无政府主义的倾向。现在我们要救中国，极当抑制个人之自由，切不能火上加油

① 本篇原载于 1928 年 2 月 29 日《乡教丛讯》第 2 卷第 4 期，系陶行知的演讲，由陈昌嵩、戴邦杰笔记。

的提倡一盘散沙的自由了。这是革命未成时所不得不采之政策。

但是革命成功以后，个人可以不要自由，这句话，我很怀疑。因此我常想着什么地方要自由，什么地方不要自由。我又想到种山芋时所得的感想。我问邵德馨先生山芋如何种法。他告诉我说："底下可以安根，上面可以出头，山芋乃可活。"因此我忽然悟到人生"出头处要自由"。如树木有长五尺长的，一丈长的，十丈长的；树的出头处，是要自由的。如果我们现在只许树长五尺，不许它长一丈与十丈，那世界上不是无成材了吗？因此我们要使它们尽量自由长上去。我们人类的智愚贤不肖，也如树木有能长到十丈长的，也有只能长到五尺长的，这是天生成的。如果你嫌五尺太矮，要把它拔到一丈，它因为力量的不足，是要死的；如果你嫌一丈太高，要把它压到五尺，它因为受了过分的压制，也是要死的。倘若不死，必是它的内力胜过压力，那压力必定是要被它撞穿的了。

个人如此，团体国家之自由解释，也是如此。如果国家的力量能够进步到什么程度，就尽它的力量进步到什么程度，谁也不能压迫的。如今列强对中国施行压迫，不许我们尽量出头；我们不愿被压力压死，就得使劲把压力撞破。个人能否得到出头的自由，是在乎个人之反抗与努力；国家能否得到出头的自由，那就非靠民众之努力与奋斗不可了！

近来我替友人书了一联："在立脚点谋平等"，"于出头处求自由。"上联是本着中山先生之学说，下联就是本着我的自由解释。在沪时我把这意思与胡适之先生也谈论过的。他说："思想事业，要受困难与不自由，才能发奋振作。"颇与我们的标语"教师应当运用困难以发展思想及奋斗精神"相同。他说："烧肉要把锅盖盖得紧，才能熟，你要出头自由，我要出头不自由。"当时我反驳他说："（一）锅里的肉，是死的，出头不出头没有多大关系。（二）我们愿肉受压力是为肉的幸福呢？还是为我们口腹之欲呢？"凭藉困难，培养人才，当然是最好的教育法。但是困难是否要在出头处压下去，是一问题。现在我仍旧坚信出头处要自由，但为使诸位同学明了各方面意见，并将胡适之先生的意思举出来，希望大家加以研究。

陶行知 教育名篇

》如何使幼稚教育普及？[①]

教人要从小教起。幼儿比如幼苗，必须培养得宜，方能发荣滋长。否则幼年受了损伤，即不夭折，也难成材。所以小学教育是建国之根本；幼稚教育尤为根本之根本。小学教育应当普及，幼稚教育也应当普及。如何使幼稚教育普及是我们最关心的一个问题。依我看来，进行幼稚教育之普及要有三个步骤。

（一）**改变我们的态度**　一般人的态度总以小孩子的教育不关重要；早学一两年，或迟学一两年，没有多大关系。我们很漠视小孩子的需要，能力，兴味，情感。因此，便不知不觉的漠视了他们的教育，把他们付托给老妈子，付托给街上的伙伴。在这种心理之下，幼稚园是不会发达的。我们要想提倡幼稚园必须根本化除这种漠视小孩子的态度。我们必须唤醒国人明白幼年的生活是最重要的生活，幼年的教育是最重要的教育。

关心幼儿的父母，明白幼稚教育之重要，并且愿意送子女进幼稚园。但是他们有一种牢不可破的成见也是要不得的。这成见就是不愿他们的子女与贫苦人家的子女为伍。他们以为自己的子女是好的，贫苦人家的子女是不好的。他们以为贫苦人家的子女进了幼稚园便要把他们的子女带坏了。因此，幼稚园便成了富贵人家和伪知识阶级的专利品。我们应当知道民国只有人中人，没有人上人，也就没有人下人。人中人是要从孩中孩造就出来的。教育者的使命是要运用好孩子化坏孩子，不应当把好孩子和坏孩子分开，更不应当以为富贵人家的孩子是好孩子，贫苦人家的孩子是坏孩子；尤其不可迁就富贵人家的意见排斥贫苦人家的儿女。富贵人家及伪知识阶级的父母倘不愿把新生子女做新中国被打倒之候补者，就应当把自己的子女和不幸的人家的子女放在一个幼稚园里去受陶冶。办理幼稚园的先生倘若不愿把幼稚园当作富贵太太们打麻将时用之临时托儿所，便应当把整个的幼稚园献给全社会

---

① 本文原载于 1928 年 2 月 29 日《乡教丛讯》第 2 卷第 4 期。

的儿童。可是这样一来，幼稚园教师便须明白他们的使命，不是随随便便的放任，乃是要运用好孩子化坏孩子，运用坏孩子的好处化好孩子的坏处。

承认幼年生活教育之重要，是普及幼稚园之出发点；承认幼稚园为全社会幼儿的教育场所，是普及正当幼稚园的出发点。我们必须得到这两种态度，幼稚园才有普及的希望。

（二）改变幼稚园的办法　幼稚园的办法是费钱的，不想法节省，必不容易普及。最需要幼稚园的地方是乡村与女工区。女工区的幼稚园，还可由工厂担负经费，纵使用费太多，尚易筹措。乡间是民穷财尽，费钱较少之小学尚且不易普及，何况费钱加倍的幼稚园呢？所以在乡间推行幼稚园好比是牵只骆驼穿针眼。我们必须向着省钱的方针去谋根本改造，幼稚园才有下乡的希望，才有普及的希望。

（三）改变训练教师的制度　普及教育的最大难关是教师的训练。我们要想普及幼稚教育至少需要教师一百五十万人。这是一个最难的问题；因为不但是经费浩大，并且训练不得其法，受了办理幼稚园的训练，不一定去办幼稚园，或者是去办出一个不合国情的幼稚园，那就糟了。幼稚师范是要办的，但幼稚师范必须根本改造才能培养新幼稚园之师资。纵然如此，我们也不能专靠正式幼稚师范去培养全部的师资。我们现在探得一条新途径，很能使我们乐观。试验乡村师范学校的幼稚师范院在燕子矶设了一所乡村幼稚园，叫做第二中心幼稚园，开办之初便收了三位徒弟，跟着幼稚教师徐先生学办幼稚园，张宗麟先生任指导。前天他和我谈起，幼稚园的徒弟制似可推行到小学里去，并且可以解除乡村小学教员的一个大问题——生活寂寞。我说："这是的的确确的。徒弟制不但能解除生活寂寞，并且能促进普及教育之进行。"普及小学教育及幼稚教育非行徒弟制不可。倘以优良幼稚园为中心，每所每年训练两三位徒弟，那么，多办一所幼稚园，即是多加一所训练师资的地方，这是再好没有的办法。我看三百六十行，行行有徒弟，行行都普及。木匠到处都有，他是怎样办到这个地步的？徒弟制。裁缝匠，泥水匠，石匠、铁匠，和三万万四千万种田匠，那一行不是这样普及的呢？老实说，教学做合一主义便是沥清过的徒弟制。徒弟制的流弊是：劳力而不劳心，师傅不肯完全传授，对于徒弟之虐待。假使我们能采徒弟制之精华而除去它的流弊，必定是很有成效的。若把这种办法应用到幼稚园里来，我是深信它能帮助幼稚教育普及的。我和陈鹤琴先生近来有一次很畅快的谈话。他主张拿鼓楼幼稚园来试一试。鼓楼幼稚园是最富研究性的，现在发了宏愿要招收徒弟来做推广幼稚师资之试验，是再好没有的了。

以上所说的普及幼稚教育的三个步骤，不过是我个人所见到的，一定有许多遗漏的地方。关心幼儿幸福的同志，倘以别的好方法见教，那就感激不尽了。

陶行知
教育名篇

》 社会大学颂[①]

　　青天是我们的圆顶，

　　大地是我们的地板。

　　太阳月亮是我们的读书灯，

　　二十八宿是我们的围墙。

　　人民创造大社会，

　　社会变成大学堂。

　　大学之道，在明民德，在亲民，在止于人民之幸福，

　　是我们创造之新主张。

　　什么是民德？

　　要目有四项：

　　觉悟，联合，解放，

　　还有创造——要捣碎痛苦的地狱，

　　创造人间的天堂。

　　教人民做主人，不让公仆造反。

　　为老百姓服务，

　　不靠高调唱得响。

　　农场，工场，会场，商场，广场，战场，娱乐场，

　　都是我们数不尽的课堂。

　　我们要各尽所能，各学所需，各教所知，各得其所。

　　我们要自由，自动，自强。

　　我们要民有，民治，民享。

---

　　①　本篇原载于 1946 年 2 月 1 日《民主教育》第 1 卷第 4 期。

自己来发起，

自己来筹款。

自己选校董，

自己选校长。

请真理做老师，

学生有三百六十行。

只要虚心学，

而且不间断，

乡人不出村，

能知万里远。

个个考博士，

行行出状元。

农人可以中状元，

工人可以中状元，

失学的青年可以中状元，

荣誉军人可以中状元。

先办夜大学，

夜间求学无人管。

职业青年千千万，

格物致知久已旷，

万仞宫墙飞不进，

教育制度缺一环。

要想深造丢饭碗，

丢了饭碗家人靠谁养！

只有白天做工夜求学，

肚皮头脑都饱满。

次办函授大学，

文化交流信来往。

再办新闻大学，

运用报纸助座谈。

再办电播大学，

广播教育范围广。

陶行知 教育名篇

269

陶行知 教育名篇

太太和老妈，
在家里也能听讲。
电影教育更深刻：
谷子变成秧，
秧又变谷子，
可以见生长。
原料出矿山，
走进机器房，
几个弯一转，
飞机出工厂。
最后办旅行大学，
走遍东南西北和中央。
还要渡海飘洋。
跟老百姓学习，
陪着老百姓向前向上长。
我们要有演讲调查队，
还要歌舞话剧团：
献演《嘟格办》，
《朱大嫂送鸡蛋》，
《王大娘补缸》，
还带去民族舞，
来自新疆，蒙古和西藏。
还要带电影，
到处要放映：
鸡蛋怎样变成小鸡？
大羊怎样生小羊？
五谷怎样生长？
棉花怎样改良？
汽车怎样制造？
钢铁怎样出产？
还要放映《生路》，《一曲难忘》，《在敌人后方》。
我们要走遍天涯海角，

让老老少少男男女女都来看，

都来谈，

都来玩，

都来想，

都来干，

把中国造成一个好模样，

叫整个民族安居乐业，

万寿无疆。

这就是我们的社会大学堂。

只怕先生少，

不怕学生旺。

来一个，收一个，

来两个，收一双，

来一千，收一千，

来一万，收一万。

全中国四万万五千万，

全世界二十万万二千万，

如果愿意这样干，

都欢迎加入这个大学堂。

国民党，

共产党，

中国民主同盟，

各派各党，

无派无党，

大家一起来，

创办这个社会大学堂，

人民大学堂，

民主世界大学堂。

陶行知 教育名篇

271